本书入选2022年度西北大学哲学社会科学繁荣发展计划
优秀学术著作出版基金项目

近代中国语言文字变革运动的先声

白鸽 著

中国社会科学出版社

图书在版编目(CIP)数据

近代中国语言文字变革运动的先声 / 白鸽著. —北京：中国社会科学出版社，2023.11

ISBN 978-7-5227-2259-7

Ⅰ.①近… Ⅱ.①白… Ⅲ.①汉语—语言演变—研究—中国—近代 Ⅳ.①H1-09

中国国家版本馆 CIP 数据核字(2023)第 131179 号

出 版 人　赵剑英
责任编辑　慈明亮
责任校对　朱妍洁
责任印制　戴　宽

出　　版　中国社会科学出版社
社　　址　北京鼓楼西大街甲 158 号
邮　　编　100720
网　　址　http：//www.csspw.cn
发 行 部　010-84083685
门 市 部　010-84029450
经　　销　新华书店及其他书店

印　　刷　北京明恒达印务有限公司
装　　订　廊坊市广阳区广增装订厂
版　　次　2023 年 11 月第 1 版
印　　次　2023 年 11 月第 1 次印刷

开　　本　710×1000　1/16
印　　张　14.25
插　　页　2
字　　数　235 千字
定　　价　79.00 元

序

胡壮麟

多年前，白鸽老师还在读博士时，曾来北京大学访学一年，其间我担任了她的指导教师。最近，我高兴地得知她的学术专著《近代中国语言文字变革运动的先声》一书将由中国社会科学出版社付梓出版。为了鼓励她在教学科研工作中取得的这一学术成果，我欣然为她的新著写下序言。

社会语言学是白鸽老师在语言学研究领域的主要研究方向。依据社会语言学的理论，她的这部学术专著从中西语言接触、语言竞争、语言变迁、语言演变和社会发展的角度，系统地研究了明清期间来华传教士的汉语研习、西学译介和华文报刊这三类语言文化活动。该书重点梳理了明清时期汉语语言变革的语料和史料，从 16 世纪末期（明末）到 20 世纪初期（民初），贯穿我国明末、清朝和民初 3 个历史时期，揭示了汉语语言变革在近代中国发生的社会历史语境。

该书从跨学科视阈探讨了近代中国语言文字变革与明清时期来华传教士语言文化活动之间的关联性。该书将语言学方法和历史文献分析法相结合，以汉语研习、译介西学、华语报刊等来华传教士活动为主要线索，结合近代汉语切音字、国语统一、白话文等语言变革运动，研究了来华传教士语言文化活动对现代汉语发展演变过程中所产生的影响和作用。从理论上讲，该书研究从语言接触、语言竞争、语言规划和语言发展的角度，对中国语言文字的未来发展和国家语言文字规划都有着实践意义和学术价值。

是为序，并希望白鸽老师再接再厉，取得更多的学术研究成果。

2023 年仲春　于北京大学

前　言

在中国近代史上，曾发生了一场革命性的汉语语言文字变革运动，深刻地改变了汉语的面貌，影响了中国近代社会的发展。因此，对于近代中国语言文字变革运动兴起和发展的研究，一直是我国语言学界学术研究关注的一个重大理论和实践问题。笔者在攻读硕士和博士学位时的学科方向是社会语言学，所以近代中国语言文字变革运动问题成为笔者的学术研究课题。笔者在读博士期间、北京大学访学和近年来主持的陕西省社科基金等相关研究项目都围绕这一问题进行了持续深入的研究，形成了这部学术研究专著——《近代中国语言文字变革运动的先声》。

目前，我国语言学界对汉语的发展和中国近现代语言文字变革的研究虽然较为丰富，但依然不够全面和系统，缺乏整体性研究，更多的研究是从文学以及历史学角度考察我国语言文字变革推动者、教育家及新文学作家的贡献。若追溯求源，来华传教士的语言文化活动对于中国语言文字变革的发生和发展也是有着不可忽视的影响和作用。从中西方文化交流角度来考察，明清时期的来华传教士扮演了文化使者的角色。他们“学术传教”的策略在客观上给当时中国封建社会带来了西方先进的科学技术知识和思想意识，推动了社会文化和科学技术等方面一系列的变革，也给中国语言文字带来了巨大的影响和变化。

本书从社会语言学的角度分析研究来华传教士对中国语言文字变革的影响。首先，传教士在华传教活动离不开语言文字的接触和使用。他们在学习使用中文、翻译西方书籍、创办华文报刊以及翻译出版机构等语言文化活动中比较、分析了中西语言文字的异同。他们对汉语语言文字进行了研究和改进，这事实上引发并促进了中国语言文字的变革与发展。本书基于翔实史料，系统梳理了明清时期来华传教士译介西学、研习中文、创办华文报刊等语言文化活动，分析了这些语言文化活动对汉语语言文字变革的影响，有利于全面、清晰地认识来华传教士的语言文化活动与中国语言文字变革之间的渊源关系。其次，我国对于汉语语言文字变革的系统性研究还较欠缺，尤其关于语言文字变革发端的社会历史缘由的研究仍显不足。本书力求厘清我国语言文字变革运动的发展脉络，尤其是变革的发端，探索中国语言文字变革发生的根本原因及思想动力。本书用充实的史料和语料分析并证明西方诸语言与汉语的语言接触所引发的汉语语言演变、中国社会发展过程中的语言竞争、汉语的使用及演变与中国社会发展变迁之间的关系，并以此为基础为今后的我国语言文字规划以及相关工作提供借鉴。

研究发现，来华传教士的语言文化活动与中国语言文字变革之间存在着深刻的渊源关系。首先，传教士学习汉语及汉语研究影响了汉语拼音方案的构建和历史比较语言学的形成，推动了汉语及语言学思想的发展演变。其次，传教士的西学译介及创办华文报刊促进了中西语言的接触，成为我国语言文字变革的思想动力和近代白话文运动的先声。事实上，来华传教士的语言文化活动不仅对中国语言文字变革产生了显著的影响，也深刻地改变了汉语的发展轨迹，促进了中国社会发展的近代化。

这里需要说明，本书从跨学科视阈研究传教士在华的语言文化活动对中国语言文字变革产生的影响，涉及语言学、历史学、翻译史学和历史文献学等多学科领域。本书力求通过对大量相关历史文献资料的搜集、梳理与分析，探索现代汉语发展过程中来华传教士的影响。因此，历史文献资料的搜集和研究是本书研究工作的重点和难点。本书研究涉及历史时期跨度长达300余年，从16世纪末期（明末）到20世纪初期（民初），涵盖我国明朝、清朝和民国3个历史阶段，中外文古籍文献卷帙繁复、中外历史事件和人物众多。然而，现有文献资料对某一历史事件、人物、年代等的表达和评述上往往存在一定差异，需要查找和掌握第一手文献资料并进行细心地考察论证，努力做到史料和语料的真实和准确。本书中难免有疏漏和不足之处，欢迎学界同仁给予批评指正。

目　　录

第一章　绪论

社会语言学认为，任何一种语言都会受到其所处社会的具体历史环境的制约，并随着社会的发展与变迁而演变。[①] 同时，语言还受到哲学以及社会思潮等文化因素的影响。汉语和世界上其他语言一样，在其演变与发展过程中，会受到包括社会及文化在内的各方面因素的作用。在不同时代的发展阶段，不同社会文化因素对汉语的形成施加着程度不同的影响，使汉语呈现出不同特点。回顾汉语的几千年漫长的发展历史，可知作为汉民族共同语言的古汉语在上古时期便已形成，后经秦代的雅言[②]、汉代的凡语（或通语）、唐宋时期的白话、明清时期的官话等各朝代和不同时期的发展，终于发展为相对较为稳定的现代汉语。

就现代汉语这一特定的语言形态而言，其形成过程在时间上经历了几个不同阶段，即清代以前、清代、民国时期与新中国成立后这几个阶段。现代汉语在历经清末与民国年间纷繁复杂的语言文字变革、各种改造汉语汉字的尝试，直到 1949 年后由政府主导、在全国范围内展开语言规划后，才以“汉语拼音方案”“汉字简化方案”及“推广普通话”等国家语言政策形式确定下来。现代汉语与古汉语相比，在口语及书面

---

① 关于“语言与社会共变”理论，陈原在其著作《社会语言学》（商务印书馆 2004 年版）中指出，美国语言学家布赖特（William Bright）于 1964 年首先提出“语言与社会共变”的概念。陈原将“语言与社会共变”定义为：“语言是一个变数，社会是另一个变数。两个变数互相影响、互相作用、互相制约、互相变化，这就是共变。”参见陈原《社会语言学的兴起、生长和发展前景》，《中国语文》1982 年第 5 期。

② 参见《辞海》“雅言”条目：雅言，古时指共同语，同“方言”对称。实际上，“雅言”就是我国古代最早的通用语。据史料记载，我国最早的“雅言”是以周朝西周时期（约公元前 1046—前 771）地方语言为基础，国都丰镐（今陕西省西安市西南沣河两岸）地区的语言成为当时周朝全国的“雅言”。公元前 221 年，秦始皇统一六国，建立秦朝，定都咸阳，继续使用“雅言”为秦朝全国的官方语言。

读写系统方面早已迥然有异。

然而，现代汉语的形成与确立受到了哪些具体因素的作用，又经历了怎样具体的社会及语言内部的发展变化机制，这是社会语言学研究无法回避的问题。其答案当然是复杂而多元的，但本书认为，清代以及之前传教士的在华传教活动是现代汉语得以形成的重要因素，并在这种认识基础上，将研究重点集中在对明清之际来华传教士的各种语言文化活动对中国近现代语言文字变革，乃至现代汉语形成所产生的影响之上，并从语言与社会文化活动相互作用、互相影响的角度出发，研究来华传教士与中国近现代语言文字变革之间的关系。

第一节　语言文字变革与中国近现代社会的演进

现代汉语的形成，受到来自语言、社会、文化等多种因素的影响。从语言的层面分析，现代汉语受到语言自身不断发展的内在要求的制约，也受到语言使用者为了更有效的交际需求的影响。从社会的层面分析，现代汉语的形成与中国社会近现代的发展演进息息相关。从文化层面分析，现代汉语也受到了来华传教士所带来的外来文化的影响。

晚清以降，我国逐步陷入社会困局，同时社会层面的危局直接导致文化层面的困境。中国的语言文化领域内急需一场彻底的变革，以从文化层面实现对中国社会危局的扭转。这使得中国语言文字受到严峻挑战，晚清以降的语言文字变革逐渐在我国文化领域内形成一股热潮，这也深刻影响了汉语的发展走向。谈及中国近现代语言文字变革的兴起原因，诚如学界所言：它“并非凭空出现一种学术门类，其原始实启于严肃之思想认识”①，其社会动因在于中国近代承受西方冲击，产生全面震撼。中华民族之整体历史文化、思想信仰、风俗习惯、语言文学无不发生根本动摇。以至于民族信心崩溃，民族国家挣扎于生死存亡之间。知识阶层丧失信心，对本国之语言文字也完全陷于悲观失望之中。②

当时，在救亡图存和挽救中华思想动力的推动下，知识分子们试图

① 王尔敏：《近代文化生态及其变迁》，百花洲文艺出版社 2002 年版，第 293 页。

② 王尔敏：《近代文化生态及其变迁》，百花洲文艺出版社 2002 年版，第 292 页。

对本民族语言文字进行一场彻底的革新，这种饱含着民族热望的力量直接引发了中国近现代语言文字变革的产生。由于有着对变革与进步的强烈诉求，当时的思想家、文学家、语言文字学家、翻译家及留学生在内的中国整个知识阶层，都参与到了这场宏大的文化运动之中。

从事于不同研究领域的诸多知识分子基于不同目的与立场，开展了切音字运动、国语运动、白话文运动、大众语运动、注音字母运动、国语罗马字运动以及拉丁化新文字运动等诸多积极改造汉语言文字的尝试，并提出了许多致力于改进汉语语言文字的设想。其中,“切音字运动”“白话文运动”与“国语运动”是最主要的三大运动。这三大运动虽然兴起于同一时期，但它们在运动规模、进行途径与致力目标等方面却不尽相同。白话文运动的活动主题主要针对言文不一致现象；国语运动主要针对方言分歧现象；注音字运动主要针对汉字“难学难用”状况。[①] 中国近现代语言文字变革力求以“语言的共同化”“文体的口语化”“文字的简便化”以及“注音的字母化”[②] 来改造汉语及汉字。尽管存在诸多差异，这些改革却都在以自身的语言实践，丰富着中国近现代语言文字变革的理论建构。

无论这场语言文字变革的发展过程是何等绵延而漫长，若拟对这场如火如荼的重大文化事件加以完整的追溯与梳理，便可发现其滥觞之一途，来自近代曾在中国进行过许多不同门类的语言文化活动的来华传教士。他们的众多语言文化活动虽多与传教工作有关，却几乎无不遵循和延续着传播现代西方文化的活动传统。因此，来华传教士对于中国现代汉语的确立，发挥着不容忽视的影响。令人遗憾的是，无论是对中国近现代语言文字变革，抑或是对中国近现代语言文字发展的整体性研究，都未对来华传教士为中国近现代语言变革所做贡献有足够重视。有鉴于此，本书以“来华传教士对中国语言文字变革的影响”为对象，讨论明清期间来华传教士的西学译介、研习汉语、创办华文报刊等语言文化活动与中国语言文字变革之间的互动关系，深入发掘并客观分析来华传

① 吕叔湘：《汉语文的特点和当前的语文问题》，《语文近著》，上海教育出版社 1987 年版，第 147 页。

② 周有光：《中国语文的时代演进》，清华大学出版社 1997 年版，第 2 页。

教士对中国语言文字变革的历史贡献，将对汉语语言文字发展的研究纳入西方与东方的互动与竞争的整个社会发展的历史背景中，探索和发现其变革的真正过程及发展趋势，从而更为全面而整体地呈现中国语言文字发展的历史脉络。

第二节 语言文字变革和来华传教士研究综述

一 语言文字变革的研究

目前，我国学界对中国近现代语言文字变革进行了一系列的研究，许多不同领域的研究对这一问题均有不同程度的涉及，其研究角度亦多种多样。这些研究成果大致可被归为以下几种。

第一，中国近现代语言文字变革与文学革命关系研究。

由于白话文运动同时具有文学革命与语言文字变革的双重身份，因此对白话文运动的研究属本部分的重点。大量对白话文运动的专题研究，基本上是从白话文运动兴起的原因、发展历程、运动意义的再认识等方面讨论这一运动的历史轨迹。这方面研究的代表包括以下著作：高玉的《现代汉语与中国现代文学》（2003），从语言哲学角度探究中国文学如何实现从近代文学向现代文学的转型，并从语言文字变革与思想革命视角对中国文学的转型加以重新审视。此外，此书还提出，五四新文学革命时的白话文变革，既是工具的变革，又是思想和思维的革命，现代文学确立的深层原因即为语言的变革，并最终得出中国现代文化变革从根本上是语言变革的结论。[①] 刘进才的《语言运动与中国现代文学》（2007），从语言运动的角度阐述文学革命与近现代语言文字变革的关系。作者对语言运动自身的发展演变、现代文学在造就现代汉语书面语中承担的功能，以及中小学语文教学中的文言与白话关系等问题进行了讨论。[②] 此外，王风的《文学革命与国语运动之关系》也从相同角

① 高玉：《现代汉语与中国现代文学》，中国社会科学出版社 2003 年版。

② 刘进才：《语言运动与中国现代文学》，中华书局 2007 年版。

度对近现代语言文字变革进行了研究。[①]

第二，中国近现代语言文字变革和思想运动关系研究。

此类研究主要从中国近代思想史与语言文字变革的关系出发，拓展到现代语言的研究领域。代表著作主要包括：陈原的《社会语言学》(2004)，曾对语言文字变革所做的专章讨论，着重论述“语言论争的社会意义”。陈原不仅仅简要阐述了近现代语言文字变革的发展历程，还以西方文艺复兴时期的语言与社会变革之间的密切关系作为例证，对社会变革、思想运动和语言文字变革间的关系进行阐述。由此认为，社会变革、思想运动与近现代语言文字变革间的关系是相辅相成、密不可分的，接着以此为参照系，阐述了中国近代史上以五四运动为标志的思想解放运动必然使得汉语从文言向白话转变的观点。[②] 汪林茂的《工具理性思路下的清末文字改革运动》从历史哲学的角度，指出清末文字改革运动的原动力是当时弥漫全社会的工具理性思想。由于过于强调文字的工具性，以至于一度导致了语言文字问题上的民族虚无主义。[③] 这一观点是十分具有开创性的。

第三，中国近现代语言文字变革发生、发展的历史考察。

王东杰从历史学角度对中国近现代语言文字变革做出独到见解。其三篇关于清末切音字运动的专题论文，以大量史料为依据，阐述了清末切音字运动的发生、发展及对此后兴起的其他语言文字改革方案的影响。[④] 王东杰在这一系列文章中指出，从最初的方言切音字方案、官话切音字，直至后来对汉字维护国家统一作用的再认识与简化字方案的出台，切音字运动自身的发展以及其后其他语言文字改革运动，是近现代语言文字变革推动者们对汉字改革不断深入思考的结果，力求最大限度

---

① 王风：《文学革命与国语运动之关系》，《中国现代文学研究丛刊》2001 年第 3 期。

② 陈原：《社会语言学》，商务印书馆 2004 年版。

③ 汪林茂：《工具理性思路下的清末文字改革运动》，《浙江大学学报》（人文社会科学版）2008 年第 5 期。

④ 王东杰 3 篇系列文章分别为：《从文字变起：中西学战中的清季切音字运动》，《中山大学学报》（社会科学版）2009 年第 1 期；《“声入心通”：清末切音字运动和“国语统一”思潮的纠结》，《近代史研究》2010 年第 5 期；《一国两文：清季切音字运动中“国民”与“国粹”的紧张》（上、下），《学术月刊》2010 第 8、9 期。

达到开启民智与保护国粹的目的。此外，还有大量关于近现代语言文字变革专题论文，大多是从历史学角度陈述其发展动因、发展过程、发展结果及其历史意义的，此不赘述。

第四，中国近现代语言文字变革的各类推动者。

刘进才认为，近现代语言文字变革的成果在教育体制内部的确立，贯穿了语言文字变革的理念，巩固了文学革命的成果，使得白话文有了合法地位。现代汉民族共同语的建立是语言文字变革推动者、语文教育家以及新文学作家共同努力的结果。因此，现代标准汉语的确立与这三类学者的关系十分紧密。[①] 目前从中国近现代语言文字变革推动者的角度进行的研究也恰恰说明了这一点。此外，陈立中《近代国语运动的急先锋卢戆章》[②]、梁容若《黎锦熙先生与国语运动》[③]、旷新年《胡适与白话文运动》[④]、于锦恩《简论吴稚晖在国语运动中的地位和作用》[⑤]、朱元曙《国语运动中的朱希祖及章门弟子》[⑥] 等文章，也从不同角度对中国近现代语言文字变革推动者们的功绩进行了详细评述。还有许多现代语言运动家，如章太炎、黎锦熙、倪海曙等，本身就是中国近现代语言文字变革的推动者，其著作《国语运动史纲》(1934)、《汉语发展过程和汉语规范化》(1957)、《拉丁化新文字概论》(1949)、《拉丁化新文字运动的始末和编年纪事》(1987) 等极大地推动了中国语言文字的变革与发展。

通过对目前学界对中国近现代语言文字变革的研究成果的分析与总结，可以得知：关于中国近现代语言文字变革较为成熟的研究成果，主要集中在对中国近现代语言文字变革与中国现代文学关系的探析这一研究路径之上，重点探讨中国近现代语言文字变革与对现代文学变革所起影响的研究；对中国近现代语言文字变革发展过程与思想运动关系的研究；对于中国近现代语言文字变革的历史探究方向的研究成果虽极为丰

---

① 刘进才：《语言运动与中国现代文学》，中华书局 2007 年版，第 3 页。

② 陈立中：《近代国语运动的急先锋卢戆章》，《文史知识》1994 年第 9 期。

③ 梁容若：《黎锦熙先生与国语运动》，《文史精华》1996 年第 4 期。

④ 旷新年：《胡适与白话文运动》，《中国现代文学研究丛刊》1999 年第 2 期。

⑤ 于锦恩：《简论吴稚晖在国语运动中的地位和作用》，《语文研究》2005 年第 3 期。

⑥ 朱元曙：《国语运动中的朱希祖及章门弟子》，《鲁迅研究月刊》2005 年第 4 期。

富，但主要是对中国近现代语言文字变革中各种零散运动的剖析以及断代史式的考察；而对语言文字变革的推动者的研究多集中在对曾参与、促进语言文字变革的语言学家、教育家、新文学作家等对这场运动所做贡献的讨论。

总体而言，关于中国近现代语言文字变革的研究成果较为充分，也厘清了中国近现代语言文字变革的发展脉络，但从中国近现代语言文字变革的规模讲，它决不是由新文学运动简单带动起来的关于国语的变革；从社会阶层的生成机制来看，这场运动也决不仅以当时中国知识阶层的思想革命为内在动力，整个变革的发起者与推动者，也不只是语言文字改革家、教育家以及新文学作家等人，其发起和推动有着更加漫长、多元而复杂的社会动因与机制。

二　来华传教士的研究

关于来华传教士的研究国内外均有涉及和研究。就中国而言，其研究主要集中在基督教传教史，中西文化交流史以及传教士个人研究等方面，而以来华传教士与中国近现代语言文字变革关系为研究对象的文献却较为少见。国内关于来华传教士与中国近现代语言文字变革关系的研究主要集中在以下4个方面。

第一，从文学语言变革的角度解读传教士传教活动与白话文的形成。

袁进在《试论中国近代文学语言的变革》中指出，社会变革是语言变革的基础，而语言文字改革运动是从传教士翻译西方书籍，外国人创办华文报刊开始的。[①] 从而最终得出中国近代文学语言的变革是在外来影响下而发生的结论。在《近代西方传教士对白话文的影响》[②] 及《重新审视欧化白话文的起源——试论近代西方传教士对中国文学的影响》[③] 中，袁进进一步阐述了来华传教士在白话文的形成上的贡献就是

---

① 袁进：《试论中国近代文学语言的变革》，《上海社会科学院学术季刊》1997年第4期。

② 袁进：《近代西方传教士对白话文的影响》，《二十一世纪》2006年12月号。

③ 袁进：《重新审视欧化白话文的起源——试论近代西方传教士对中国文学的影响》，《文学评论》2007年第1期。

奠定了中国近现代语言文字变革的基础。其一，传教士为了传教的目的，在学习中文时所提出的最初设想是汉字拉丁化运动的发端。其二，传教士在创办报刊以及用中文创作作品的过程中改造汉语的努力是不可忽视的。事实上，传教士在汉语的语法、词汇、语音以及汉语注音系统4个方面都推动了现代汉语的建立。[①] 如果忽视传教士对中国语言文字改革的贡献，而只在语言文字变革的推动者、语言学家及新文学作家中寻绎语言文字变革的因果关系，是有失偏颇的。

刘进才的《语言运动与中国现代文学》（2007）中，专章阐述来华传教士出于传教活动考虑而在白话文体方面所做的努力。他从来华传教士创办的早期华文报刊以及《圣经》翻译两个方面论述了来华传教士译介活动与白话文的形成与传播之间的关系。刘进才认为，学界不应忽视来华传教士为普及基督教义而在语言使用方面所具有的白话口语倾向，来华传教士的语言文化活动是中国近现代语言文字变革发生的异域资源。

第二，从语言学角度解读传教士传教活动、语言运动与现代汉语的形成之间的关系。

事实上，中国近现代语言文字变革就是一场宏大的语言运动。所谓语言运动，主要是指兴起于19世纪末20世纪初的，以语言文字改革，言文一致以及国语统一为目的的，使得中国汉语书面语从文言向现代白话转型的语言现代化运动[②]。这是在黎锦熙所提出的“国语运动”[③] 概念上的一种发展与补充，这一概念比之“国语运动”的概念，更能完善与全面地展示语言与各种因素的相互作用。

祝畹瑾在其《社会语言学概论》（1992）中就曾指出，在英语国家社会语言学研究中有一个重点，“语言和社会之间的全局性的相互作用，如在特定的历史条件下语言如何促进或阻碍信息的交流和社会的发展，伴随社会变革而出现的语言运动、语文规划”[④] 等都属社会语言学的研

---

① 袁进：《近代西方传教士对白话文的影响》，《二十一世纪》2006年12月号。

② 刘进才：《语言运动与中国现代文学》，中华书局2007年版，第1页。

③ 详见黎锦熙《国语运动史纲》，商务印书馆2011年版。黎锦熙在此书中总结了自清光绪二十四年（1898）至民国二十三年（1934）中国近现代语言运动发生发展的历程。

④ 祝畹瑾编著：《社会语言学概论》，湖南教育出版社1992年版，第10页。

究领域。由此可见，在西方学界语言运动研究很早便被纳入语言学研究范畴。陈平的英文著作《现代汉语：历史与社会语言学》（1999）是另一部从社会语言学角度解读现代汉语形成的论著。作者从现代汉语口语、书面语及书写系统3个方面详尽考察了现代汉语通用语形成的过程，并探讨了汉语与中国社会发展状况的关系。此书还明确指出，汉语拼音的首批方案由来华传教士确立，某些字典、词典正是以来华传教士的拼音方案为基础编纂而成的。[①] 然而，此书虽明确了来华传教士与语言运动的关系，但由于其目的主要在于梳理和阐述现代汉语的发展过程，因此对这个问题并未做进一步的展开论证。

方环海的《国语运动与20世纪的近代语音研究》（2000），将现代语言运动与我国传统音韵学的研究结合起来，探究在汉语研究中传统的音韵学向现代语言学方向的发展过程中现代语言运动所发挥的重要作用。该研究以大量史实为依据，证明了现代语言运动家、教育家及国民政府合力主导下的各种语言运动、语言教学与语言计划最终促进了以北京语音为标准的汉民族共同语的确立：

> ……近代音研究的发展基本上与国语运动的历史发展同步……我们的语音学研究领域……吸取了西方历史比较语言学的经验与方法，加强了语音发展中“史”的观念，在向现代语音学转轨过程中元明以降的近代音研究因为涉及到现代国音的历史源流，得到学术界的关注，从而大大促进了对近代音的研究。[②]

张国刚等人的《明清传教士与欧洲汉学》（2001），对耶稣会士的传教策略与西方人对中文的研究进行了详细考察，描述了在华耶稣会士学习研究中文的历程和感受，以及中文学习方法、汉字拉丁化注音与《西儒耳目资》间的关系。[③] 此外，此书还研究了在华传教士的语言文

---

① Chen Ping, *Modern Chinese: Its History and Sociolinguistics*, Cambridge: CUP, 1999, p. 164.

② 方环海：《国语运动与20世纪的近代语音研究》，《文史杂志》2000年第4期。

③ 张国刚：《明清传教士与欧洲汉学》，中国社会科学出版社2001年版。

化活动与欧洲早期的中文研究的兴起。受此影响的历史比较语言学中对于中文普遍贬低的态度以及观念的形成也是其讨论的重点，这种语言态度与观念也直接影响了之后的语言文字改革家们。该著作虽主要以耶稣会士活动与欧洲汉学的关系为考察对象，但其将对来华传教士活动及语言运动兴起的阐述置于19世纪语言学刚刚兴起的学术语境中进行剖析，却具有非常独到的学术视野。

第三，从翻译学的角度解读传教士活动与语言文字改革运动的关系。

何绍斌的《越界与想象：晚清新教传教士译介史论》（2008），对晚清新教传教士翻译史的研究有独到见解。此书不但对晚清新教传教士译介活动的主要内容做了详尽的归纳总结，还阐述了影响传教士译介活动的诸多因素、传教士译介活动的具体翻译策略及传教士译介活动的影响与反响等。关于晚清新教传教士的译介作品对于中国文学观念的变革，以及晚清新教传教士的翻译出版机构对中国文学创作的促进，作者都做了仔细论证。由于中国近现代语言文字改革与文学变革密不可分的关系，因此该著作也从侧面对传教士译介活动和语言文字改革运动的关系进行了论证。[①]

第四，国外学界对来华传教士与汉学的研究。

国外学界在这方面的研究文献非常稀少，主要是围绕传教士研究与汉学研究两个方面展开。美国学者乔治·邓恩（George H. Dunne，1905—1998）的《从利玛窦到汤若望》（2003）以大量一手档案、手稿等材料为论据展开研究，将晚明耶稣会传教士誉为“巨人的一代”，并在书中充分肯定了利玛窦的“文化适应”传教策略。[②] 著作涵盖了从1583年传教士利玛窦来华到1666年传教士汤若望去世之间的晚明耶稣会传教士的传教活动历程，因此对研究晚明耶稣会士在中国活动具有极高价值。美国学者唐纳德·拉赫（Donald F. Lach）的 *Asia in the Making*

① 何绍斌：《越界与想象：晚清新教传教士译介史论》，上海三联书店2008年版。

② ［美］邓恩：《从利玛窦到汤若望》，徐三乐、石蓉译，上海古籍出版社2003年版。

of Europe（*1965—1993*）① 一书，是一部综合性的关于“亚洲对欧洲的影响”这一议题的著作，也涉及了来华传教士的研究，主要讲述了来华传教士对中文的认识及对中文的研习，认为传教士事实上是欧洲汉学研究的先驱。从传教士的“中文字母表”的编制到“中文极其难学”等汉语观念的形成历史，此著作都有详细描写。

以上的研究从不同的角度论述了传教士活动与中国近现代语言文字变革之间的互动关系。这些研究以更加开阔的视野审视了我国的语言文字变革，而不局限于以往仅从语言文字本身或从当时社会状况研究语言文字变革的视野。但我们也应看到，这些研究的论述或是只在与近现代语言文字变革相关问题中才涉及，或是关于本书研究的零散专题论文，都只讨论本书研究中的某一个方面。虽然前辈学者的一些研究已有深刻的剖析，但系统的、全面的综合研究依然较少，从传教士文化传播活动及从语言学两个角度审视中国近现代语言文字变革的研究似乎目前均少见。

第三节 研究问题的提出和研究方向

一 研究问题的提出

西方传教士在唐代就已来华，当时名为“景教”。在此后的元代，基督教曾盛极一时，甚至一度流行于蒙古王室，但最终却因元帝国的覆灭而销声匿迹。西班牙传教士沙勿略于1550年为进入中国宣传基督教而进行的努力，拉开了近现代传教士在中国传教活动的序幕。1581年，耶稣会派遣意大利传教士罗明坚、利玛窦等人到澳门学习中文②，标志着明末天主教以及近代新教传教士在华传教活动的正式开始。围绕着传教这一基本目的，历代来华传教士采取多种方式和策略，做了大量工

① D. Lach, *Asia in the Making of Europe*（*1965—1993*）, Vol. I, Chicago and London: The University of Chicago Press, 1965; D. Lach, *Asia in the Making of Europe*（*1965—1993*）, Vol. II, Chicago and London: The University of Chicago Press, 1977; D. Lach, E. J. Kley, *Asia in the Making of Europe*（*1965—1993*）, Vol. III, Chicago and London: The University of Chicago Press, 1993.

② 顾长声：《传教士与近代中国》，上海人民出版社2004年版，第2页。

作，在客观上促进了中国语言文字变革的发生和发展。本书主要从以下3个方面对此问题进行分析。

1. 传教士来华后所要面对的首要工作就是学习中文

为了学习中文，利玛窦在北京出版了《西字奇迹》（1605）一书，此书后来由法国耶稣会士金尼阁扩版为《西儒耳目资》（1626）。作为中国第一份用拉丁字母拼写汉字读音的方案，此书“明晰而精确的拼音原理，简单而有条理的拼音方法，却给了当时的中国音韵学研究一个很大的影响……使当时好些中国音韵学者有了拼音文字的观念”。渐渐“就此引起了汉字可用字母注音或拼音的感想。”[①] 而后传教士为了进一步扩展传教范围，教会组织将《圣经》翻译成为各地口语，出现了很多方言拼音版《圣经》。基于这些罗马字方言《圣经》，传教有了进一步的发展，传教士也因此掀起了改革中国文字的热潮。方言罗马字拼音层出不穷，自1891—1904年，出现的方言罗马字拼音就有17种之多。“西方传教士用罗马字母为汉字注音给中国学者打开了思路，启发了他们。”[②] 1892年，卢戆章的《一目了然初阶》作为中国第一部拼音方案在厦门出版。其后每年都有中国人的注音字母新方案问世。

> 这意味着由西方传教士开创的用字母为汉字注音的方式为中国学者所接受，并成为他们改革汉语文字的努力方向……中国现代的汉字拉丁化运动，其发端是在西方传教士，是他们提出了最初的设想，并且做出了具体的实践。[③]

2. 传教士所要面对的第二个问题就是让中国人接受与传统观念完全不同的基督教教义

为了达到这个目的，传教士开展了以《圣经》以及西方近代科技文

① 陈望道：《中国拼音文字的演进——明末以来中国语文的新潮》，《中国语文教育学会主办语文展览会合刊（三）》，1939年，第2页。

② 袁进：《重新审视欧化白话文的起源——试论近代西方传教士对中国文学的影响》，《文学评论》2007年第1期。

③ 袁进：《重新审视欧化白话文的起源——试论近代西方传教士对中国文学的影响》，《文学评论》2007年第1期。

化著作为重点的译介活动。用中国人容易理解的方式宣传西方的价值观。“晚清的思想启蒙运动实际上受到西方传教士的影响”。比如说“近代占据统治地位的‘文学救国论’实际上源于西方传教士林乐知（Young John Allen）翻译的《文学兴国策》（Education in Japan）”[①]。白话文运动与来华传教士的欧化白话文也是有渊源关系的。周作人就曾指出“《马太福音》的确是中国最早的欧化的文学的国语”[②]，而作为中国语言文字变革发起的根本原因，对于汉语的许多负面的语言态度与观念也常见于来华传教士有关中国的著作中。比如利玛窦认为，汉语口语“含糊不清……没有一种语言是象中国话那样难于被外国人所学到的”[③]。从来华传教士关于中国语言文字的论述中不难发现与近现代语言文字变革的推动者们对于汉字看法的一致之处。由此可见，传教士对于汉语以及汉字的看法，汉译圣经中的欧化白话文，以及传教士译介活动带来的欧美先进科学技术，是汉语语言文字改革的思想启蒙与直接动力。

3. 晚清时期传教士创办华文报刊

为了更快地推动传教活动的发展以及迅速传播不断涌现出来的翻译著作，传教士创办了现代意义上的中国报刊业。[④] 传教士出版业对于中国文学变革也是有巨大推动作用的。晚清时期传教士“引进了先进的印刷技术，培训了一批熟练的排字工人；培养了第一批华人编辑，也成就了最早的报刊文学作者与读者，从而培育了中国新型的文化市场”[⑤]。社会文化传播机制的变化和先进的文化传播方式，是知识分子以及普通民众能够迅速以及大量接触到新思想的先决条件。

传教士创办的中文报刊有《察世俗每月统记传》（以下简称《察世俗》）、《东西洋考每月统记传》（以下简称《东西洋考》）、《遐迩贯

---

① 袁进：《近代西方传教士对白话文的影响》，《二十一世纪》2006 年第 12 期。

② 周作人：《艺术与生活》，岳麓书社 2019 年版，第 45 页。

③ ［意］利玛窦、［法］金尼阁：《利玛窦中国札记》，何高济、王遵仲、李申译，中华书局 1983 年版，第 29 页。

④ 袁进：《近代西方传教士对白话文的影响》，《二十一世纪》2006 年第 12 期。

⑤ 何绍斌：《越界与想象：晚清新教传教士译介史论》，上海三联书店 2008 年版，第 261 页。

珍》《中外新报》《六合丛谈》《万国公报》《格致汇编》等。这些传教士编译的中文报刊作为新型文学的载体面向大众，为普通人识字读报创造了条件，为“开启民智”提供了一个机会。而这正是中国近现代语言文字变革的一个目的。作为当时的新兴传媒，传教十报刊刊载了大量带有欧化白话文倾向的文章。文化传播上潜移默化的影响才能使得五四白话文运动做到一呼百应，这正是因为“接受欧化白话文的社会基础已经建设了几十年”①。除此之外，有不少为传教士中文刊物工作过的排字工人以及华人编辑后来都成为中国报刊的编辑，甚至自己创办了中文报刊。例如，王韬曾是上海墨海书馆的中文编辑，后创办《循环日报》，为社会变革与语言文字变革提供助力。②

二 研究方向

根据以上问题分析，本书将来华传教士对中国现代语言文字变革影响研究主要集中在以下几个方面。

1. 系统梳理来华传教士的传教活动，尤其是其中的语言文化活动

来华传教士的传教活动离不开语言文字的接触和使用，他们在学习及使用中文、翻译西方书籍、创办华文报刊及翻译出版机构等语言文化活动中，对汉语语言文字的研究是本研究必须首先厘清的问题。本书着眼于几个世纪之内来华传教士的各种传教文化活动，试图清晰地勾勒出来华传教士的传教活动与中国近现代语言文字变革之间关系的全貌，并在此基础上进行客观的分析与评价，并基于此对中国近现代语言文字变革进行批判性地分析思考。

本书在文献史料的基础上，系统梳理来华传教士研习中文、译介西学、创办华文报刊及翻译出版机构等语言文化活动的过程，仔细分析了这些活动对汉语语言文字变革的影响。西方传教士在华传教活动离不开语言文字的接触和影响，来华传教士的传教使命使他们必须使用中国语言才能有效地与中国民众自由交流并实现传教目的。因此，来华传教士

---

① 袁进：《近代西方传教士对白话文的影响》，《二十一世纪》2006年第12期。

② 何绍斌：《越界与想象：晚清新教传教士译介史论》，上海三联书店2008年版，第265页。

积极学习汉语，使用中文来翻译西方著作，并借助当时全新的大众传播媒介——报刊来扩大其影响力。在这个过程中，来华传教士自觉地对中西语言文字的异同进行了分析与比较，并对汉语言文字进行了仔细研究和大胆改进，客观上引发并促进了汉语语言文字的变革与发展。

2. 探究来华传教士的语言文化活动与汉语语言文字变革之间的渊源的关系

以往的研究只是将汉语言文字的变革归因于当时的社会困局，但根本原因并非如此简单。本书力求厘清我国近现代语言文字变革运动的发展脉络，尤其是变革发端的产生，以探求中国语言文字变革运动发生的根本原因及其思想动力。这能够给予语言学界在语言使用与社会变迁的关系、社会发展与语言竞争、语言演变与社会演变的关系等语言问题研究一个方向以及例证。我国对于汉语语言文字变革及语言运动的整体系统性研究还比较欠缺，尤其是语言文字变革发端产生的社会历史缘由。本书有利于弥补这一研究方向的不足。

3. 重新梳理语言观念演变与语言文字变革的关系

本书基于对中国近现代语言文字变革过程的梳理，拟从宏观的社会语言学以及语言发展的角度，结合语言学相关理论，对中国近代以来的语言文字改革进行再思考。本书基于对我国语言文字变革运动发端的梳理，在宏观的社会语言学以及语言发展的角度，结合语言学的相关理论，探索西方近现代语言学思想理论对中国语言文字改革的影响，在此基础上对我国的语言文字改革运动进行再思考。① 对于语言文字与社会发展的思考可以为我国今后的语言文字规划以及相关的语言文字工作提供参考。

本书不仅仅是社会语言学研究，探究汉语与中国社会发展的互动关系，更是汉语史的研究，发掘现代汉语形成的历史渊源。本书力求通过对相关历史文献资料的梳理、分析和研究，探求现代汉语发展过程中来华传教士的影响。这些历史文献史料主要为：首先是来华传教士的译著及著述、创制的汉语拼音方案、创办的华文报刊、自传、书信等史料和

① 白鸽：《社会语言学理论视域下的近代国语运动研究》，《南通大学学报》（社会科学版）2016 年第 3 期。

语料；其次是我国近代中国语言文字变革推动者的相关论述及著作等史料和语料；最后是与近代中国语言文字变革及语言运动相关的中国现代期刊资料和书籍。

本书通过对以上三类文献史料的分析，从全新的角度对中国语言文字变革及语言运动进行解析。此外，为使整个研究内容能够呈现出统一性和有机性，使论证内容充分而深入。本书以社会语言学理论作为研究的基本理论，从来华传教士的角度解读中国语言文字运动是本研究的基点。以此为本，对中西语言接触、社会发展与语言变迁、语言竞争、语言演变等问题进行分析研究。总之，本书基于对史料的整理和研究，结合社会语言学的理论，对于来华传教士和中国近现代语言文字变革这一问题进行深入的分析与探讨。

第二章　早期来华传教士译介活动及其影响

在中国历史上，基督教来华传教并非始于明清时期，早在唐代就已经出现。基督教在华传教可分为 4 个不同阶段：唐代时期的“景教”、元代时期的“也里可温教”、明末清初的“天主教”以及清朝末年的“新教”。唐、元两朝来华的基督教传教士还未形成气候，面对唐、元两朝强大又宽容的中国，其对中国社会文化的影响力极为有限。而明清时期西方传教士大规模来华从事传教活动，成为中国社会历史文化发展历程中一个重要的历史阶段。

明末清初，来华传教士在中国和欧洲文化交流中担当了非常重要的角色，客观上架起了中西文化交流的桥梁。早期来华传教士奉行“学术传教”[①] 的策略，他们在华开展科技和文化译介活动，向中国输入了欧洲的科学技术和社会文化知识，对当时中国的社会、科技、思想、语言文化产生了很大影响。就语言变革而言，虽然语言文字的发展必然有其内部的历史传承，然而对于汉语变革而言，在中国近现代历史上受外来语言文化的影响更大。西方强势文化的介入为汉语的发展提供了一种异域资源。[②] 事实上，西方语言文化的介入促进了汉语变革思潮的形成和汉语的发展，而这种语言文化介入的发端就在于来华传教士的译介活动。

---

① 据史料，明末利玛窦等早期来华传教士为了融入中国社会，确定了“合儒补儒”的方针。他们根据当时中国社会对科学技术知识的需求，开展了翻译和介绍欧洲科技书籍的译介活动，以此取得朝廷和民众的好感，进而达到在华传教的目的。这一传教策略后来被学界概括为“学术传教”。

② 刘进才：《语言运动与中国现代文学》，中华书局 2007 年版，第 84 页。

第一节 译介活动的社会历史背景

从社会语言学的视角上来看，翻译活动的终极使命并非两门语言的转换，而是两种社会文化的交流①。也就是说，翻译活动具有社会性，当某类翻译活动在特定的社会历史时期形成一定的规模时，则必定有其深刻的社会文化原因，总是与所处历史时代的社会文化背景密不可分。至于宗教传教活动则是不同阶段社会文化的反映。

16 世纪，由马丁·路德领导的宗教改革运动迅速席卷欧洲，对长期占据统治地位的罗马天主教廷构成了巨大的威胁。当时耶稣会（天主教修会组织）企图维护天主教的威信，夺回失去的势力范围，并试图向海外扩展。而中国当时正值大明王朝统治时期，社会经济发展缓慢，科学技术水平明显落后。在这种历史背景下，耶稣会先后派出多名传教士东渡中国，试图向东方进行宗教扩张。但由于明朝长期实行“闭关锁国”政策，耶稣会来华传教的先导们，如沙勿略、巴莱多等人一直无法进入中国。直到 1582 年，意大利传教士罗明坚、巴范济和利玛窦才得以在肇庆定居下来传教，拉开了近代西方宗教在中国传教的序幕。②

清朝中后期，中国的闭关锁国政策使得中国和世界有了隔阂，而西方在我国停滞不前的时候却开始了近代化的工业革命，这一退一进的悬殊差距已经造成了当时中西方沟通的障碍。比这障碍更为严重的是潜藏在礼仪与外交之争后的观念之争和国家心态之争，是一方落后的事实下自大的优越感和另一方不断发展的国力下膨胀的自尊心之间的对抗和博弈③。清朝政府为了巩固其封建王朝的统治地位，长期以来对外实行闭关自守的锁国政策，使中国几乎完全与世隔绝。

19 世纪初，中国社会已处于停滞不前的状态，而西方国家已非常强大。随着近代科学技术和工业革命的飞速发展，其经济实力和军事力

① 俞佳乐：《翻译的社会性研究》，上海译文出版社 2006 年版，第 3 页。

② 王治心：《中国基督教史纲》，上海古籍出版社 2004 年版，第 54—61 页。

③ 何绍斌：《越界与想象：晚清新教传教士译介史论》，上海三联书店 2008 年版，第 11 页。

量更加强盛，并不断进行海外扩张。中国与西方国家已形成了鲜明的对照和巨大的差距。面对西方列强的必然军事入侵与掠夺，清朝政府根本无力抵御。若要改变当时这种落后挨打的局面，中国就必须学习西方先进的科学技术、社会、政治经济学说，进行思想文化领域的变革，促进社会的发展和进步。而恰在此时，马礼逊、裨治文等英美新教传教士来到中国传播新教和西学，形成了西学在中国传播的热潮，对中国社会的发展进步具有积极意义。①

第二节　早期传教士在华译介活动

一　早期传教士来华概述

追溯历史，在唐朝，基督教在中国的主要代表是基督教中的一个异端支系聂思脱里教派（Nestorianisme）。聂思脱里教派因其创始人而命名。聂思脱里（Nestorius，约380—451）是叙利亚人，他主张基督“二性二位说”，认为基督具有神与人的两种本性，耶稣的神性与人性是分开的。作为人的耶稣由玛利亚所生，被钉死在十字架上；而作为神的圣子与基督并非由玛利亚所生，也未被钉死在十字架上。“二性二位说”于公元431年召开的世界性基督教主教会议上被定义为异端，聂思脱里被革职流放，其追随者也遭到了迫害②。聂思脱里教派因欧洲内部宗教纷争失败而被迫东传，在中亚地区繁荣过一段时间，而后经由中亚地区，于唐太宗贞观九年（635）首次传入中国，之后由于唐武宗灭佛（845）受到牵连而逐渐湮灭无闻，持续仅仅约两个世纪。③

到了元朝，在中国活动的基督教派别主要有新兴的天主教方济各会（Franciscus）、多明我会（Dominicus）以及残存的景教势力。所谓也里可温教，是元代中国对所有基督教不同派别和修会的统称。据记载，柏

① 白鸽、杜敏：《近代西方来华传教士译介活动及其对语言变革的影响》，《西北大学学报》（哲学社会科学版）2012年第5期。

② 何绍斌：《越界与想象：晚清新教传教士译介史论》，上海三联书店2008年版，第7页。

③ 陈垣：《陈垣学术论文集》第1集，中华书局1980年版，第93页。

朗嘉宾（Giovanni dal Pain del Carpine，1182—1252）、卢布鲁克（Guglielmo di Rubruquis，1215—1270）、孟德高维诺（Giovanni da Montercorvino，1247—1338）、安德烈·佩鲁贾（Andrea da Perugia）、鄂多立克（Odorico da Pordenone，1265—1331）以及马里诺利（Giovanni dei Marignolli，? —1359）六位传教士先后来到中国。[①] 当时也里可温教在蒙古贵族中非常盛行。然而随着元朝在一个世纪内的迅速灭亡，也里可温教在中国也逐渐式微，持续时间仅有短短的不足百年。[②]

唐朝的景教及元朝的也里可温教东传的原因都是当时欧洲的教派纷争，宗派压迫或者政治需要，具有被动的传教性质，与此同时中国却处于鼎盛时期，对于外来的宗教和文化秉持十分包容的态度和开阔的胸襟。因此，彼时在华的基督教传教活动无法真正成为一股强大的宗教势力，在中国的影响力极为有限。[③]

到了明末清初，天主教以及耶稣会（天主教重要修会组织）传教的根由和唐元两朝的景教与也里可温教已经截然不同了。欧洲16世纪开展的宗教改革运动浪潮使得基督教再次分裂。基督教中新兴的新教派别的实力逐渐增强，与旧有的天主教各派系之间的竞争日趋激烈。天主教教廷面对在欧洲越来越强大的新教势力，不得不采取各项措施弥补其逐渐失去的势力范围。此时天主教各个教派在海外的传教和扩张的目的非常明确，即增加信徒，以及掌控信徒背后的广大地理版图、巨额财富和影响力[④]，以此来遏制正在孕育并发展壮大的新兴新教势力。

因此，当时天主教各个教派都不再仅仅满足局限于在欧洲的宗教活动。基督教不同教派支系之间的竞争是天主教开展海外传教的内部动力，而地理大发现与东方新航路的开辟为天主教各教派的扩张意图提供了客观的可能性。[⑤] 天主教各教派的传教士先后向东方派出了大量的传

① ［意］卡萨齐、莎丽达：《汉语流传欧洲史》，学林出版社2011年版，第1页。

② 王治心：《中国基督教史纲》，上海古籍出版社2004年版，第52页。

③ 何绍斌：《越界与想象：晚清新教传教士译介史论》，上海三联书店2008年版，第2—8页。

④ 何绍斌：《越界与想象：晚清新教传教士译介史论》，上海三联书店2008年版，第2—8页。

⑤ 江文汉：《明清间在华的天主教耶稣会士》，知识出版社1987年版。

教士进行传教活动，他们纷纷紧随着葡萄牙和西班牙商人的脚步来到中国。明清时期，来华的天主教的教派中最主要的是耶稣会、方济各会以及多明我会三个修会组织。这其中又以耶稣会最为著名，该修会来华传教士人数最多，影响力最为巨大。耶稣会来华的传教士人数和影响力是其他两个修会远远无法匹敌的。面对欧洲本土越来越强大的新教势力，耶稣会在海外的传教活动更加积极主动，但在同时也经历了严酷的考验。

明清时期，基督教在中国传教所面临的困难主要来自中国内部。由于中国政府奉行的“闭关锁国”政策，中国已经和世界有了隔阂。中国政府不仅仅对于传教活动，甚至对外国人在中国任何活动的管理都非常严苛。而在民间，由于中西文化的根本相异，普通民众对于洋人完全不信任，对于外国传教士疑窦重重，对于西方的宗教就更加无法接受。民间自发组织的排教活动十分激烈。从官方到民间的种种排外情绪使得传教活动极难展开，传教士无法冲破中国的重重帷幕，真正融入中国。除此之外，民众与教堂在地产等方面的经济利益纷争，罗马教廷对于礼仪之争的禁约，以及语言的隔阂都使得西方传教士在中国开展传教活动举步维艰。来华传教士在传教之始就历经了多重考验。

西班牙天主教耶稣会修士圣方济各·沙勿略（St. Francis Xavier, 1506—1552）① 是耶稣会的创始人之一，也是16世纪以来第一位来华传教士。沙勿略最初于1542年到达印度，在南亚地区传教并主持传教事务。近10年之后沙勿略又辗转抵达日本，开始在日本传教。沙勿略在日本传教的过程中，“辄惊日本人对其比邻大国之文学哲理深致敬佩，盖以此为日本全部文化之所本也”②。他震惊于中国文化对于日本的深刻影响，认为中国文化是日本文化的发端。面对中国文化在日本的巨大影响，基督教在日本传教局面迟迟无法打开，沙勿略意识到若想要日本皈依基督教，则必须将福音传播到中国，自此萌生在中国传教的想法。

---

① 以下所有耶稣会传教士之本名及生卒年份皆引自［法］费赖之《在华耶稣会士列传及书目》，冯承钧译，中华书局1995年版。

② ［法］费赖之：《在华耶稣会士列传及书目》，冯承钧译，中华书局1995年版，第1—2页。

1551 年 12 月，沙勿略抵达广州附近的上川岛，在这个中国南海边的小岛上谋求登陆中国的计划。沙勿略曾千方百计地试图进入中国的腹地进行传教活动，或委托中国商人引荐入华，或雇佣向导与船只秘密进入中国，或冒充外国公使一同入境，但最终都没有成功。传教事业受挫，又感染疾病，沙勿略来华后短短一年就病逝于上川岛，终生都没有踏入中国腹地。①

葡萄牙耶稣会传教士巴莱多（Melchior Nunez Barreto，1520—1571）是继沙勿略之后第二位试图进入中国的传教士。根据记载，巴莱多在 1555 年因计划赎救葡萄牙人与基督教徒出狱，留居广州两个月。以此为据，巴莱多应该是抵达中国大陆的第一位耶稣会传教士，而并非以往所认为的罗明坚或者利玛窦。巴莱多在广州期间虽计划在中国展开传教活动，但事实上其传教的主要对象是葡萄牙的水手以及士兵，并“未能使一华人受洗”，在华传教的计划以失败告终并最终返回印度。②

巴莱多来华的 10 年之后，又有传教士培莱思（Francisco Pérez，1520—1583）随葡萄牙代表团抵达广州。培莱思要求广州官吏准许他在当地从事讲学传教活动，但并未获得批准，培莱思只好返回澳门。③ 1563 年左右在澳门至少有八位耶稣会传教士，如泰玛诺（Emmanuel Texeira）、黎伯腊（Jean-Baptiste Ribeyra）、黎耶腊（Pierre-Bonaventure Riera），等等，皆或因不懂得中国话，或因中国当局不予批准，或因密谋偷渡之法太过危险等原因都没能深入中国。④ 尽管在来华初期遇到了极大的阻力与困难，天主教教廷与传教士并没有放弃在华传教的努力。耶稣会传教士依然紧随圣徒沙勿略的脚步积极谋求在中国的传教事业。沙勿略与巴莱多神父之后，范礼安、罗明坚、利玛窦等著名传教士相继来华，耶稣会在中国的宗教活动逐渐开展。

意大利耶稣会士范礼安（Alexandre Valignani，1538—1606）一生曾两度来华考察耶稣会士的传教情况，有“东方圣徒”之美誉。1573 年，

---

① 王治心：《中国基督教史纲》，上海古籍出版社 2004 年版，第 54—56 页。

② ［法］费赖之：《在华耶稣会士列传及书目》，冯承钧译，中华书局 1995 年版，第 11 页。

③ 杨森富：《中国基督教史》，台湾商务印书馆 1984 年版，第 58 页。

④ 王治心：《中国基督教史纲》，上海古籍出版社 2004 年版，第 56—59 页。

他受命为耶稣会“东方全境之视察员兼副主教”，成为当时远东地区耶稣会的领导人。范礼安于1538年出生于意大利那不勒斯基耶提，毕业于意大利帕度亚大学并获得博士学位。1566年，他在罗马加入耶稣会，当年入圣安德修院学习神学，成为一名教会神职人员。他于1578年（万历六年）抵达澳门，滞留10个月之后奔赴日本。[①]

范礼安在澳门滞留期间，燃起了在中国传教的热情。他在澳门对于当时中国社会的观察得出了如下的结论：“人们不难相信，一个聪明的、有成就的、献身于艺术研究的民族，是可以被说服同意让一些同样以学识和品德而出名的外国人来到他们中间居住的，特别是假如他们的客人精通中国语言和文字的话。……这个民族有一天会乐于接受基督教的。由这种想法所产生的远景，就有足够的理由要委派几个人学习中国语言和文字并做好准备利用可能出现的时机把福音传入这个新的世界。”[②]

范礼安在澳门期间，深入考察了耶稣会在远东，尤其是中国的传教情况。他也曾因为无法进入中国而发出“岩石，岩石，汝何时得开？”[③]的慨叹，认为传教活动面对当时如顽石一样的中国社会，实则难以进行。他认为，要在中国传教，必须修正以往的传教策略。作为远东耶稣会的最高领导以及天主教在华传教事业的奠基者，范礼安制定了耶稣会在华传教的策略，这一策略在之后几百年的传教过程中一直被来华传教士们遵守并贯穿传教活动的始终。

范礼安认识到学习中文和中国文化对于传教活动具有极大的帮助，不能再沿袭以前的传教方式。他充分肯定中国的古老文明，认为在已发现的国家中，中国是最和平和治理得最好的国家之一。但是，古老中国的大门对外紧紧关闭，对于上帝一无所知，而且中国的官员们极为藐视和排斥世界其他国家，根本不愿意同外国人有任何交往。为了叩开古老中国的紧闭大门，范礼安将他的这种在中国传教的热情化作了具体的行

① ［法］费赖之：《在华耶稣会士列传及书目》，冯承钧译，中华书局1995年版，第20页。

② ［意］利玛窦、［法］金尼阁：《利玛窦中国札记》，何高济、王遵仲、李申译，中华书局1983年版，第142页。

③ ［法］费赖之：《在华耶稣会士列传及书目》，冯承钧译，中华书局1995年版，第20页。

动。他开始在制定传教策略和组织教务上做了大量的工作。他清楚地认识到，传教士要在中国这样一个具有悠久文明的国度立足，必须学习中国语言和尊重中国的传统文化。

范礼安将学习中文列为传教的第一要务。如费赖之所言："范礼安乃解其事业经营以前，须先训练职工。最要之条件，首重熟悉华语。"① "学习和掌握中国的语言文字是西方真正认识中国的必要前提。"② 事实上，范礼安是第一位倡导并且制定耶稣会在中国传教的策略和步骤的传教士。范礼安不仅制定了耶稣会的传教策略，还切实进行了实践。范礼安明白汉语以及中华文明对于传教事业的重要性，于是致信印度教区的区长鲁伊兹（Vincent Ruiz），要求派遣能够胜任汉语学习的传教士来华。最初奉命来华的是弗拉利斯（Bernardin de Ferraris），但是后来由于错过来华的船只而未能成行，罗明坚代其来华。③ 其后，范礼安又陆续将利玛窦和巴范济（Francois Pasio，1551—1612）二人引入澳门、学习中国语言文字以及风俗礼仪，为进入中国传教做初步的准备。

最早获准进入中国内地的传教士是意大利耶稣会士罗明坚与利玛窦。罗明坚（Michele Ruggieri，1543—1607），字复初，天主教耶稣会传教士，意大利人，被认为是自明朝以来进入中国内地的第一个西方传教士。罗明坚生于意大利那不勒斯的斯皮纳佐拉城，获得民法与教会法博士学位，毕业后曾在那不勒斯政界服务了多年。他在 29 岁才加入耶稣会并获准到东方开展传教工作。1578 年（万历六年），他随同耶稣会士阿奎维瓦、巴范济、利玛窦、斯皮诺拉等传教士一起从葡萄牙里斯本出发抵达印度。在那里，罗明坚首先受命在印度西南海岸的渔民区进行传教和学习当地的语言，不久后奉命到澳门。1579 年（万历七年）7 月，罗明坚来到了澳门。④

---

① ［法］费赖之：《在华耶稣会士列传及书目》，冯承钧译，中华书局 1995 年版，第 21 页。

② 张国刚：《明清传教士与欧洲汉学》，中国社会科学出版社 2001 年版，第 227 页。

③ ［法］费赖之：《在华耶稣会士列传及书目》，冯承钧译，中华书局 1995 年版，第 21 页。

④ ［法］费赖之：《在华耶稣会士列传及书目》，冯承钧译，中华书局 1995 年版，第 23 页。

来到中国后，罗明坚遵照范礼安的指示，努力学习中国语言文字、了解中国的风俗习惯。经过一段时间的苦读钻研，罗明坚自觉其中文读写水平已经能够胜任传教工作，便准备开展传教活动。当时，我国广东地方官府虽准许葡萄牙商人每年来广州两次进行贸易，但仅允许逗留数日，白天在市区贸易，夜晚回到船上休息。罗明坚深知在这种社会背景下获得官员许可留居的重要性，他便设法与广州当地官府接触，请求准许在中国内地留居。1582 年，罗明坚携同巴范济神父及几位随员带着自鸣钟由澳门出发，于 27 日抵达肇庆。时任两广总督陈瑞收到罗明坚一众之礼物后，批准其可留居肇庆，后罗明坚又获得了利玛窦到广州定居的许可。但是，不久陈瑞被罢免，罗明坚等人失去庇护不敢久留，旋即离开肇庆前往广州，但再次未被允许上岸，被迫回到澳门。①

利玛窦（Matteo Ricci，1552—1610），意大利人，耶稣会传教士。他从 1561 年起在出生地马切腊塔的耶稣会学校学习。1568 年，利玛窦到罗马学习法律，但后来放弃了法律学习而入耶稣会。1571 年，利玛窦进入圣安德修道院。1577 年，利玛窦赴里斯本并准备前往印度传教，在等待出发的 6 个月时间里，继续神学学习。1578 年 9 月 13 日，利玛窦到达印度果阿并继续学习神学，并于 1580 年被授予神职。1582 年，利玛窦受到范礼安召唤赴澳门教区传教，8 月抵达澳门后立刻开始中国语言文字，并成为罗明坚的助手，与罗明坚一起尝试进入中国内地。1583 年 9 月，罗、利二人得到时任两广总督进入中国的官方正式许可，重返广州及肇庆，并正式拥有自己的居住场所及传教驻地，成为第一批真正进入中国内地的耶稣会传教士。自此以后、庞迪我、邓玉涵、汤若望、南怀仁、艾儒略、白晋等耶稣会士陆续来华，耶稣会士在华传教事业正式开启。

根据费赖之统计，自 1552 年沙勿略达上川岛至 1773 年耶稣会被罗马教廷取缔的二百余年中，来华的耶稣会士多达 467 位。② 来华耶稣会

① 岳峰、郑锦怀：《西方汉学先驱罗明坚的生平与著译成就考查》，《东方论坛》2010 年第 3 期。

② ［法］费赖之：《在华耶稣会士列传及书目》，冯承钧译，中华书局 1995 年版。

士这一东西方文明交流互鉴的先锋群体在数百年的传教努力中留下了八百余部著作，其中大半部分皆为译介作品。明末耶稣会士是人类文明史的见证，是推动东西方文明进步的重要力量。

二 早期传教士译介活动内容

正是这一批来自欧洲的耶稣会传教士，掀起了明末清初的科技翻译高潮。他们为了给中国大众传播基督教，确定了“学术传教”的策略。该策略的目的就是，试图以翻译和介绍大量的学术著作和科学技术著述来扩大基督教文明在中国的影响，以此为基础使得中国人在潜移默化中接受基督教。因此，这种学术和科技翻译活动根本目的是传教。尽管传教士的西学译介活动秉持着这样的宗教目标，但这并不能抹杀译介活动对中国社会的重要贡献与意义。耶稣会教士们与晚明士大夫群体联手翻译，其学术成果远惠后世。西学译介不仅介绍了西方学术和科技文化知识，客观上促进了西方科学文化在中国的交流与传播。

在中西文化交流史上，明末清初的科技译介具有重要意义，耶稣会传教士是译介活动的主要力量。耶稣会士不仅是神职人员，又是天文学家、实用科学家，或者是语言学家，他们富于文化修养又熟知科学知识，把欧洲文艺复兴时期的科学技术知识译介给了中国，开阔了人们的视野，满足了中国人对科学文化知识的渴望，启迪和丰富了中国人的精神世界。

首先，从翻译内容来分析，当时翻译和介绍著作主要是有关数学、天文、地理等科学的理念和知识著述。最为重要的代表译著：数学方面有《几何原本》（1605），由利玛窦与徐光启合译，该书是西方传教士来华翻译西方科学书籍的开山之作，也是明末西方数学译为中文的第一部著述，为中国现代数学的发展奠定了基础。《几何原本》是一部至今影响最大和流传最广的世界数学名著，由古希腊数学家欧几里得（Euclid）于公元前3世纪编成的一部不朽之作。《几何原本》集整个古希腊数学研究的成果与逻辑思维精神于一身。该书以严密的逻辑推理形式，由定义、公理、公设、命题出发，用一系列定理的方式将几何学知识整理成一个完备的体系。利玛窦与徐光启仅将前6卷“平面几何”译出。19世纪中叶，李善兰和伟烈亚力合译过《几何原本》后9卷，完成了利玛窦和徐光启未竟之业。[①] 天文学方面有由利玛窦编译《乾坤体义》(《四库全书》著录)，是一部介绍西方天文知识的书籍，包括地球是圆球形的、太阳大于地球、月球本身不发光而只反射太阳光以及日食和月食的形成原因等方面的知识。地理学方面有由意大利传教士艾儒略(Giulio Aleni，1582—1649）与杨廷筠合译的《职方外纪》(1623)，该书记述了当时所谓“五大洲”各国概况，卷首有一幅万国全图，是16世纪欧洲人的世界地理认知综汇。另外，这个时期有影响的应用科学译著，如由意大利传教士熊三拔（Sabbathin de Ursis，1575—1620）与徐光启合译的《泰西水法》(1612)，是一部欧洲水利工程学方面的著作；再如，由德国传教士邓玉函（Johann Schreck，1576—1630）与王徵合译的《奇器图说》(1627)，是第一部在我国系统介绍西方力学和机械方面知识的著作。还有利玛窦等译的《同文算指》、傅讯际（Francisco Furtado，1587—1653）等译的《寰有诠》《名理探》等重要译著。

其次，从翻译方式来分析，由于中国和西方无论是在文化背景上，还是在语言文字上都存在巨大的差异，使得文化之间转化的译介工作显得异常艰难。当时的译介工作只能由传教士与中国学者合力才能完成，缺少任何一方都会使得翻译过程无法进行。这些翻译合作者主要是传教士与中国懂科技的官员和科学家，传教士以利玛窦、汤若望、罗雅谷(Giacomo Rho，1593—1638）和南怀仁（Ferdinand Verbiest，1623—1688）等为代表，中国学者以徐光启、李之藻、杨廷筠、冯应京、王徵、李天经、韩霖、段衮、瞿式耜等代表。[②] 翻译的内容由传教士根据自身的兴趣以及学科背景自由选择，凭借自己有限的汉语水平对内容进行口述、口译或初步的翻译与解释，而后中国学者对传教士的翻译进行笔录、润饰并形成译稿，形成这个时期科技翻译“中西合璧”的独特景象。

---

① 马祖毅：《中国翻译简史（五四以前部分）》，中国对外翻译出版公司2004年版，第346页。

② 徐宗泽：《明清间耶稣会士译著提要》，上海书店出版社2010年版。

表 2-1　**传教士主要科技译著**

译著名称	译者	内容	时间	备注
几何原本	利玛窦	数学	1605 年	合译，徐光启笔述
同文算指	利玛窦	数学	1614 年	口译，李之藻笔述
几何要法	艾儒略	数学	1631 年	合译，瞿式耜
测量全义	罗雅谷	数学	1631 年	
大测	邓玉函	数学		
测量法义	利玛窦	几何、测量	1607 年	合译，徐光启笔述
圜容较义	利玛窦	几何、测量		口译，李之藻笔述
职方外纪	艾儒略	地理	1623 年	
远镜说	汤若望	光学	1630 年	编译
泰西水法	熊三拔	力学	1612 年	合译，徐光启
奇器图说	邓玉函	机械工程	1627 年	合译，王徵

然而，毫无疑问的是，西方传教士来华的主要目的是向东方进行宗教扩张，把基督教传播到中国。因此，根据他们在华的宗教使命与实际需要，传教士们翻译了最初的一批基督教文献，文献中“有论道理及讲修成之书，有辩护、辟迷、释难、解惑之书，有圣人行实及圣教经文等书”，可分为圣书、真教辩护、神哲学、教史四大类别。[①] 著名的有：罗明坚翻译的《天主圣教实录》（1584，此译作是为欧洲人最早翻译为汉语的教义纲领），利类思翻译的《超性学要》（1654），汤若望翻译的《主制群征》（1629），等等。传教士们翻译的天主教色彩浓郁的宗教文学作品也十分丰富，如金尼阁翻译的伊索寓言选译本《况义》（1625），高一志翻译的奥古斯丁传记《天主圣教圣人行实》（1629），艾儒略翻译的宗教长篇译诗《圣梦歌》（1684）等。与此同时，出于对中国文化的兴趣和传教的需要，这些传教士潜心学习和研究汉语，并编写了一些汉语音韵的书籍。这些著述为西方人学习汉语找到了一条有效的途径，[②] 也对中国的语言文字变革产生了更为深远的影响。

---

① 徐宗泽：《明清间耶稣会士译著提要》，上海书店出版社 2010 年版。

② 董海樱：《16 世纪至 19 世纪初西人汉语研究》，商务印书馆 2011 年版，第 61 页。

三 早期传教士译介活动特征

明末清初的来华传教士在我国的译介活动通常以明万历年间利玛窦来华（1582）为开始，清康熙帝晚年禁教（1721）为结束，前后持续约一百余年。在这个时期里，世界正在发生着巨大变化，欧洲国家经历了文艺复兴，工业革命、科学革命应运而生，近代科学体系正在西方建立。欧洲封建社会正在逐渐瓦解，部分欧洲国家进入了资本原始积累时期，在国内经济实力飞速发展的同时开始了对海外的殖民扩张。在中国，封建统治及其与世隔绝使国力衰弱、江山动荡、民不聊生。当时，中西方科技落差悬殊，社会有识之士对西方自然科学很感兴趣，希望通过学习西方科技实现国富民强。并且明末清初局势动荡，处在一个思想被宋明理学窒息的时代，社会阶层发生了严重的精神危机，而一部分思想超前的知识分子被基督教义的新鲜之处所吸引。在这种背景下一批耶稣会士从欧洲来到中国。

当时，传教士在中国的使命是按照罗马教廷意旨向东方进行宗教扩张，为了掩盖其传教和文化扩张的真实意图以及迎合中国社会对科技的急切需要，耶稣会士以翻译和传播自然科学知识来开路，采用了“学术传教”的方针。① 传教士通过译介活动、讲学访谈等形式向中国大众介绍西方科技知识，同时他们广交中国朋友，结识中国权贵和文人墨客，买通宦官于万历二十九年（1601）朝拜神宗皇帝。传教士向皇帝上供万国图、天文图像、报时自鸣钟、三棱镜和珍珠镶嵌的十字架等奇珍异玩物品，终于使天主教在中国传教取得了合法地位。② 至此在中国兴起了以传教为目的、科学技术译介作为先导的第二次翻译高潮。

从翻译实践来看，明末清初的翻译作品共三百余种，可以大致分为3类：一是宗教类著作，宣扬基督教教义；二是哲学和伦理学类著作，虽然与宗教内容相关联，但也有其独立学术价值；三是把一大批西方科学技术的书籍翻译和介绍到中国，所译著作品约一百三十种，占当时翻

① ［法］费赖之：《在华耶稣会士列传及书目》，冯承钧译，中华书局1995年版，第38页。

② 陈福康：《中国译学理论史稿》，上海外语教育出版社2000年版，第47页。

译作品总数的三分之一左右。特别是翻译了一些数学、天文、机械工程等自然科学类著作。这一时期翻译的显著特点就是这些科技著作的翻译和介绍。①

这次具有鲜明科技特色的译介活动输入了西方先进的科技文化知识，对我国思想文化和自然科学领域产生了巨大震撼。传教士的翻译活动客观上打破了当时中国与世隔绝的状态，促进了中西文化之间的交流。中国有识之士开始觉醒，逐渐抛弃了唯我独尊的天朝上国意识，自觉认识西方和整个世界。通过对明清传教士科技翻译的分析研究，我们可以清楚地认识到这一时期的科技翻译成果和译作特点在中国社会进程中的历史作用，以及对后世中国社会、思想、文化和语言等所产生的深远影响。

第三节　早期传教士译介活动的影响

一　早期传教士认为汉语繁难、孤立和落后

关于汉语繁难、孤立和落后等观念，我们都可以在传教士的论述中找到出处。葡萄牙多明我会来华传教士克路士在其著作《中国志》（1570）中介绍中国语言文字时提到汉字繁多："中国人的书写没有字母，他们写的都是字，用字组成词，因此他们有大量的字，以一个字表示一件事物；以致只用一个字表示'天'，另一个表示'地'，另一个表示'人'，以此类推。"② 西班牙来华传教士拉达在其名为《记大明的中国事情》的出使报告中对汉语汉字进行了描述，明显表现出一种汉语难学和学习受挫的强烈感觉。他认为，汉语"就已知的说他们的文字是最不开化的和最难的，因为那是字体而不是文字。每个词或每件事物都有不同字体，一个人哪怕识得一万个字，仍不能什么都读懂。所以谁识

① 马祖毅：《中国翻译简史（"五四"以前部分）》，中国对外翻译出版公司2004年版，第267页。

② ［英］博克舍：《十六世纪中国南部行纪》，何高济译，中华书局1990年版，第112页。

得最多，谁就是他们当中最聪明的人"[①]。拉达认为汉字是"最不开化和最难的"，这一论调体现了他对于人类文化发展历程的认识已然有了优劣先后之分，并在此基础上把汉语汉字归类为最难和最原始的类型。拉达的《记大明的中国事情》成书于16世纪中后期访问福建期间，显示出西方对中国的傲慢早已有之，其语言优劣论在三个世纪之后又有了回响。利玛窦认为中国语言"含糊不清"，大量的汉字"给记忆带来沉重的负担……以文为业的人们从小到老都要埋头学习他们的这些符号。毫无疑问这种钻研要花去大量的时间"，并因此阻碍了中国人追求"更有用的知识"[②]。利玛窦在1583年2月致帕多瓦耶稣会马尔第诺·德·弗尔纳里神父的信中描述汉字的繁复："至于中国的文字，如果不是亲眼所见，或像我一样亲身实践的话，则根本无法想象。汉语中有多少词汇或事物便有多少个汉字。其总数超过七万，彼此都不一样，而且错综复杂"[③]。利玛窦在1592年11月致罗马耶稣会法比奥·德·法比（Fabio de Fabii）神父的信中直言汉字之难："您大概已经知道，这个国家没有字母，而只有象形文字，也就是说每一事物自己都有专门的名词，因此也就有其专门的文字。这样，他们的字几乎是无穷无尽的，但字典中只能收入六万多字，此外他们还不断造出新字。汉字都非常难，每个字都有很多笔画。"[④] 利玛窦甚至将识记汉字视为难事，他在1605年7月致罗马耶稣会总会长阿夸维瓦神父的书信附录中感叹传教士"要花费多么大的气力才能把这些模样相近的汉字记在脑子里"[⑤]。后世欧洲语言学研究中汉语汉字落后的思想根源可见一斑。20世纪初，我国语文改革活动家钱玄同指出，"距今二十年前（戊戌变法时代和它的前后），中国有人感觉到汉字的难识，难记，难写，不是一种适用的工具，应该另造拼音文字：如沈学、卢戆章、蔡锡勇、劳乃宣，王照"。这些

① ［英］博克舍编注：《十六世纪中国南部行纪》，何高济译，中华书局1990年版，第210页。

② ［意］利玛窦、［法］金尼阁：《利玛窦中国札记》，何高济、王遵仲、李申译，何兆武校，中华书局1983年版，第29—31页。

③ ［意］利玛窦：《利玛窦书信集》，文铮译，商务印书馆2018年版，第23页。

④ ［意］利玛窦：《利玛窦书信集》，文铮译，商务印书馆2018年版，第82页。

⑤ ［意］利玛窦：《利玛窦书信集》，文铮译，商务印书馆2018年版，第256页。

改革派尚较为温和，甚有如谭嗣同声讨汉字之“罪恶”之论：“更若中国之象形字，尤为之梗也。故尽改象形字为谐声，各用土语，互译其译，朝述而夕解，彼作而此述，则地球之学可合而为一”。1919 年，傅斯年发表《汉语改用拼音文字的初步谈》，是“汉字革命军”第一篇向檄文①，二十余年之汉字革命的讨论达到了高潮。②，从这些论述中可以看出，早期传教士与语言文字改革运动家们都一致认为，汉字以及汉语落后于西方国家语言，这种观点也成为以后进行语言文字改革的一个重要理据。

二 早期传教士的罗马字母拼音方案

语言是早期传教士在传教活动和翻译的过程中遇到的最大的困难和障碍。为了在中国顺利开展传教和译介活动，传教士努力学习汉语和汉字。为了方便学习汉语语言，他们尝试用拉丁字母拼写汉语，曾制定了多种罗马字母式的汉语拼音方案。其中，最有代表性的两套方案：其一利玛窦《西字奇迹》（1605）。这是汉语史上最早一部用罗马字母给汉字注音的方案。其二是金尼阁的《西儒耳目资》（1626），它是最早一本用罗马字母给汉字注音的字汇。后来的各种注音方案都以这两套使用罗马字拼写汉语的方案为典范，同时也使后来清末传教士能够用罗马字母拼写翻译后形成“方言圣经”，进而给许多中国学者带来了启迪，他们也开始尝试使用西方罗马字母拼读或者改造汉语汉字。

在《国语罗马字之演进》一文中，罗常培比较了中式罗马字拼音法的声母韵母以及标调方法与西式罗马字母拼音法，认为中西各式的罗马字拼音法“声母韵母尚皆大同小异，不甚悬殊。惟避免附加符号改用字母标调之原则，则实中国所特创”③。由此可见，明末罗马字拼写汉语方案对我国语言改革运动产生了实质性的影响，如后来的国语罗马字运动、切音字运动以及拉丁化新文字运动。可以说，明末传教士的罗马字

---

① 钱玄同：《汉字革命》，《国语月刊 · 汉字改革号》，文字改革出版社 1957 年版，第 5—7 页。

② 钱玄同：《汉字革命》，《国语月刊 · 汉字改革号》，文字改革出版社 1957 年版，第 5 页。

③ 罗常培：《罗常培文集》第 3 卷，山东教育出版社 1999 年版，第 38 页。

母拼写汉字的方案“引起了汉字可以用字母注音或拼音的感想”①，为以后使用罗马字母改造汉语汉字的具体方案提供了经验，迈开了中国语言文字变革的第一步。

三　早期传教士的“白话文”翻译主张

中国语言文字史上，传统的文言文晦涩难懂，无法满足正在形成与变革中的现代社会的思想交流模式，而白话文简单易懂，使用白话文便于人们之间进行交流和表达。汉语经过来华传教士翻译活动的改进之后，所发展出来的白话文在句式和结构等方面开始具备西语式的逻辑性。翻译活动为汉语语言输入了新的表现方法。诚如胡适所言：“只有欧化的白话方才能够应付新时代的需要。欧化的白话文就是充分吸收西洋语言的细密的结构，使我们的文字能够传达复杂的思想、曲折的理论。”②

研究表明，明清时期来华传教士认为翻译西书为中文，应该用中国百姓所喜欢和熟悉的表达方式和话语体系。他们的翻译主张是用“白话文”翻译和用“白话文”写作，并取得了成效。法国天主教耶稣会士贺清泰（Louis de Poirot，1735—1814）在1758年（乾隆二十三年）用“北京话”翻译了《旧约》与《新约》的合订本——《古新圣经》。他在《圣经再序》中用明晰晓畅的白话提出了他的翻译策略：

> 看书有两样人：一样是诚心爱求道理，并不管话俗不俗，说法顺不顺，只要明白出道理来足足够了，也对他的意思。这样的人，可不是贤人么？所该贵重的，他们也贵重；本来要紧的是道理。话虽是文彩光辉，若无道理，算甚呢？一口空嘘气而已。还有一样人，看书单为解闷。倘或是读书的人，单留心话的意思深奥不深奥，文法合规矩不合；讲的事情，或者从来没见过的，或是奇怪的，或是多有热闹的；一见没有，或是书上没有修饰，就厌烦了，

① 倪海曙：《中国拼音文字运动史简编》，时代书报出版社1948年版，第9页。

② 胡适：《中国新文学大系·建设理论集》（影印本），上海文艺出版社1980年版，第24页。

抛下书，无心看了。论这样人，一定不服我翻的《圣经》……天主贵重的，不过是人的灵魂。聪明愚蒙，天主不分别。为几个懂文法的人，不忍耽搁了万万愚蒙的人。不能懂文深的书，他们的灵魂，也不能得受便益。天主的圣意是这样，翻《圣经》的人，敢背他的旨意么？①

这充分说明了，早期来华传教士早在五四新文化运动近两百年之前在译介活动中就有非常清楚的“白话文”主张，推动了中国书面文字的白话文表达。到了19世纪初，马礼逊等人再次用白话文译出了全套《圣经》，是为贺清泰翻译主张的延续，之后诸多传教士的翻译及中文著述无不贯彻这一思想。他还编纂出版了《华英字典》（1822）。此书实际上是一部中国文化的百科全书，介绍了中国宗教哲学、神话传说、著名历史人物、礼仪及风俗习惯、中国教育及科举制度、中国天文、戏剧以及音乐等。这部字典最显著的特点和特殊贡献是，它的汉语解释性内容全部用白话文写成，对中国书面文字从文言文到现代白话文的过渡起到了引领作用。

研究表明，明末清初的来华传教士的译介活动给中国传统文化注入了西方文化的因素，使异域文化因素融入中国文化的土壤之中，促进中国传统语言和思维方式发生不小的转变。后来新文化运动中现代汉语白话文的产生就是吸取了西方语言和思维方式的要素。此后，汉语语言文字在近百年中发生一系列的改革和变化。“现代汉语吸收了西方语言的语法和某些表达习惯之后，现在已经成了一种国际化的语言，原则上能够翻译任何一种外语和用外语表达的思想。这与近一个世纪以来好几代翻译家对白话文的锤炼和提高是分不开的，他们创造了一种既具有高度灵活性同时又是严格规范化的翻译文体。”②早期传教士“西学东渐”的文化活动是中西之间文化交融的一个重要途径，译介活动引入了西方语言文化的因素，转变了中国人传统的语言和思维方式，促进了中国语言文字变革。

① 邢梅：《〈圣经〉官话译本对现代白话文发展的影响》，《东南学术》2013年第6期，第261页。

② 邓晓芒：《康德三大批判的中国旅行》，《中华读书报》2004年2月18日第3版。

第三章　晚清传教士译介活动与汉语变革思潮

鸦片战争时期，中国依然是一个封闭和传统的封建社会。由于清政府长期实行“闭关锁国”的政策，对外交流终止，国力日渐衰竭，愈加落后于世界。清政府面对西方国家强大的冲击，陷入了内外交困的局面。1840年，鸦片战争爆发，中国惨遭失败，唤醒了部分民众。他们意识到若要救亡图存，则必须向西方学习。因此，“出于政治、经济、军事、社会、文化等各方面的需要，中国在鸦片战争以后出现了又一个翻译的高潮，一个以大规模引进‘西学’为标志的翻译高潮”[①]。这一时期，以英国传教士马礼逊为代表的英美传教士来华后成为译介活动的重要力量。近一百多年间，他们不辞劳苦地致力于西学译介，为“西学东渐”做出了历史性的贡献。

晚清来华传教士的译介活动不仅对中西文化交流有着重要的贡献，乃至影响中国社会现代化的历史进程。在这场以译介活动为媒介和先导的文化交流过程中，传教士在译介的思想文化著述中为中国带来了西方文化观念和西方的思维方式，在与中国传统文化和思维方式产生了比较、碰撞和交融，中国人吸纳了西方文化观念和西方人思维方式中的理性精神，引发了中国人传统思维方式的逐渐转变，促进了新思想和观念的形成与发展。鸦片战争之后，中国才被迫开始逐步从封闭走向对外开放，而译介活动中形成的“西学东渐”为中国人了解西方世界打开了一扇窗口，为中国从封闭走向开放之间架起了沟通和交流的桥梁。大量西学思想著述被翻译和介绍到中国，极大地影响了中国社会的发展进程，同时逐渐转变了中国人的思想观念。这种思想观念的转变突破了传

---

① 谭载喜：《中西翻译传统的社会文化烙印》，《中国翻译》2000年第2期。

统的局限性，引发了人们对汉语语言文字的态度的转变，对汉语语言文字变革产生了众多积极影响。①

第一节　晚清传教士在华译介活动

一　晚清传教士来华概述

清前期，清政府和罗马教廷因尊孔祭祖与宗教译名问题持续博弈，罗马教廷方面犹豫不决使得清政府有所顾忌，“百年禁教”政策阻断了中西宗教联系，“也使得使中国人对外部世界的了解日益模糊”②。“百年禁教”看似因礼仪之争引发，实则因两种文明沟通的失败。百余年间传教活动沉寂。19世纪初叶，继“大秦景教”、“也里可温教”和耶稣会先后于唐、元及明末清初来华后，基督教又一大教派新教进入中国，此次是第四次基督教来华。

这次新教传教士来华是因为新教的勤劳致富、敬业俭朴等伦理理念与当时资本主义在欧洲的兴起与发展有着内在联系，新教热衷于介入各项世俗学术和世俗事务。而且，来自英美的新教传教士进入中国的19世纪，正值西方殖民主义开始大举向东方扩张和中国社会进入近代转型期。在这一关键历史节点，裹挟于其中的双方却选择了完全不同的道路。

晚清时期，由于清政府长期实行“闭关锁国”政策，使得中国已经与世界相隔绝，社会经济发展停滞不前，欧洲国家此时却开始了近代化的工业革命，社会经济快速发展。这势必拉大了中国与西方国家之间的差距，中西方的沟通和交流形成阻碍。然而，在这种落后的情况下，清政府仍有自大的优越感，以“天朝上国”自居。清朝士大夫在面对“三千年未有之大变局”，面对西方国家的快速发展和船坚炮利时，不仅没有痛定思痛和深刻反省，反而充斥着盲目自信，认为自己是世界的中心，而蔑称其他人不过是“蛮夷”。当时清朝政府为了巩固其封建统

① 高黎平：《近现代美国传教士在华百年西学翻译》，《外国语言文学》2006年第3期。

② 顾卫民：《基督教与近代中国社会》，上海人民出版社2010年版，第174页。

治，所实行的“闭关锁国”政策使得中国完全封闭起来，外界的面貌模糊不明。19世纪初，清王朝统治下的中国社会已然处于停滞不前的孤立状态。事实上，中国的政治影响力、国家的经济以及军事实力已经非常衰微。

而19世纪初，西方国家却已经随着近代科学技术的巨大进步和工业革命的飞速发展而空前地强大起来，其经济实力及军事力量更加强盛。当时的中国与西方国家形成了鲜明的对照。清朝政府无法抵御西方列强的军事入侵与掠夺。在这种历史背景下，国人若要改变当时的贫穷落后局面，就必须学习西方先进的科学技术、社会思想和政治经济学说，进行思想文化领域的变革以促进社会的发展与进步。因此，英美新教传教士于此时来到中国传播西学与新教，受到了中国具有迫切变革意识的有识之士的欢迎，形成了西学传播的热潮[①]。

如果追溯基督教新教来华传教的发端，早在明朝末年（17世纪初），随着荷兰殖民主义者入侵和占领我国台湾，荷兰新教传教士来到了中国。郑成功1622年赶出荷兰殖民者，收复了台湾，新教在台湾的传教活动即随之告终[②]。据史料记载，新教首位来华传教士应为荷兰人干治士。乔治·干治士（Georgius Candidius，1597—1647），生于德国，成年后为了躲避三十年战争移居荷兰，1621年在荷兰莱顿大学学习，1623年毕业后在阿姆斯特丹被封为牧师。其后，干治士进入荷兰东印度公司并为殖民者服务。1624年，荷兰殖民者侵占台湾。1625年，干治士受派遣到达巴达维亚（今印尼雅加达）并至摩鹿加地区担任牧师。1627年，干治士受派遣到达台湾，成为首位来华的新教传教士。[③] 干治士抵达台湾后立即关注了当地人的语言生活。他“主动前往邻近热兰遮城的新港社传教，并向当时的台湾长官提交了备忘录，说明岛上的人们没有文字，没有形成典籍的宗教，因此教会应该通过教原住民读写来向

---

① 白鸽、杜敏：《近代西方来华传教士译介活动及其对语言变革的影响》，《西北大学学报》2012年第5期，第164—165页。

② 马祖毅：《中国翻译简史（“五四”以前部分）》，中国对外翻译出版公司2004年版，第261—262页。

③ 林昌华：《“荷兰时期教会人物档案：台湾改革宗教会的奠基者——甘治士牧师》，《新使者杂志》第110期。

他们介绍基督教义”①。干治士用拉丁字母拼写西拉雅语，并进行了推广。干治士的传教经历再次说明了对来华传教士而言学习当地语言并用拉丁字母拼写当地语言是传教过程中的必然。

到了 19 世纪初，随着西方殖民主义的进一步向外扩张，新教日盛兴起大规模的海外传教活动。新教各宗派相继都成立向国外传教的差会组织，开拓在世界各地特别是亚洲、非洲等地区的传教活动。英国传教士马礼逊于此时来华，揭开了晚清时期新教来华传教活动的序幕，成为第一个到达中国大陆的新教传教士。

马礼逊（Robert Morrison，1782—1834）生于苏格兰小镇莫佩思。其父雅各·马礼逊是一位热心虔诚的新教长老宗教徒，严格恪守宗教教义并对子女施以宗教教育。在家学渊源的影响下，马礼逊在童年时代已经具有了丰富的宗教经验，为他以后从事教职生涯奠定了基础。马礼逊自幼酷爱读书，其博闻强识的能力令人印象深刻。②

1798 年，马礼逊受洗加入长老会，成为一名基督教徒，更加热爱宗教生活。在这期间，除了英文文法，他更加广泛地阅读并学习各种知识，植物学、算数、天文等方面皆有涉猎，此外，他还开始接触基督教史书籍以及海外传教读物，并憧憬海外传教事业。马礼逊终生事业的萌芽也许来源于此。

1801 年，马礼逊拜纽卡斯尔长老会牧师为师，开始了正规的神学学习。聪慧的天赋与环境的激发，使其迅速掌握了拉丁语、希腊语、希伯来语、神学和速记，对多种语言的学习为日后的传教活动奠定了坚实基础。1803 年，马礼逊进入伦敦霍克斯顿神学院进行更严格的神学训练。1804 年，马礼逊向伦敦传教会申请成为传教士并外派传教。伦敦传教会鉴于其优秀的表现，旋即批准申请，使其成为伦敦传教会的一名候补传教士，并派遣他到高士坡传教学院接受更加严格的传教专门训练。在高士坡期间，他得到通知会被派往中国传教，于是他拜中国人容

① 戴忠沛：《17 至 19 世纪台湾西拉雅拉丁文字的创制和演变》，《世界民族》2014 年第 6 期。

② 马礼逊生平参考《马礼逊回忆录》《马礼逊评传》《基督教新教传教士在华名录》《马礼逊——在华传教士的先驱》四部著作整理。

三德（Yong Sam-tak）为师并开致力于中文学习。其间，中文的复杂曾让他退缩，最终凭虔诚的信仰战胜了困难。此外，应传教会的要求，他孜孜不倦地汲取数学、天文学和医学等各种知识，为以后的传教活动做充分准备。这些知识技能对其日后在中国的传教活动影响巨甚。

1807 年 1 月 8 日，马礼逊在伦敦被按立为牧师。同年 1 月 31 日，马礼逊在格雷扶桑搭乘“雷米敦茨号”取道美国，在美逗留月余后，于 5 月 12 日搭乘“三叉戟号”前往中国。同年 9 月 8 日，马礼逊经停澳门后到达广州，27 载悠悠传教岁月就此展开。

初抵中国，马礼逊面临诸多难题。由于清朝政府实行严厉的“海禁”，通商只能经由广州十三行，英国人根本无法以合法的身份留居，马礼逊只能居住在美国商行并以此为掩护隐瞒自己英国传教士的身份。此外，清朝政府忌惮于传教活动可能引发的对传统社会制度的挑战，颁布禁教政策，传教活动受到阻碍。清政府严令禁止华人信教和向外国人教授中文，胆敢违反者一经发现即判处极刑。但是，传教需要语言沟通，自学中文对外国传教士来说是无法完成的。经济拮据，无法公开身份，难以找到中文教师，甚至居所都要几经搬迁，在此困局下，马礼逊依然坚持学习中文。在马礼逊这一时期的信札中处处可见他对学习中文执着的剖白。1809 年，马礼逊迎来转机，年初他与摩顿博士的女儿玛丽结婚，旋即接受澳门东印度公司的聘请担任英国商行的翻译兼秘书。自此，马礼逊拥有了在广州活动的合法身份，他在经济方面负担也有所减轻，逐渐开展宗教典籍翻译和中文字典编纂活动。1813 年，伦敦布道会派遣传教士米怜来华与马礼逊一起活动。在马礼逊和米怜之后，伦敦布道会又陆续派遣理雅各（James Legge，1815—1897）、杨格非（即杨笃信，Griffith John，1831—1912）、麦都思、韦廉臣、美魏茶（米怜之子）、艾约瑟等传教士来华，到北京、宁波、上海、武汉、烟台、重庆等地，新教传教活动遍布中国。

继英国新教传教士来华后，美国新教传教士于 1830 年也开始进入中国，美国公理会教士裨治文首先来到广州。裨治文（Elijah Coleman Bridgman，1801—1861），生于美国马萨诸塞州贝尔切镇（Belchertown）的一个新教家庭。裨治文受到虔诚母亲的培养，11 岁时在参加一场宗教集会时皈依，第二年受洗正式加入贝尔切的公理会教会。母亲因病离世后，裨治文在农场帮助家人干活谋生，同时坚持学习。1822 年，裨治文进入阿默斯特学院（Amherst College）学习。1826 年，裨治文毕业并升入安多弗神学院（Andover Theological Seminary）继续深造。就读期间，他不仅修读规定的课程，还广泛阅读宗教杂志，这些杂志中刊载了大量美国海外传教的最新进展，其中就有介绍马礼逊事迹的报道。裨治文在阅读报刊时受到召唤，萌生了海外传教的愿望。1829 年 9 月，美国公理会派遣他到中国传教，并协助马礼逊。1829 年 10 月 14 日，裨治文在纽约乘"罗马号"前往中国，并于 1830 年 2 月 19 日抵达中国，秘密进入广州。2 月 25 日，裨治文按照公理会的指示见到了马礼逊，并听取了马礼逊的建议，迅速开始汉语的学习。裨治文来华初期也因禁教的缘故只能以美国商行人员的身份居留广州。3 月 25 日，裨治文结识了日后在他的传教过程中发挥重要作用的中国人梁发。①

继裨治文之后，美传教士伯驾（Peter Parker，1804—1888）于 1834 年 10 月到达广州，与裨治文等传教士合作，主要致力于医学传道，并设立眼科诊所，后扩建为综合性的博济医院。1833 年，公理会教士卫三畏抵达广州，致力于报刊编纂工作，持续为《中国丛报》供稿，著有《拾级大成》《英华云府历阶》、《中国总论》等书。浸礼会传教士罗孝全（Issachar Jacox Roberts，1802—1871）、长老会传教士倪维思（John Livingstone Nevius，1829—1893）和圣公会传教士文惠廉（William Jones Boone，1811—1864）等人相继来华。②"到 1840 年，传教士增加到二十人以上，代表六个不同的差会。"③ 这些英美传教士在晚清来到中国，一边进行传教，一边开展一些文化传播活动，主要通过西学译介活动把大量西方科技著作和西学典籍介绍到了中国，掀起了中国近现代史上又一次翻译高潮。

---

① ［美］雷孜智：《千禧年的感召——美国第一位来华新教传教士裨治文传》，尹文涓译，广西师范大学出版社 2008 年版。

② ［英］伟烈亚力：《基督教新教传教士在华名录》，赵康英译，天津人民出版社 2013 年版。

③ ［美］费正清编：《剑桥中国晚清史 1800—1911 年》（上卷），中国社会科学出版社 1993 年版，第 604 页。

二　晚清传教士译介活动特征

晚清时期，由于清朝政府腐败无能和长期实行“闭关锁国”的政策，对外交流的终止使国家国力每况愈下和日渐衰弱，发展停滞不前，更加落后于世界其他发达国家。面对西方国家政治、经济和军事方面的强大冲击，清政府完全陷入了内外交困和无法收拾的局面。而鸦片战争的失败则极大地震惊和唤醒了中国先进人士，深刻地认识到必须向西方学习才能救亡图存。基于社会文化、政治经济和军事等各方面的迫切需要，中国历史上以大量引进“西学经典”为主要标志的第三次翻译高潮出现了。

晚清来华传教士的译介活动前后持续时间近百年，其始终的时间节点各路研究者持不同看法，或是以 1811 年马礼逊出版《使徒行传》为标志，或是以 1814 年马礼逊出版《新约》为起始。《使徒行传》为《新约》第 5 卷，宗教典籍作品被翻译为中文确实为传教事业的重要节点，然而将其视为晚清科技翻译为主的西学译介活动的起始不甚妥当。何绍斌与尹延安认为应以 1815 年为新教传教士译介活动的起点。在这一年，新教传教士米怜在南洋创办近代第一份华文刊物《察世俗每月统记传》，此刊大量刊载过一些介绍世俗内容的译介文章。以此为据，理应将该刊物的创刊年作为晚清西学译介活动的起点。从 1815 年开始，近百年译介史的阶段划分问题，不同学者从译介活动的不同主题出发也有自己的理解。熊月之将晚清西学东渐活动分为 1811—1842、1843—1860、1860—1900 及 1900—1911 四个阶段，其以 1811 年马礼逊出版《使徒行传》为起始，以 1911 年清政府覆灭为结束，划分的时间节点为第一次、第二次鸦片战争、1898 年戊戌政变及 1900 年八国联军侵华。① 何绍斌依据历史年代特征和翻译活动的特点，将晚清传教士的译介活动分为 1815—1842、1843—1887、1888—1898 三个阶段。② 这个阶段划分是以 1843 年墨海书馆的创办、1887 年“广学会”前身“同文书

---

① 熊月之：《西学东渐与晚清社会》，中国人民大学出版社 2011 年版，第 6—12 页。

② 何绍斌：《越界与想象：晚清新教传教士译介史论》，上海三联书店 2008 年版，第 44 页。

会”的成立两大标志性事件为时间界标的。尹延安从中文报刊发展的角度将其分为起步期（1815—1838）、停滞期（1838—1853）、转型期（1853—1868）、发展期（1868—1907）。[①] 综合考虑传教士的宗教典籍翻译、西学译介、办刊活动及其对中国社会的影响及反馈，本研究认为晚清百年传教士译介史可分为三个阶段，1815 年至第一次鸦片战争爆发（1840 年，道光二十年）为第一阶段；从鸦片战争至洋务运动（1861 年，咸丰十年）为第二阶段；从洋务运动至戊戌变法（1898 年，光绪二十四年）为第三阶段。

晚清时期，中国社会进入了一个变革的时代。这一历史发展进程中，中国逐步从一个传统型国家向近代型国家转变。社会形态的转变必然伴随着一系列的变革。这个时期的一批资产阶级革命派不满社会现实，渴望未来社会变革。可以说，变革是晚清时期中国社会的主要特征。在这一时期内，中国变革的新思潮可谓风起云涌，社会变革跨入了快车道。晚清中国知识分子感到国门被强行打开，国家沦为落后挨打的半殖民地半封建社会，人民受到奴役遭受屈辱。国家和民族的悲惨遭遇极大地激起了爱国知识分子强烈的民族情感和忧患意识。先进的知识分子阶层“以天下为己任”，自觉承担起历史的重任，苦苦寻觅救国救民的真理。在这个时期，社会上变革思潮不断涌现。例如，从甲午到戊戌流行的维新思潮，流行于辛亥前后对中国社会产生了巨大影响的革命思潮，五四运动前后取代革命思潮成为新文化运动主流的社会主义思潮。正是在这个风云变幻的历史时期，第三次翻译高潮与晚清社会变革思潮紧密契合，来华传教士把一大批自然科学书籍和人文社会科学著作译介到中国，为当时的新思潮和社会变革提供思想启蒙和动力，成为这个时期译介活动最显著的特征。

首先，从当时译著内容类别来分析，主要是根据传教需求与社会发展需要翻译了自然科学和社会科学类著作。这次翻译高潮的一个特色是侧重于自然科学类著作的翻译，主要是因为在中国洋务运动时期，当时中国在科技和军事方面极大地落后于西方，需要向西方学习科技和军事

① 尹延安：《传教士中文报刊译述中的汉语变迁及影响（1815—1907）》，上海交通大学出版社 2013 年版，第 11 页。

知识，以期达到强军富国的愿望。在科学技术方面，除了主要翻译了一些水利等应用科学书籍之外，还翻译了一些数学、地理学、化学、电学等自然科学书籍。与此同时，还翻译了一些军事方面兵工类书籍。例如，傅兰雅（John Fryer，1839—1928）译的《西国陆军制考略》（与范本礼合译）、《防海新论》《行军测绘》（与赵元益合译）等。而这次翻译高潮的另一显著特色是对于社会科学类著作的翻译，主要是因为甲午中日战争之后，中国开始意识到要实现社会的发展与转变必须学习西方的哲学思想和社会理论。在社会科学方面主要翻译了一批政治、经济、历史、法律等方面的书籍。例如，英国传教士李提摩太（Timothy Richard，1845—1919）翻译的《列国变通兴盛记》（1894）、美国传教士丁韪良（William Alexander Parsons Martin，1827—1916）翻译的《万国公法》（1864），德国传教士郭实腊翻译的《贸易通志》（1840）等。

其次，从翻译的方式和策略上分析，仍然与明末清初同样采用“中西合璧”的合作翻译方式，传教士或其他外国人口译，中国人笔录整理和润色。“传教士多署‘口译、口述、译意、述略、命意、树义、述意、造意、授意’，而华人知识分子则署‘记言、笔述、手志、手书、手录、汇编、撰文、属文、遣词、作文’等”①。在翻译策略上，大量地增删或改写了与当时社会主流意识不符合的内容，人名、地名和典故也一律中国化，语言采用古体风格。这种翻译方法和策略主要基于当时中国长期实行“闭关锁国”，此时国门刚刚打开，对外开放，国人对许多外来的东西在思想上一时难以接受。因此，翻译采取增删或改写等策略符合当时中国的社会环境。② 另外，翻译中把人名、地名和典故等中国化以及语言风格采用古体有利于译著为更多的中国读书人所接受，更加广泛地传播。由此可见，在当时特定的社会文化背景下在翻译中所采用的这些独特方法和策略，有其实际传播价值和目的。

---

① 尹延安：《传教士中文报刊译述中的汉语变迁及影响（1815—1907）》，上海交通大学出版社2013年版，第125页。

② 何绍斌：《越界与想象：晚清新教传教士译介史论》，上海三联书店2008年版，第155页。

三　晚清传教士的翻译与传播活动

1840年开始的第一次鸦片战争标志着中国进入了近代社会。鸦片战争的失败使中国民众清楚地看到了中国落后挨打的现实，认识到了中国与西方国家之间存在的差距，唤醒了广大民众只有向西方学习才能"救亡图存"的民族意识。因此，基于政治经济、社会文化和军事等方面的迫切需要，中国急切渴望了解和学习西方先进的科学技术和人文知识，这种强烈的社会需求为来华传教士在华设立翻译与出版传播机构创造了生存和发展的必要环境。①

鸦片战争失败的屈辱激起了中国民众反抗西方殖民侵略的斗志与决心。部分传教士在传教过程中或明或暗地辅助侵略军使得中国民众对外来势力十分排拒。战后所签订的一系列不平等条约中规定的传教权力反而成为传教活动的阻碍，使得中国民众将传教士与西方侵略者同等看待，十分敌视，进而一并抵制。部分传教士同时感到通过侵略获得传教权违背宗教教义。② 多方因素使得来华传教士的传教活动只能在"文化传教"诸多方式中更加倾向于西学译介活动。正如美国传教士林乐知所指出的："阐扬耶教，介绍西学，决难囿于讲坛，徒恃口舌，必须利用文字，凭借印刷，方能广布深入，传之久远。"③ 于是，来华传教士采取这种曲线传教的策略，在中国境内开展了一系列文化活动，办教育、出报刊、翻译和出版介绍西方的科学和人文知识的图书，创立了一批翻译与出版传播机构。学界普遍认为，1843年在上海成立的墨海书馆是来华传教士在中国设立的最早的翻译与出版传播机构。④

据史料统计，从第一次鸦片战争到19世纪末，中国先后出现了近十个规模不等的教会翻译与出版传播机构，其中规模和影响较大的有：

① 姚崧龄：《影响我国维新的几个外国人》，台北：传记文学出版社1985年版，第67页。

② 顾卫民：《基督教与近代中国社会》，上海人民出版社2010年版，第107页。

③ 顾卫民：《基督教与近代中国社会》，上海人民出版社2010年版，第176页。

④ 何绍斌：《越界与想象：晚清新教传教士译介史论》，上海三联书店2008年版，第44页。

墨海书馆、博济医局、美华书馆、格致书院、益智书会和广学会等①。19世纪60年代是晚清西学译介活动的重要转折点，教会翻译出版机构、官办和民办翻译出版机构的势力在这一时间节点前后此消彼长。“在19世纪60年代之前，是教会出版机构的天下，既无官办也无民间商办出版西书的机构；19世纪60年代至19世纪末，是教会出版机构与官办出版机构并峙时期。”② 据此，可以将第一次鸦片战争以后晚清来华传教士在华翻译和出版传播活动大致分为两个时期：第一个时期为第一次鸦片战争至洋务运动初期（1861年，清咸丰十年），墨海书馆、博济医局和美华书馆在此期间成立；第二个时期为洋务运动至戊戌变法（1898年，光绪二十四年），格致书院、益智书会和广学会在此期间（19世纪60年代至90年代末）成立。分别对应前文第二、第三阶段。

1. 第一个时期传教士的翻译与传播活动

第一次鸦片战争至19世纪60年代，随着丧权辱国的《南京条约》的签订，上海、广州等沿海城市对外国人开放，来华传教士开始在这些城市公开开展传教和翻译与出版传播活动，设立了教会在中国早期的一批翻译与出版传播机构。

1843年，英国伦敦教会在上海设立了墨海书馆，这是来华传教士在中国境内创办最早、影响最大的西学书籍翻译与出版传播机构。其创办人是英国传教士著名汉学家麦都思（Walter Henry Medhurst，1796—1857）。麦都思仿照中国文人以住所自号“墨海老人”，其中所寄托之寓意不言自明。麦都思与翻译出版事业在少年时期即已结缘。他14岁在格洛斯特学习印刷技术，不久后经施洗加入教会。1816年，麦都思受到伦敦传道会的派遣，启程前往马六甲。1817年抵达后接替米怜在马六甲传道会所办的印刷所工作，并在那里学习汉语和马来语。1821年，麦都思在巴达维亚继续开办印刷所与学校。1843年，麦都思已经有了二十余年丰富的翻译出版经验，他来到上海创办了墨海书馆。③ 该

① 尹延安：《传教士中文报刊译述中的汉语变迁及影响（1815—1907）》，上海交通大学出版社2013年版，第22页。

② 熊月之：《西学东渐与晚清社会》，中国人民大学出版社2011年版，第367页。

③ ［英］伟烈亚力：《基督教新教传教士在华名录》，赵康英译，顾钧审校，天津人民出版社2013年版，第30—49页。

机构初期的主要业务是翻译出版西方宗教书籍，1850 年后随着美魏茶、伟烈亚力、艾约瑟等传教士及中国学者王昌桂、王韬、李善兰等人的陆续加入，开始翻译和出版大量西方科技书籍。[①] 墨海书馆存续二十余年，期间翻译出版了一批有重要影响的数学、天文、物理、地理、生物和医学等西方自然科学书籍，特别是科学基础理论书籍，开创了西方科学知识在我国大规模传播的先河，在近代中国创造了许多个翻译出版界的“第一”。

博济医局是第一所在中国境内设立的教会全科西医医院，也是一个专门翻译出版西方医学书籍的传播机构，其为同光年间出版西医书籍最多的机构。该机构创办人是美国长老会传教士兼医学博士嘉约翰（John Glasgow Kerr，1824—1901）。嘉约翰先后两次来华，均在广州工作。1854 年，他首次来华后在广州教会眼科医局工作，后因战火烧毁医局而回国。1858 年，嘉约翰再抵广州，并于第二年创办博济医局。嘉约翰在医局期间身兼数职，忙碌于医生工作和医学翻译工作。根据统计，1859—1886 年间该机构翻译出版了 20 余种医科书籍，其中大部分由他亲自翻译，医科书籍涉及西医眼科、外科、内科、皮肤科、妇科、药学、儿科等医学理论知识，包含医学通俗读物、医科教材、药方药典、医学图鉴、临床诊疗指南与医疗操作规范多种类型。[②] 其医科书籍类型繁多，涉猎全面，质量上乘，晚清译书机构无出其右。更为重要的是，嘉约翰在医学译介活动中已经有了中西医比较的思想。[③]

美华书馆是由美国传教士在中国上海创办的翻译与出版传播机构，其前身是美国基督教新教长老会于 1844 年在澳门设立的“华花圣经书房”，1860 年迁到上海并改名为美华书馆。到 19 世纪末，美华书馆已成为外国教会在中国规模最大的翻译与出版传播机构。原美国长老会传教士兼印刷工柯理（Richard Cole）为首批负责人，1847 年后辞去职务并于 1852 年离任回国。[④] 1858 年后，美国长老会传教士姜别利

---

① 熊月之：《西学东渐与晚清社会》，中国人民大学出版社 2011 年版，第 144—147 页。

② 熊月之：《西学东渐与晚清社会》，中国人民大学出版社 2011 年版，第 367—369 页。

③ 熊月之：《西学东渐与晚清社会》，中国人民大学出版社 2011 年版，第 367—369 页。

④ ［英］伟烈亚力：《基督教新教传教士在华名录》，天津人民出版社 2013 年版，第 163 页。

(William Gamble，1830—1886）负责美华书馆的翻译出版业务，苦心经营11年（1858—1869)，使美华书馆得到了进一步的发展壮大。美华书馆在华花圣经书房时期（1844—1860）主要翻译出版《圣经》、宗教类书刊和少量人文社科著作。1860年后，美华书馆在翻译出版学校教科书及通俗科普读物方面独具特色，引进了一批西方教科书。在这个时期，美国传教士潘慎文（Alvin Pierson Parker 1850—1924）是美华书馆的主要译者之一。①

2. 第二时期传教士的翻译与传播活动

第二次鸦片战争（1856—1860）之后，西方列强把一系列不平等条约强加给中国，扩大了在华的权益。来华传教士取得了自由传教和建立各种文化设施的特权，在中国境内办报纸、出刊物、翻译出版书籍，设立了19世纪后期一批有影响的教会翻译与出版传播机构。

格致书院是一个专门翻译、出版和销售科技书籍及期刊的机构，主要编译出版中国近代第一份科普月刊《格致汇编》。该机构还身兼学校的职能，注重科技人才的培养。该机构由英国驻沪领事麦华陀于1874年倡议创办。该机构其主要成员为传教士，但是书院所教习的课业，译馆所办报刊及所出书籍却无一与宗教有瓜葛。1874年3月，格致书院章程在《申报》发表，十五条规章中无一句与宗教有关。1876年6月，格致书院正式建立，书院场所内部布置各种格致器具，彰显书院宗旨。传教士傅兰雅最初为该机构董事、负责设备及图书采购，后为主要撰稿人。傅兰雅在华办报多年，他在报刊编辑工作中发现，当时中译西书甚多，但是“已译成之书大半深奥，能通晓之者少，而不明之者多”。因此，他产生了创办一份科技期刊，以普及和传播西方自然科学知识的想法，“先从浅近者着手，渐积而至见闻广远，自能融会贯通矣”。此时恰逢外国传教士在北京所办一份期刊《中西闻见录》停刊，便借此名义续办另一个刊物。②《格致汇编》于1876年2月9日正式出版发行。《格致汇编》的刊名取自中国古老的哲学命题“格物致知”。傅兰雅认

① 熊月之：《西学东渐与晚清社会》，中国人民大学出版社2011年版，第373—376页。

② 薛世平：《中国最早的科普期刊〈格致汇编〉》，《光明日报》2010年2月8日第10版。

为，“格致”一词代表科学技术。他期望这份新期刊能够促进科学探究精神，在中国传播通俗易懂的科技实用知识。[①] 因此，《格致汇编》翻译出版大量科技类文章，重点介绍近代西方科技基础知识。期刊所刊载文章体现了这一办刊主旨。第一年所连载的12期《格致略论》翻译自英国儿童科学常识读本《幼学格致》，其内容包罗万象，天文、地理、植物、动物、人体生理结构各个方面，皆用浅近语言生动描摹。在以后的各期中，《格致汇编》除了刊登基础学科知识的科普文章，还刊登了大量科技知识译文，涉及工业技术、科学仪器制造技术、日用技术、农业技术，以及医疗卫生技术等方面。[②]

益智书会是19世纪后期另一个著名的教会文化传播和翻译出版机构。1877年，西方在华传教士在上海召开第一次中国基督教传教士会议，决议在上海设立“益智书会”，专门负责翻译、编撰和出版教科书，以满足日益增长的教会学校的教科书需求。此外，该机构还负责教育领域的教材统一及术语译名定名的工作。[③] 1902年后，益智书会又经数次机构更名，先后更替为“中国学塾会”“中国教育会”“中国基督教教育会”。无论该机构名称如何变动，机构成立的核心主题“教育”是没有变化的，“教育”作为关键词在该机构的中英名称中从未缺席。益智书会以翻译出版各种教科书而闻名于近代中国。该机构引进翻译了西方国家各种教科书，其数量之大和品种之多在当时都是首屈一指的。据文献记载，益智书会在中国编辑出版图书百余种，广布各类基础教科书，包括算术、几何、代数、测量、博物、天文、地理、化学、地质、植物、动物、心理、历史、哲学、语言等学科。[④]

在19世纪后期的教会翻译与出版传播机构中，广学会的规模和影响最大。其前身为是1887年成立于上海的“同文书会”（The Society for Diffusion of Christian and General Knowledge Among the Chinese SDCK），

---

① 赵晓兰、吴潮：《传教士中文报刊史》，复旦大学出版社2011年版，第220页。

② 熊月之：《西学东渐与晚清社会》，中国人民大学出版社2011年版，第331—334、455页。

③ 何绍斌：《越界与想象：晚清新教传教士译介史论》，上海三联书店2008年版，第71页。

④ 熊月之：《西学东渐与晚清社会》，中国人民大学出版社2011年版，第376页。

1894年更名"广学会"，会员大多为在华英美基督教新教传教士以及外交人员和医生、律师等。英国伦教会传教士韦廉臣（Alexander Williamson，1829—1890）是同文书会的创办人并担任第一任督办。从1891年起，英国浸礼会传教士李提摩太担任督办，直到1916年卸任回国，任职长达25年，在广学会发展历程中功不可没。广学会从1887年到19世纪末逐渐成长为中国当时最大的新式出版社之一，除出版宗教性书籍外，还以社会科学著作而著称，主要介绍西方国家的历史文化和人文知识。这些著作对中国社会都有很大的影响，其中最为畅销和影响最大的是李提摩太翻译的《泰西新史揽要》（1894）。此外，其报刊编译出版活动影响亦甚巨。[①]

晚清来华传教士在华的翻译出版活动对我国本土的翻译与出版传播活动产生了影响，促进了我国近代翻译和文化传播事业的诞生。墨海书馆、美华书馆等机构的科技译介活动传播了西方先进的科学文化知识和人文思想，开阔了国人的视野，启发了他们对国家前途与民族命运的忧虑和思考。总之，晚清来华传教士在华翻译与出版传播活动在中国近代史上具有开创性意义，其所提供的舆论环境促进了当时中国的社会变革及思想启蒙。

第二节　晚清译介活动对中国语言文字变革的启蒙

一　晚清新教传教士译介活动的阶段及内容

晚清时期，来华新教传教士译介活动主要致力于社会及科学方面的西学思想的著述。中国社会当时正处在一个风云变幻的时代，需要引进和吸纳新的文化知识和思想观念，传教士的译介活动起到了不可估量的作用。新教传教士的译介活动自1815年开始，经过两次鸦片战争、洋务运动、甲午战争、戊戌变法等重要历史节点，其西学思想译介活动根据通常可以第一次鸦片战争和洋务运动为界限分为三个阶段，三个阶段的译介活动各有特点和侧重。纵观三个阶段的译介内容极其在国内的回

① 熊月之：《西学东渐与晚清社会》，中国人民大学出版社2011年版，第439—440页。

响，一条清晰的脉络展现于面前。“了解世界、求强求富、科学启蒙、救亡图存、民主革命”① 这五大主题依次贯穿于整个晚清新教传教士译介活动。译介内容的选择是译者群体与读者群体互动，与时代脉搏共振的结果。

来华新教传教士译介活动的第一阶段自 1815 年至第一次鸦片战争爆发。由于清朝政府长期以来实行“闭关锁国”的政策，使国家几乎完全与外界隔绝。新教传教士的译介活动被迫始于南洋，许多译介作品出版于马六甲等地。这一时期新教传教士译介活动主要关注宗教，间或对历史、地理、政治、经济等方面内容进行介绍。其主译之宗教著作的社会反响，反而没有政经史地著作的反响强烈。对政治、经济著作的首次译介与对历史地理著作的大规模译介是此阶段的显著特征。

米怜 1818 年编译的《生意公平聚益法》介绍贸易基本法则、实行检查不公平贸易的方法、度量衡知识、伪劣商品和劣币以及废除契约等知识，该书首次向中国介绍资本主义政治经济学知识，初版后数次重印。郭实腊编译的《制国之用大略》（1839）介绍西方国家治国的基本法则，从税收、军事、教育等角度展开；其编译的《贸易通志》（1840）介绍了西方的商业制度、契约法律、贸易法则及国际贸易情况等内容。这些书籍对中国社会变革和经济贸易发展起到了积极的促进作用。②

晚清时期，基于当时国际航海、通商贸易和相互往来的缘故，西方在华传教士的译介活动中翻译和介绍了一批世界人文地理与历史知识的书籍。例如，马礼逊 1819 年编译的《西游地球闻见略传》，记述了从亚洲印度到欧洲法国的历程，描述了沿途各国的教育、文学、西人之宇宙观和地球观、欧洲各国政治及风俗习惯等，并附有世界地图及文字说明。

麦都思 1819 年编译的小学生人文地理启蒙读本《地理便童略传》用图文并茂的方式展现亚欧非美四大洲，对中国、印度、欧洲诸国、美国以及非洲的地理概况、疆域面积、物产、人口及宗教信仰等进行勾

① 熊月之：《西学东渐与晚清社会》，中国人民大学出版社 2011 年版，第 16—17 页。

② 熊月之：《西学东渐与晚清社会》，中国人民大学出版社 2011 年版，第 73—97 页。

勒，并较为详细地展现了英国的政治制度制和司法制度。该教材以对话体“答问”方式进行编辑，形式亲切新颖，引人入胜。因传教士的文化背景影响，这一时期除了全球人文地理类书籍以外，以对英美史地政经的介绍为主。郭实腊与1834年编译出版的《大英国统志》介绍英国情况，对其史地政经文教方面的记叙包罗万象，十分全面。其对话体的叙述方式生动活泼地向读者展开英国的画卷，承袭了传教士作品的叙事风格及模式。与其类似的还有裨治文于1838年编译完毕的《美理哥合省国志略》，该书以地理大发现开篇，介绍了美国的地理位置、疆域面积、早期北美洲的殖民战争、美国独立的过程，土著居民、人口物产、自然风光、宗教信仰、政治法律、风俗习惯、工农商贸、语言文学与教育、政府和国防等内容无所不谈。此书为较早介绍《独立宣言》的汉译著作，是当时知识阶层了解美国最重要的参考资料，魏源、徐继畬等人的作品皆对其频繁引述。[①] 除这些译介作品以外，传教士所译介的地理书籍如下表所罗列。这些世界地理知识的译介使得中国大众开阔了眼界，破除了狭隘的意识，认识了外部的世界。

表3-1　晚清传教士译介活动的第一阶段人文地理及历史译著[②]

译著名称	译者	时间	出版地点
西游地球闻见略传	马礼逊	1819	马六甲
地理便童略传	麦都思	1819	马六甲
全地万国纪略	米怜	1822	马六甲
大英国人事略说	马礼逊	1832	马六甲
大英国统志	郭实腊	1834	新加坡
古今万国纲鉴	郭实腊	1838	新加坡
万国地理全集	郭实腊	1838	新加坡
美理哥合省国志略	裨治文	1838	新加坡

来华新教传教士译介活动的第二阶段自第一次鸦片战争至洋务运

① 熊月之：《西学东渐与晚清社会》，中国人民大学出版社2011年版，第74—97页。

② 摘录自熊月之《西学东渐与晚清社会》，中国人民大学出版社2011年版，第106—109页。

动。此时，经过鸦片战争惨痛教训，洋务运动在中国勃然兴起。洋务派唯有借助官办译馆和传教士合作，通过翻译获取洋务事业所需要的西方国家情况和科技知识。这一时期的西学译介活动地点产生变化。随着通商口岸的开放，各类传教士译介书籍和报刊的出版地开始由南洋转向中国内地。以墨海书馆为代表的教会翻译出版机构的建立为译介提供了重要的活动场所，在晚清翻译和出版史上都占有非常重要的地位。教会译馆作为出版主体译介了大量的西方科学技术书籍，其所创制的各种概念译名丰富了汉语的词汇，符号剧增带来认知的发展和飞跃，这对晚清社会科技知识的普及而言意义重大。

以墨海书馆出版译著为例，数学方面有由伟烈亚力主译的《数学启蒙》《续几何原本》《代数学》《代微积拾级》，傅兰雅翻译的《数学理》、《算式集要》、《代数术》等。1853年出版之《数学启蒙》介绍了初等数学知识，是为数学入门读物。1857年《续几何原本》出版后，《几何原本》全译本重校出版，此举为中国数学史上的一件大事，接续并完结了两个半世纪之前由利玛窦和徐光启开辟的数学理论译介工作。1859年翻译出版的《代数学》其原著为英国数学家棣么甘于1835年出版的《代数初步》；同年译介的《代微积拾级》其原著为美国数学家罗密士于1850年出版的《解析几何与微积分初步》，该译著创造了诸多沿用至今的数学术语，如“系数、函数、椭圆、常数”等。此二书第一次将解析数学与微积分引入中国。物理学方面有《重学浅说》和《重学》。1858年出版的《重学浅说》由伟烈亚力口译，王韬笔录。该译著是第一部介绍西方力学的书籍，源自英国物理学家惠威尔于1849年出版的《初等力学》。该书引入的物理学术语有“重学”（力学）、“摄力”（引力）等，音译了诸多欧洲科学家的名字，如“亚奇默德”（阿基米德）、“伽离略”（伽利略）、“奈端”（牛顿）、“瓦得”（瓦特）等。1859年出版的《重学》源自英国科学家胡威立于1819年出版的教材《初等力学教程》。天文学方面代表是1859年出版的《谈天》，由伟烈亚力与李善兰合译出版，原著为英国天文学家侯失勒1851年出版的《天文学纲要》，该译著虽是传入中国的第三部天文学著作，但其对19世纪西方天文学全面系统介绍首屈一指，可谓“此书一出，海内谈天者，必将奉为宗师”①。该译著对之前已有的天文学概念译名进行了创新，如恒星、吸引力等；此外，该译著音译欧洲天文学家姓名有多禄某（托勒密）、歌白尼（哥白尼）、刻白尔（开普勒）等。地理学方面有慕维廉译于1853年编译出版的《地理全志》，对世界各国的自然地理和人文地理均有概括，夹杂不少地理科学及天体物理的理论阐述。慕维廉于1856年翻译了《大英国志》，其原著为英国历史学家米纳尔所著《英格兰史》（*History of England*），主要介绍英国史地政经与文教情况，以介绍英国历史为主。② 生物学方面有1857年出版的《植物学》，其源自英国植物学家林德利1841年出版的《植物学基础》，由韦廉臣、艾约瑟、李善兰先后合作译出。此书系统介绍了西方近代植物学研究，是在中国出版的第一部西方近代植物学著作。另外，传教士医生合信译介了几部重要的医学著作，如《西医略论》（1857）、《妇婴新说》（1858）、《内科新说》（1858），等。

纵观译著出版情况，几十余年间为中国带来的新名词与新概念难以计量。林乐知感叹：“余前与傅兰雅先生同译书于制造局，计为中国新添之字与名词，已不啻一万有奇矣。”③ 这些译著的原著大多为基础学科的系统性教材，其作者也都是著名的科学家或科学史家，而并非“形形色色的洋务须知、公法知识和殖民地加工工业尤其是军火加工工业所必需的粗浅的片断的技术知识”④。若将译著与原著的出版年份比照可以发现，墨海书馆等教会译馆译著的西方科技著作时效性越来越强，频繁翻译出版近十年的新书，紧跟西方科技理论著作出版前沿，并非前人所言“所介绍的科技知识‘皆彼土二十年前’旧说”，很多经典原著现在依然不断再版，远非“他们本国早已弃置不用了的残次品”⑤。

来华新教传教士译介活动的第三阶段自洋务运动至戊戌变法，该阶

① （清）王韬：《王韬日记》，中华书局2015年版，第285页。

② 邹振环：《〈大英国志〉与晚清国人对英国历史的认识》，《复旦学报》2004年第1期，第41页。

③ ［美］林乐知：《新名词之辨惑（译谭随笔）》，《万国公报》第一百八十四册，1904年5月（光绪三十年四月）。

④ 方汉奇：《中国近代报刊史》（上），山西人民出版社1981年版，第22—23页。

⑤ 方汉奇：《中国近代报刊史》（上），山西人民出版社1981年版，第23页。

段译介活动内容相较于第一阶段的史地政经和第二阶段的科学技术而言更加细化深入，著述聚集在国际法、国别史、经济、科技、外交等社会科学方面。甲午战争引发戊戌变法，士族阶层审视发现仅对政经科技文教进行表面学习是无法令国家走向富强的，深入学习西方政治制度和政治文化思想才是正确道路。来华传教士的译介活动正值维新变法运动，传教士们这时把一些西方政治制度和政治文化思想等社会科学著述翻译和介绍到了中国。这些译著在我国引起了巨大的震动、产生了极其深远的影响，促进了新思潮的涌现和社会变革。这一阶段的重要代表译著有丁韪良翻译的《万国公法》以及随后的一系列公法的译著，林乐知的国别史、科技和经济类的译著等。这些译著伴随中国人“睁眼看世界”的思潮，通过展现西方社会发展规律，在一定程度上改变了当时中国人故步自封的传统观念。

丁韪良于 1864 翻译的《万国公法》是这个时期译介著作中的一个重要标志，具有非凡的意义与价值。《万国公法》的原本为美国律师惠顿 1836 年所著《国际法大纲》（*Elements of International Law*），原著初版后的百余年间在欧美数次再版，是当时国际法领域的权威之作。译本凡四卷，阐释国际交往的基本原则，国家拥有的基本权力如主权、立法权、领土权等，国际关系的建立，国际关系准则——民主与平等交往原则，国际争端的解决等内容。[①]。该译著使得清政府对国际关系有了进一步的认识，对我国处理外交关系有很大的启发，作为当时海关官员的必备参考书，其影响力甚至广布日本。[②] 另一方面，国际法中的国家主权与平等的原则使近代中国知识分子猛然醒悟，争取民族独立与主权完整的民族运动在中国蓬勃兴起。此外，李提摩太 1895 年翻译出版的《泰西新史揽要》也十分风行，该译著原书为英国历史学家麦肯齐于 1881 年出版的著作《十九世纪史》（*Nineteenth Century: A History*），描述了 19 世纪以来英国资本主义发展的历史进程，记叙了欧美各国政体

① 张晓编著：《近代汉译西学书目提要：明末至 1919》，北京大学出版社 2012 年版，第 158 页。

② 熊月之：《西学东渐与晚清社会》，中国人民大学出版社 2011 年版，第 249 页。

演变、国际战争、人文地理、经贸文教、著名人物和社会风貌等内容。[①] 译著具有浓厚的进化论色彩，将当时西方世界的发展给予正面评价，将其发展历程描绘为进步的现代对野蛮过去的超越和替代。这样的记叙风格得到当时呼吁变革的知识分子认同与共鸣，无疑有着强烈的震撼性，对当时晚清的维新运动产生了影响。除此之外，另一个非常具有代表性的译著是林乐知 1896 年编译的《中东战纪本末》。著作中对中国时局的尖锐批评警醒国人，其所倡导变法、体制改革以及改变局势的思想积极地推动了当时社会上变革思潮的兴起。[②]

二　晚清新教传教士译介活动的思想影响

晚清语言文字改革思潮似乎为在西方强烈冲击下自发的形成的一种反思，但如果认真分析和研究传教士翻译出版的报刊和书籍的关系，就不难发现来华传教士的译介活动与语言文字改革运动思潮之间存在着深刻渊源。晚清来华新教传教士的译介活动之于中国语言文字变革运动的影响，主要表现为对晚清语言文字改革思潮发生发展的推动作用。

我国语言文字改革运动发起有多种缘由，汉语方言各异的现实是其中最为重要的一个。方言林立对近代中国急剧变化的社会交流的阻碍激发了“国语统一”思潮。中国境内地域辽阔，方言众多，形成了各省语言难以相通的情形，对此早期耶稣会教士就已有所关注。例如，利玛窦曾指出：“他们都能看懂同样意义的书面语，但是各个民族却都说它自己特殊的方言。甚至在中国的各个省份，口语也大不相同，以致他们的话很少有共同之点。……各省的方言在上流社会是不说的。”[③] 金尼阁也认为：“……为了完全了解这个国家和它的人民，一个人就必须花费多年时间到各个省份去旅行，学习讲方言并阅读他们的书。”[④] 传教士克路士来华后注意到“整个中国有很多方言，用语言彼此不能理解

---

① 熊月之：《西学东渐与晚清社会》，中国人民大学出版社 2011 年版，第 249 页。

② 熊月之：《西学东渐与晚清社会》，中国人民大学出版社 2011 年版，第 497—502 页。

③ ［意］利玛窦、［法］金尼阁：《利玛窦中国札记》，何高济、王遵仲、李申译，中华书局 1983 年版，第 30 页。

④ ［意］利玛窦、［法］金尼阁：《利玛窦中国札记》，何高济、王遵仲、李申译，中华书局 1983 年版，第 41 页。

……但他们都能可以过文字相互理解。举个例说，表示‘天’的字，他们写出来都一样，有的发这个音，有的发别一个，但‘天’的含义对他们说是一样的”①。传教士曾德昭认为：“中国使用的语言是很古老的……它有各种不同的形式，因为当今这个帝国由不同的国土构成……中国今天只通用一种语言，即他们称呼的官话（Quonhoa），亦即曼达林语。……但一般说来，每省仍保留自己的方言。它是一种有限度的语言，字体之多超过其他语言，但使用的词汇不多，因此并不丰富……这些字，各省用不同的发音去读，但他们各自用文字表示时，就都能相互理解。”②

新教传教士承袭了耶稣会士们的看法。米怜认为：“汉语各种方言的口语多得难以计数，而且彼此各不相同，相邻省份的人（正如作者经常观察到的），如果不借助于书面文字，常常无法进行长时间交谈。”米怜直接指出方言林立对知识传播的阻碍并举例说明：“中国人使用的多种方言成为传播知识很大的一个困扰；大多数的人讲福建方言，还有许多人讲广东话；尽管有些人懂官话（普通话），但说的人不多。……向一个15人或20人的集会宣讲时，常常必须使用两种方言，才能向所有的人有效传达内容。”③ 米怜甚至抱怨：“要向具有如此多种方言的人传播知识，这一任务要比没有尝试过这种工作的人所能想象的艰苦许多。”④ 米怜在给马礼逊的信中也阐述了自己的认识：“我发现中国的方言非常之多，而且语音各异，常常无法互相交谈，唯一的办法是可以写中文字和别人交流。”⑤ 马礼逊更是在其著作《通用汉言之法》的第七

---

① ［英］博克舍编注：《十六世纪中国南部行纪》，何高济译，中华书局1990年版，第112页。

② ［葡］曾德昭：《大中国志》，何高济译，商务印书馆2012年版，第51—53页。

③ ［英］米怜：《新教在华传教前十年回顾》，北京外国语大学中国海外汉学研究中心翻译组译，大象出版社2008年版，第72—75页。

④ ［英］米怜：《新教在华传教前十年回顾》，北京外国语大学中国海外汉学研究中心翻译组译，大象出版社2008年版，第76页。

⑤ ［英］马礼逊夫人：《马礼逊回忆录》，顾长声译，广西师范大学出版社2004年版，第153—155页。

部分介绍汉语的官话和方言土语。[1] 这些认识无不是传教士们对当时中国方言林立及其社会影响的深刻洞见。

中国境内众多方言给各地区之间交流带来了不便与隔阂，对中国社会的整体发展形成了阻碍，延缓了中国社会发展历程。只有“国语统一”，才能建立起一个统一富强的国家。中国应学习和借鉴世界各强国的经验，实施“语言统一”的强国战略，以统一的共同语来凝聚民众，强化统一的民族国家之认同意识。民族国家意识与启蒙救亡意识始终伴随着语言文字变革运动，国语统一思潮与语言文字变革正是在这种历史背景下产生出来的。晚清来华传教士的译介活动不仅中国带来了欧美先进的科技知识与人文理念，对于晚清语言文字改革运动无疑是一种思想准备和启蒙。

第三节　明清时期传教士译介活动总结

明清时期，来华传教士的译介活动在中西文化交流史上有着十分重要的地位，对中国社会的发展做出了贡献，也深刻影响了中国语言文字改革运动。传教士的译介活动使中西方思想意识发生激烈碰撞与竞争，也使中国人逐渐觉醒，受到思想启蒙。来华传教士译介活动在明末清初和晚清时期形成了两次热潮，分别以天主教传教士的科技翻译和新教传教士的西学翻译为主体。

明末清初天主教传教士的翻译活动具有鲜明的科技特色，译介活动输入了西方先进的科技文化知识，客观上打破了当时中国与世隔绝的局面，来华传教士的翻译活动为我国自然科学领域输入了新的活力，后世中国社会发展、思想文化、语言文字皆受到其深远的影响。晚清时期新教传教士的西学翻译活动发生于中国社会处于剧烈动荡的变革时期。这次译介活动与晚清社会变革思潮紧密契合，来华传教士将一大批优秀又先进的人文社会科学著作和自然科学书籍译介到中国，为当时的新思潮和社会变革提供思想动力，成为这个时期译介活动最显著的特征。

---

① 张晓编著：《近代汉译西学书目提要：明末至1919》，北京大学出版社2012年版，第243页。

明末清初和清末两次译介热潮不仅给中国带来西方国家先进的科学技术和文化知识，更重要的是启迪了中国人的精神境界和求变图强的国家民族意识。同时，来华传教士这两次译介活动也从具体方案制定以及思想启蒙两个方面引发了我国近代语言文字变革的潮流，深刻地改变了汉语的面貌。

第四章　传教士汉语学习与汉字拉丁化拼音方案

明末清初以及清末的来华传教士通过译介活动，将大量的西方经典著作介绍到中国，开启了当时中国的知识分子与普通民众的民智，拓展了他们的视野。来华传教士的译介活动使得当时中国各界人士对于世界与中国有了全新的认识。基于这样的思想启蒙，中国的知识分子继而对本国语言文字的认识与态度发生了改变，产生了对于本国语言文字进行改革的强烈愿望，以求能够跟上时代发展的步伐。

有了进步的诉求，如何进行改革就成了亟待解决的问题。清末民初，民间与官方的各种语言文字改革方案开始层出迭现。当时各种主要的语言文字改革方案，主要是在两个方面对于中国语言文字进行了变革的尝试，分别是汉语注音系统的确立以及汉字的简化，此外，还有对汉语语法研究的关注；汉字改革的推动者试图通过对于语音系统的标注方法、汉语书写系统以及语言结构组合规则的改进，全面地改革我国的语言文字系统。其中一些激进的方案甚至完全抛弃汉字，试图通过汉字拉丁化废除汉字。

纵观我国清末民初语言运动发生发展的时代背景可以发现，国人产生改进我国语言文字的强烈愿望，其动因是多方面的。民不聊生、内忧外患的社会现实及东西方的巨大差距是产生改变的内生动因；近代日本推行国语、普及教育进而实现国家强盛，邻邦的社会改造范本成为国际动力①；西方来华传教士汉语研习及译介活动的诸多成果成为中国语言文字改革的思想启蒙。而具体的语言文字改革方案与来华传教士的传教

① 于锦恩：《清末民初国语运动的国际动力——兼与赵慧峰先生商榷》，《中州学刊》2004年第2期。

活动也有着密切联系。最早的汉字拼音方案是明末清初早期传教士为了学习汉语和传教的需要，尝试用拉丁字母给汉字注音，拉开了汉字拉丁化拼音改革的序幕。

第一节 传教士对汉语语言文字的认知与态度

一 对于学习中文及传教关系的认识

15—16世纪，欧洲开辟了通往东方等世界各地的新航路，地理大发现使其进入了向海外殖民扩张的历史时期。随之，早期欧洲国家的传教士在明末清初来到中国传播基督教。面对这个神秘而又陌生的国度，这些早期来华传教士在传教过程中遇到的最大的困难是语言不通。他们发现，汉语完全不同于任何一种欧洲语言，十分繁杂难学。但是，对他们来说，必须熟练地掌握中国语言才能实现他们传教的宗教使命。因此，这些早期来华传教士便开始刻苦学习和研究汉语和中国文化。

来华传教士对于汉语的第一个直观印象就是发现了中西语言文字存在巨大差异。他们初识汉语便普遍认为，汉语的语言要素与当时世界其他国家的语言相比，无任何共同之处。法国耶稣会传教士李明（Louis Le Comte，1655—1728）就曾在致法国兰斯红衣大主教夏尔—莫里斯·勒泰利埃的信中对此进行论述："中国语言与目前世界通用的语言都没有任何类似之处，无论在说话的声音上，在字的发音上，还是在概念的组合上，都无任何共同之处。在这种语言中，一切都是那么神秘。"①面对与自己的母语如此不同的一种语言，早期来华传教士们在汉语学习过程中十分受挫，但是他们在自身信仰的引领下依然努力学习汉语，并对汉语汉字有了逐步深入的了解和研究。

在明末清初，中国还有些胸怀容纳这些来华传教士，甚至委以重任。而清朝末期时，一方面当时中国的清政府"闭关锁国"政策使得中国已经和世界有了隔阂，另一方面西方在我国停滞不前的时候开始

① ［法］李明：《中国近事报道（1687—1692）》，郭强、龙云、李伟译，大象出版社2004年版，第165页。

了近代化的工业革命。[①] 古老的中国文明面临着巨大的挑战，各地不断发生的教案冲突更是这种对抗的直接体现。在这种状况下，一方面中国的清政府下令解除禁教。禁教令的解除并未使得传教更加顺利，最根本的阻力不是当时清政府的政策，而是文化观念的对立。西方基督教文化和中国的儒家文化原本相去甚远，基督教无法融入中国社会的主流。

为了彻底地解决这一问题进行传教，来华传教士们认为只有跨越语言的鸿沟才能更加有效地传播福音。与此同时，来华传教士发现汉语语言文字与西方语言文字存在较大的差异，烦琐难学。传教士们发现汉语的文白异读、方言林立使得理解中国难上加难。诚如李明所言：

> 大人，当您得知，尽管必须经数载学习才能会说中国话，却可以仅需两小时就可掌握其全部的词，您定会感到吃惊；您可以会读所有的书，并完全理解这些书，但当另一人高声朗读同一本书，您却可能如坠五里雾中，什么也听不懂。……
>
> ……我不知是否很多传教士宁肯下矿井做苦工，也不愿数载如一日地辛辛苦苦致力于学中国话，这真是一个人所能经受的最苦、最易气馁的学习了。[②]

曾德昭认为：

> 它［汉语］有各种不同的形式，因为当今这个帝国由不同的国土构成，在古代它们并不属于当今这位帝王的祖先，而是被南方各省和北方几个省的蛮族占据。中国今天只通用一种语言，即他们称呼的官话（Quonhoa），亦即曼达林语。……至今官话已传遍全国……但一般说来，每省仍然保留自己的方言。[③]

① 何绍斌：《越界与想象：晚清新教传教士译介史论》，上海三联书店 2008 年版，第 11 页。

② ［法］李明：《中国近事报道（1687—1692）》，郭强、龙云、李伟译，大象出版社 2004 年版，第 165—166 页。

③ ［葡］曾德昭：《大中国志》，何高济译，商务印书馆 2012 年版，第 51 页。

民间语言不统一的局面直接给地区间的交流构成了障碍，也给汉语学习造成了极大的困难。纵观来华传教士关于中国文化的各种著作可以发现一个显著的特点，传教士在各自的著作中描述中国文化时，对于中国的语言文字大多有过细致而全面的刻画与分析。

二 对于汉语言文字的认识

在来华传教士所著的关于中国的书籍中甚至专门开辟章节进行细致的解析。比如，葡萄牙传教士安文思（Gabriel de Magalhans，1609—1677）的著作《中国新史》、法国传教士李明的著作《中国近事报道》以及葡萄牙传教士曾德昭所著《大中国志》中都有专门的章节描绘当时的汉语以及汉语在当时的中国社会是如何被运用的和对汉语言文字的认识。

安文思认为中国汉字是象形文字。他在其论著《中国新史》（1688）中第四章专门分析中国的文字和语言。他写道：

> 尽管埃及人自夸他们首先使用文字和象形文，但可以肯定的却是中国人在他们之前就有了文字记录。所有其他民族都有共同的书写方式，包括大约二十四个字母，发音几乎相同，可是形状不同。但中国人使用的是五万四千四百零九个字，这些字表达他们要说的事，很优美、生动和有效……我充分相信，如果我们考虑中国字的起源，肯定它们是象形文字。因为中国人说中国最早使用的古字，是形象和符号……考虑到现代字本身，可做同样的说明……这些理由和事例不仅明显地说明了中国字是象形字，而且说明了中国人是何等的机智聪慧。①

安文思对于汉字的看法比较正面，他认为汉字的结构巧妙，“尽管不完善”，仍然“十分有利于认识和区别他们所表示的东西”。而数年后出版的《中国近事报道》中，法国传教士李明对汉语汉字的看法就完全转为了负面。在李明看来，学习汉字的过程痛苦异常，巨量的汉字

① ［葡］安文思：《中国新史》，何高济、李申译，大象出版社2004年版，第43—45页。

是中国落后的根源。他在其著作《中国近事报道》（1696）中写道：

> （中国人）使用的是他们专用的象形文字……这一写字方式不仅是不完善的，而且是很不方便的。除去不能完整地表达思想外，所表达的那仅有的一点也从来不会完完全全组织好，不弄错是不可能的……依我之见，这数量众多的中国字是中国人无知的根源所在，因为把一生都用于识字，他们几乎没有时间研究其他的科学，当他们知书识字后，自以为已是相当有学问了……对于外国人，人们难以想象学习中国字给他们带来多大的厌烦；被迫用一生时间（一般说，学中国字，一生也不算太长）往自己头脑里不停地装这数不尽的丑陋的图形，并总是忙于辨认那些东西和意义几乎毫无相似之处的并不完善的象形字，简直是个沉重的十字架。①

葡萄牙传教士曾德昭在他的著作《大中国志》（1638）中如此描述汉语与汉字：

> 中国使用的语言是很古老的，……它是一种有限度的语言，字体之多超过其他语言。……它们全是单音词，动词和名字均无语尾变化……它的简短使它充满多义词，所以是简明的。这对有些人会是困难的……他们使用的字，看来跟他们民族本身一样古老。②

法国传教士马若瑟（Joseph de Premare，1666—1736）曾经对汉语中的“文白异读”现象进行过分析描述。他认为，汉字的读音在中国的不同地方各不相同，很多中国文人在读汉语时，使用的都是他们从小就学会的地方口音，并且马若瑟认为汉字是“象形文字”。③ 捷克传教士严嘉乐（Charles Slaviczek，1678—1735）也在自己的书信中提到，“我

---

① ［法］李明：《中国近事报道（1687—1692）》，郭强、龙云、李伟译，大象出版社2004年版，第167—171页。

② ［葡］曾德昭：《大中国志》，何高济译，商务印书馆2012年版，第51—52页。

③ ［丹麦］龙伯格：《清代来华传教士马若瑟研究》，李真、骆洁译，大象出版社2009年版，第96—98页。

宁愿叫它（汉语）为复杂难懂的巴比伦语……汉语的语音使世界各国的人都感到十分困难”。严嘉乐认为，“汉语的字音少，而能确定词义的汉字却很多……”①

可以看出，早期来华传教士普遍认为，汉语是世界上最复杂难学的语言。同时，为了更好地学习和掌握汉语，他们努力地对其进行研究和探索。

三 “文化适应”策略与汉语学习的开端

早期传教士不远万里来到中国的边缘，徘徊在“敬天法祖”的古老中国大门口无法进入。由于他们不懂中国语言、不了解中国的风俗习惯和历史文化，很难进入中国境内和在中国站住脚跟，自然达不到其在中国传教的目的。1578 年（万历六年），范礼安作为远东耶稣会传教视察员来到澳门②。面对耶稣会士站在中国的大门口而不得进入的困难境地，范礼安开始对东方文化进行全面的了解和思考，最终提出了在中国传教的新策略。③ 范里安意识到相较其他国家而言，中国在文化上十分独特，这使得采用不同以往的方式传教成为必然。他曾于写给耶稣会会长的信中指明：“对于入中国传教，唯一的方法是要绝对避免以前往别国去的传教士所遵照的路程。”④ 根据其所指明的这一正确的方针，“文化适应”传教政策的产生就自然而然了。“文化适应”政策要求传教士谙熟语言文字、钻研礼仪习惯、学习历史文化，这是传教顺利开展的绝对前提。此外，选派补充传教士学习中国文化并开展传教成为传教活动得以不断发展的持续动力。正是由于范礼安所定下的正确的传教方针，利玛窦、罗明坚等一行人得以来到中国；利玛窦改换儒服这一东西方文

① ［捷克］严嘉乐：《中国来信：1716—1735》，丛林、李梅译，大象出版社 2002 年版，第 15—38 页。

② ［法］费赖之：《在华耶稣会士列传及书目》，冯承钧译，中华书局 1995 年版，第 20 页。

③ 康志杰：《范礼安：首倡学习中日文化的传教士》，《世界宗教文化》1998 年第 1 期，第 31 页。

④ ［法］裴化行：《天主教十六世纪在华传教志》，萧濬华译，商务印书馆 1936 年版，第 178 页。

化交流史中极具象征意义的标志性事件才会发生[①]；利玛窦、罗明坚、金尼阁等人传教过程中坚持长久的汉语研习并取得丰硕成果才成为了可能。

研习汉语也成为华传教士进行西学译介活动的基本前提，译介活动是基于传教士对中文的深刻审视与理解之上的。李提摩太认为，“别的方法可以使成千的人改变头脑，而文字宣传则可以使成百万的人改变头脑”[②]。来华传教士们看到了西学译介以及报刊活动的巨大文化影响力并将其付诸实践，开展了一系列的以翻译西学经典著作为核心的“学术传教”活动。以中文研习为核心的“文化适应”政策正是“学术传教”活动的先导。

为了便于学习和掌握汉语，来华传教士对汉语音韵进行了研习。16世纪至19世纪，来华的天主教传教士在学习汉语的过程中对其进行了研究，尤其对汉语音韵研习取得了成效，创制了汉语注音方案和撰写了许多重要著述。据董海樱考证总结，这些著述中重要的如下几种：罗明坚与利玛窦合著的《葡汉辞典》、利玛窦的《西字奇迹》、金尼阁的《西儒耳目资》、迪亚士的《汉字卡斯蒂利亚语释义手册》、曾德昭的《大中国志》、卫匡国的《中国文法》、卜弥格（Michel Boym，1612—1659）的《大秦景教流行中国碑的研究》、安文思的《中国新史》、何大化（Antoine de Gouvea，1592—1677）的《无罪获胜》、万济国（Francisco Varo，1627—1687）的《华语官话词典》、叶尊孝（Basilio Brollo，1648—1704）的《汉字西译》及《汉拉词典》、李明著的《中国近事报道》等。[③]

19世纪，来华新教传教士对汉语音韵研究著述多为双语及多语字典及汉语教材，例如：马礼逊编著的《华英字典》，江沙维编著的《汉字文法》《洋汉合字汇》及《汉洋合字汇》，麦都思编著的《汉英字典》，打马字（John Van Nest Talmage，1819—1892）编写的《厦门音个

① 戚印平：《传教士的新衣：再论利玛窦的易服以及范礼安的“文化适应政策”》，《基督教文化学刊》2012年第27辑。

② 方汉奇：《中国近代报刊史》（上），山西人民出版社1981年版，第21页。

③ 董海樱：《16世纪至19世纪初西人汉语研究》，商务印书馆2011年版，第62—109页。

字典》，卫三畏编写的《英华分韵撮要》《汉英韵府》，湛约翰（John Chalmers，1825—1899）编写的《初学粤音切要》《英粤字典》，高第丕（T. P. Crawford，1821—1902）编写的《上海土音字写法》，蓝亨利（Henry Van Vleck Rankin，1825—1863）编写的《宁波土话初学》，丁韪良编写的《认字新法识字双千》等。这其中有许多的方言双语字典，成为我国近年来研究东南地区方言变迁的异域资源。来华传教士刻苦学习和研究汉语，特别是对汉语音韵的研习为他们学习汉语打开了新思路，寻求到了科学的学习方法和有效途径。

第二节　利玛窦与罗马字母汉字注音方案

一　利玛窦对汉语语言文字的贡献

中国古代没有汉语拼音这样的注音方式。汉字标音的方法，从譬况、读若，演进到直音、反切。[①] 譬况以释字音之法虽对发音之法加以说明，然而古今之别令人难以准确把握其所释之音；读若以字证音之法亦只求相似，因其不甚精确而极难以书面方式延续，仅能口耳相传；直音以证字音之法虽较前二者而言有所改进，然若证音之字完全不存在则只能大致标音，证音之字若偏僻难辨亦会干扰对字音的辨析。以上标音方法既然各有缺陷，于是反切兴起。反切以二字拼一字之音，是古人已掌握科学的拼音原理而未有标注之法，只能使用汉字标音的产物，其较之前的注音方法准确许多。[②] 但因切音之字无法与声韵调直接对等，加之切音之字不定、汉字古今音之别、官话方言之异，仍难以精确。直到汉语拼音产生，汉字的标音方法由反切法改良为拼音。[③] 汉字注音方式从反切到拼音的转变，与西方来华传教士所开创的运用罗马字为汉字注音的方法关系密切。

明末清初的来华耶稣会士开创了用拉丁文为汉字注音的先例。利玛

① 罗常培：《罗常培文集》第8卷，山东教育出版社2008年版，第187页。

② 罗常培：《罗常培文集》第3卷，山东教育出版社2008年版，第231页。

③ 罗常培：《汉语拼音字母演进史》，北京文字改革出版社1959年版，第1页。

窦与罗明坚的《葡汉辞典》是用拉丁字母拼写汉字的最早尝试。[①] 利玛窦的音韵研究著作《西字奇迹》创制了用拉丁字母拼写汉字读音的首套方案。数十年之后，耶稣会士金尼阁以此为基础写就《西儒耳目资》是第一部完整的罗马字母注音著作，是最早用罗马字母注汉字的字典，实际上是一个较为完善的汉语拼音方案，此书中的注音方案在利玛窦方案的基础上加以扩充。[②] 这两部著作的出版极大地促进了中国传统的音韵学研究方法的改进和革新，“引起了汉字可以用字母注音或拼音的感想，逐渐演进，形成二百年后制造推行注音字母或拼音字母的潮流”[③]。

明末清初，中西文化交流进入了罕见的繁荣期。大批天主教耶稣会传教士从欧洲来华，以西方科技文化传播活动为掩饰进行传教的跨文化交流传播活动。耶稣会士的到来向彼此展开别样世界，架起了沟通的桥梁。意大利耶稣会士利玛窦就是这一时期西方传教士中最为杰出的一位，其来华经历在前文已有总结，不再赘述，这里仅谈来其华之后对东西方文化交流的贡献。

利玛窦于明末来到中国从事传教活动，1582 年抵达澳门后在中国度过余生，毕生致力于传教事业，开“学术传教”先河。这位传教士和学者将自己完全融入了中国，其与徐光启的蚀刻版画已经成为明代中西交流的标志。利玛窦身穿儒服在传教士与儒士之间徘徊，其号“西泰”表明已被士大夫阶层所接受。利玛窦身体力行践行“学术传教”的方针，凭借熟稔的汉语译介了欧洲数学、天文以及地理等方面的科技书籍，把西方科学技术知识传播到了中国，也将中国介绍给世界。利玛窦“用中文撰述的论著和译作，使中国人开始接触文艺复兴以后的欧洲文化；他用西文记叙中国印象和在华经历的书信、回忆录，以及用拉丁文翻译的《四书》，也使欧洲人初步了解传统正在起变化的中国文化”[④]。利玛窦对中西文明互相鉴做出杰出贡献，其历史遗产影响长远。

---

① 董海樱：《16 世纪至 19 世纪初西人汉语研究》，商务印书馆 2011 年版，第 61 页。

② 倪海曙：《中国拼音文字运动史（简编）》，时代书报出版社 1948 年版，第 5—9 页。

③ 陈望道：《中国拼音文字的演进——明末以来中国语文的新潮》，《中国语文教育学会主办语文展览会合刊三》，1939 年，第 2 页。

④ 朱维铮：《导言》，［意］利玛窦《利玛窦中文著译集》，复旦大学出版社 2001 年版，第 1—2 页。

利玛窦来华之初便意识到中西语言之别是在中国开展传教活动的首要障碍。于是，他利用在澳门逗留的一年时间，把主要精力和时间放在跟罗明坚一起学习汉语之上，同时他积极研究中国的政治法律以及风俗习惯，为入华作好充分准备。[①] 第二年即1583年，他随罗明坚一起来到广东肇庆，后来又到过广东韶州及南雄、江西赣州及南昌、南京等地，最后进京。他在进行传教活动的同时钻研汉语，由于他天资聪敏和勤奋用功，汉语学习水平有了很大的提高。他不仅能用汉语进行阅读，并且能说会写，成为当时汉语语言造诣最深的西方传教士。对汉语的研习及使用贯穿了利玛窦在华的传教岁月。基于深厚的汉语功底，利玛窦成就了其巨大的中外文化交流贡献。他将欧几里得数学名著《几何原本》翻译为汉语，又把《四书》翻译成拉丁文，又用汉语写就《坤舆万国全图》《天主实义》《畸人十篇》和《交友论》等多部传教著作。他编写的有关罗马字注音汉字方案的会话手册或者字汇词典一直在当时来华传教士当中流传广泛。[②]

利玛窦对汉语的发展及汉语研究做出有着开拓性意义的重要贡献。在汉语词汇方面，他在著译中为汉语增添了许多新词语。黄河清通过比照利氏的十二种著作（如《交友论》《几何原本》《坤舆万国全图》《乾坤体义》等）与《汉语大词典》，辨析了可能是利玛窦著作中首次出现且当今仍在使用的83个词[③]，其中多半与自然科学有关。如平面几何术语“直线、直角、三角形、锐角、体积、四边形”等；地理科学术语“月球、土星、水星、天球、纬度”等；以及其他科技词汇，如“枕骨、银币、仪器、金刚石、角、几何、大厦、赤道、测量、比例”，等。黄河清的选词原则重在如今仍然使用，而不重在首创，故所总结词语不多。张西平从利氏使用的角度分析总结，辨析出利氏著作中宗教哲学外来词汇有104个。其中，天主、造物、本体、公理、神性等诸多词

① 江文汉：《明清间在华的天主教耶稣会士》，知识出版社1987年版，第14—28页。

② 金薰镐：《西洋传教士的汉语拼音所反映的明代官话音系》，古汉语研究2001年第1期。

③ 黄河清：《利玛窦对汉语的贡献》，《语文建设通讯》2003年第4期。

汇沿用至今。[①] 利氏著译中出现的这些新词语不仅丰富了汉语词汇，为汉语世界带来了新概念，对汉语发展有着十分深远的影响。

二　《西字奇迹》与利玛窦的拼音方案

除了新词语的创制，利玛窦在汉语音韵研究方面也成就卓越。利玛窦是第一个创制用拉丁字母拼写汉字读音的方案的西方人。他于 1605 年（万历三十三年）编写出版了注音读物《西字奇迹》，原书已散失。所幸《信而步海，疑而即沉》《二徒闻实，即舍空虚》《淫色秽气，自速天火》和《述文赠幼博程子》共四篇注音文章由明朝程大约所著《程氏墨苑》所收录而留存，中国学界目前普遍将《程氏墨苑》中的这四篇注音文章称为《西字奇迹》。这是中国首次出现的罗马字给汉字注音的方案实践的尝试。从这仅存的四篇文章的注音中所归纳出的注音方案，被认为是中国音韵史上用罗马字拼写汉语的文献资料，走出了中国汉字拉丁化的第一步。[②]

费赖之的《利玛窦传》、伯希和的《梵蒂冈图书馆所藏汉文写本和印本书籍简明目录》、法国汉学家高迪爱的《中国书目》中均对《西字奇迹》做出了介绍。《西字奇迹》现存梵蒂冈教皇图书馆藏本有前 3 篇文字，一共 6 页，由教会单独合成一卷。[③] 利玛窦在完成这些用罗马字给汉字注音的文章后，将其送给我国当时的制墨名家程大约（别字君房），由程大约编入所著墨谱《程氏墨苑》中刻印出版。这是如今我国国内最早最全的版本——《程氏墨苑》本。民国时期，陈垣于 1927 年依据王氏鸣晦庐藏本《程氏墨苑》重印出版，取名为《明季之欧化美术及罗马字注音》。新中国成立后，文字改革出版社于 1957 年重印了《明季之欧化美术及马字注音》，改名为《明末罗马字注音文章》。李炳华于 1989 年重印了《明季之欧化美术及罗马字注音》，书名为《利玛窦罗马注音四文》。[④] 目前我国通行版本收录于朱维铮编撰的《利玛窦

① 张西平：《简论罗明坚和利玛窦对近代汉语术语的贡献——以汉语神学与哲学外来词研究为中心》，《贵州社会科学》2013 年第 7 期。

② 罗常培：《罗常培文集》第 8 卷，山东教育出版社 2008 年版，第 189—190 页。

③ 董海樱：《16 世纪至 19 世纪初西人汉语研究》，商务印书馆 2011 年版，第 73—75 页。

④ 董海樱：《16 世纪至 19 世纪初西人汉语研究》，商务印书馆 2011 年版，第 73—75 页。

中文著译集》，是《西字奇迹》在国内出版的最新版本。

根据《西字奇迹》中文章的汉字和拉丁文对照的译文，中国学者罗常培整理出一个包括26个声母和44个韵母的汉语拼音方案。这是中国音韵史上的重要记录，明确地记载了四百余年前的明末官话真实发音。这4篇注音文章一共有387个不同音节的汉字。罗常培根据这些音节的注音归纳出的利玛窦注音方案①如下：

表4-1　　利玛窦注音方案②

名称	数量	注音符号
字父（声母）	26	c、c‘、ç、ç‘、f、g、h、j、k、k‘、l、m、n、p、p‘、q、q‘、s、t、t‘、v、x、ch、ch‘、ng、nh
字母（韵母）	44	a、e（æ）、i（y）、o、u、ai、ao、eu、ia（ya）、ie、io、iu（yu）、oa、oo、oe、ui、uo、eao、iai、iao、iue、ieu、oei、uai、uei（uey）、am、an、em、en、im（ym）、in、um（om）、eam、iam、ien、yum、iun、oam、oem、uam、uen、uon、iuen（yuen）、lh
次音	4	ȯ、u̇、iė（yė）、iȯ（yȯ）
声调	5	ˉ（清）、ˆ（浊）、ˋ（上）、ˊ（去）、ˇ（入）
送气	1	c

利玛窦注音方案最为显著的特点是创造了五个符号来表示当时明代官话的五种声调。利玛窦曾对汉语的声调进行分析：“人们运用重音和声调来解决我称之为含意不清或模棱两可的困难问题。一共有五种不同的声调或变音，非常难于掌握，区别很小而不易领会。他们用这些不同的声调和变音来弥补他们缺乏清晰的声音或语调；因而在我们只具有一种明确含义的一个单音节，在他们就至少具有五个不同的意义，并且彼此由于发音时的声调不同而可能相去有如南极和北极。每个发音的字的确切意义是由它的声调质量决定的，这就当然增加了学习说这种语言以

① 罗常培：《耶稣会士在音韵学上的贡献》《罗常培文集》第8卷，山东教育出版社2008年版，第190页。

② 罗常培：《耶稣会士在音韵学上的贡献》《罗常培文集》第8卷，山东教育出版社2008年版，第193页。

及听懂别人的困难。”[①] 这说明彼时利氏已然明晰明代官话声调对区分语义的重要作用。

利玛窦不但在著作中阐明自己对当时汉语声韵调与语义的认识，他还在书信中向自己的同僚分享自己的看法，以期帮助对方对汉语有更深入的了解。他在 1583 年 2 月 13 日致帕多瓦耶稣会马尔第诺·德·弗尔纳里神父的信中说：“我向您保证，这种语言既不像希腊语，也不像德语，而完全是另一种语言，其词语发音模棱两可，同一个发音会有很多词汇，这些词汇又代表着成千上万的意思。有时两个词之间除了声音按照四种不同的声调有高低之分以外，就没有其他的差别，因此有时连他们自己讲话时，为了能让对方理解，也要把想说的话写出来。”[②]

利玛窦的汉语声韵调研究离不开传教士同僚的帮助，在其记录北京传教情况的日记中，利玛窦评价了郭居静在其中的贡献，并阐述他们创制记号记录声调的尝试及其对后续传教士传教活动的影响：“中国人用声韵和音调来变化字义。不知道这些声韵就产生语言混乱，几乎不能进行交谈，因为没有声韵，谈话的人就不能了解别人，也不能被别人了解。他们采用五种记号来区别所用的声韵，使学者可以决定特别的声韵而赋予它各种意义，因为他们共有五声。郭居静神父对这个工作做了很大贡献。他是一个优秀的音乐家，善于分辨各种细微的声韵变化，能很快辨明声调的不同。善于聆听音乐对于学习语言是个很大的帮助。这种以音韵书写的方法，是由我们两个最早的耶稣会传教士所创作的，现在仍被步他们后尘的人们所使用。如果是随意书写而没有这种指导，就会产生混乱，而对阅读它的人来说，书写就没有意义了。”[③]

根据董海樱及谭慧颖考证，利玛窦与同僚是先参照乐谱的音阶给每个汉字确定音调，然后选定五个原本在拉丁语及古罗曼语言中早已存在音标记号作为表示汉语五种声调的符号。利玛窦拼音方案采用的符号 ˉ（清）、˘（入）出现在拉丁语中，本来用于标记元音发音时值的长短。

---

① ［意］利玛窦、［法］金尼阁：《利玛窦中国札记》，何高济、王遵仲、李申译，中华书局 1983 年版，第 28—29 页。

② ［意］利玛窦：《利玛窦书信集》，文铮译，商务印书馆 2018 年版，第 23 页。

③ ［意］利玛窦、［法］金尼阁：《利玛窦中国札记》，何高济、王遵仲、李申译，中华书局 1983 年版，第 336 页。

ˆ（浊）、ˋ（上）、ˊ（去）三个符号主要用于罗曼系民族语，本来用于标记该语族不同语言单词的音节重音或元音 a，e，o 的开闭口情况。这些符号原本并非用来标记明末官话声调。汉语声调的本质是为区分意义的音高的升降变化，绝不能简单等同于重读、元音长短或是开闭口情况。利玛窦与同僚显然将这五个符号与明末官话声调特征比照对应，创造性地赋予它们全新的标音符号意义。①

第三节　金尼阁与最早的汉语拼音"利金方案"

一　金尼阁与《西儒耳目资》

金尼阁（Nicolas Trigault，1577—1628），法国人，字四表，1594 年入耶稣会。他是第一位来华的法国传教士，先后两次入华传教。金尼阁第一次来华是在 1610 年（明万历三十八年），先抵澳门，后至北京，他发现并整理了利玛窦去世后留下的在中国传教资料。1612 年（明万历四十年），金尼阁受龙华明之命启程回罗马，向教皇汇报在华传教事务，求准宗教礼仪中国化，并请增派人手。在返回欧洲期间，他以演讲及发表著述的形式对利玛窦以及其他在华传教士的业绩进行了大力宣传，并向西方人传播中国文化。由于他对中国文化以及在华耶稣会士活动的宣传和介绍，诸多欧洲王公贵胄向其赠书捐物，资助款项以助其传教，"中国热"当时在欧洲蔚然兴起。②

金尼阁于 1620 年（明万历四十八年）再度来华并带来大量的外文书籍。他先后在南昌、韶州、杭州、开封、绛州、西安等地进行传教活动，后来在绛州、西安设印刷所印制中西文书籍。金尼阁著述丰硕，主要代表著作有《推历年瞻礼法》《况义》（《伊索寓言》选译本）、《中国年鉴》《宗徒祷文》等。此外，他还留下了大量的书信、通讯、报道

---

① 谭慧颖：《〈西儒耳目资〉源流辨析》，外语教学与研究出版社 2008 年版，第 90—91 页。

② ［法］费赖之：《在华耶稣会士列传及书目》，冯承钧译，中华书局 1995 年版，第 115—121 页。

及传记作品。[①] 这些信札成为研究明末耶稣会士来华情况的宝贵资料。金尼阁对中西文化互通之卓越贡献在于其创造了许多“第一”。他将《诗》《书》《礼》《易》《春秋》翻译为拉丁文，成为第一个将《五经》完整翻译和出版的西方人。他还与中国学者张赓合作将拉丁文本《伊索寓言》选编翻译，出版了该欧洲古典名著最早的中文独立译本《况义》。他编写出版了《中国史编年》，成为第一个系统撰写中国历史著作的西方人。金尼阁也是第一位重返欧洲后再次率团来华的传教士，他甚至因想早日完成使命而在旅途中勇敢选择新的航线。金尼阁因其卓越贡献，在欧洲被誉为“第一个把中国人是谁以及他们怎样生活揭示给欧洲的博学的历史学家”。[②]

金尼阁最为重要的两部著作是《利玛窦中国札记》与《西儒耳目资》。前者又名《基督教远征中国史》。此书是金尼阁将利玛窦留下的资料由意大利文翻译为拉丁文并加以补充完成的，其中详细忠实地记录了耶稣会明末来华的历史及中国的情况，是向欧洲介绍中国文化的一部力作，在欧洲颇具声望，是“为欧洲人叙述中国比较完备无讹之第一部书”[③]，是“第一部真正称得起‘汉学’的著作”[④]。后者是最早用罗马字母注音汉字的书籍，也是最早的汉语拼音方案。

《西儒耳目资》于1626年在陕西刊行[⑤]，此书是金尼阁在利玛窦的拼音方案的基础上加以修改补充，用西方语音学方法辨明汉语音韵规律并编制注音方法编撰而成的汉字字汇。此字典之书名已然揭示其编纂目的，即帮助传教士及外籍人士听懂中国话（资耳）和看懂中国字（资目）。金尼阁的助手王徽在该书《释疑》中总结其较于之前韵书有五十余条创新之处，并言明其优点“一日可熟”与功用“可为后来翻译西

① ［法］费赖之：《在华耶稣会士列传及书目》，冯承钧译，中华书局1995年版，第122—125页。

② 计翔翔：《金尼阁与中西文化交流》，《杭州大学学报》1994年第3期，第54—55页。

③ ［法］费赖之：《在华耶稣会士列传及书目》，冯承钧译，中华书局1995年版，第118页。

④ 计翔翔：《金尼阁与中西文化交流》，《杭州大学学报》1994年第3期。

⑤ 谭慧颖：《〈西儒耳目资〉源流辨析》，外语教学与研究出版社2008年版，第9页。

学”。[①] 其中包含《译引首谱》《列音韵谱》《列边正谱》三部分内容。

第一部分《译引首谱》以“自鸣同鸣相配”之原理创建音韵系统，创作《万国音韵活图》和《中原音韵活图》，为全书总纲。《万国音韵活图》以五圈同心圆构造，能够使得二十九个元音之号互相搭配组合，再搭配内圈之音调，从而拼读为音节。该图“包括万音，而不出其范围”，此图实为国际音标图的作用。《中原音韵活图》以三圈的同心圆构造，外圈为五十个韵母，中圈为二十个声母，内圈为五个声调，外圈和中圈皆用汉字和罗马字母标注。该图“独以中原音韵为实”[②]，此图实为汉语拼音图的作用。

第二部分《列音韵谱》依然按照“自鸣同鸣相配”之原理以罗马字母拼音顺序排列汉字。此韵谱前的《本谱用法》对该书创作之目及编排方法言明：“音韵出于人口，虽至我耳，未知每音每韵之列，未知每音每韵之字，未知每音每韵之意。三者考之极难。盖虽中原音韵之书俱备每音之字，每字之意。但音韵之列，多未定位。一时难遇其字，难察其意。则字学之妙在书上者，如金之在矿也。其何得而用之。本谱用法，一闻其音，则得其位，得其位，则得其字，得其字，则得其意也。”[③] 这种编排方法能够使得字音与字形、字意三者准确定位，但闻其字之音，即得其音之字与意，解决传教士学习汉语时听到字音而不知字与意的问题。据此，《列音韵谱》实为一部音序检字法编排的字典。

第三部分《列边正谱》亦为字典，照汉字的部首笔划排列汉字。《列边正谱》前之《本谱用法》言明：“寻字之法，万无不然不必知音，不必知意，算画而已。既得所寻之字，未知其音未知其意，又将何以查之？字学如海，每字有数，以指其南。”[④] 这种编排方法能够使得字形与字音、字意准确定位。观其字之形，即得其音之音与意，解决传教士看到汉字而不知其音与意的问题。据此，该部分实为以部首笔画检字法编排的字典。

---

① ［法］金尼阁：《西儒耳目资》（上册），文字改革出版社 1950 年版，第 37 页。

② ［法］金尼阁：《西儒耳目资》（上册），文字改革出版社 1950 年版，第 56，61 页。

③ ［法］金尼阁：《西儒耳目资》（中册），文字改革出版社 1950 年版，第 6 页。

④ ［法］金尼阁：《西儒耳目资》（下册），文字改革出版社 1950 年版，第 8 页。。

二　“利金方案”及其影响

罗常培在1929年发表的《耶稣会士在音韵学上的贡献》中着重归纳了《西儒耳目资》音韵体系的要点，总结了其中所记“同鸣字父”20个，“自鸣字母”50个，以及5个声调符号。① 在1950年发表的《耶稣会士在音韵学上的贡献补》中，罗常培比较并归纳总结了该体系和利玛窦《西字奇迹》体系的区别，并认为其“有十分之八跟利玛窦相同”②。罗常培认为金尼阁的系统较利玛窦的系统更加谨严。二者在声调符号及其使用规则，使用-n、-m代表［-n］、［-ŋ］两个韵尾辅音，以及用x-代表［ʃ］声三个方面具有共同点；另外金尼阁的系统在五个方面进行了改进：声母方面进行了合并简化，韵母方面进行了删除简化，将韵母混用的现象消除，将受到语流音变影响的现象系统化，将舌尖韵母进行了细分③，除此以外差别有限。由于该注音所用的方案是在利玛窦拼音方案的基础上修改而成的，其表现的是明代的官话音韵体系，后世将利玛窦和金尼阁的两套注音方案并称“利金方案”。金薰镐分析了二者所反映的晚明官话音系状况，并总结了声韵调的特征。

表4-2　利金方案反映的晚明官话音系④

名称	数量	注音符号
声母	21	p、p‘、m、f、v、t、t‘、n、l、ts‘、s、ts、ts‘、s、z、k、k‘、x、ŋ、ø 自鸣=零声母
韵母	42	ʅʅ、u、i、u、iu、a、ia、ua、ɔ、iɔ、uɔ、io、uo、e、iɛ、iuɛ、ə、iə、uei、ai、iai、uai、au、iau、uɔn、an、uan、aŋ、iaŋ、uaŋ、ien、iuɛn、əu、iəu、ən、in、uən、iuən、əŋ、iŋ、uŋ、iuŋ
声调	5	ˉ（清平）、ˆ（浊平）、ˋ（上）、ˊ（去）、ˇ（入）

① 罗常培：《耶稣会士在音韵学上的贡献补》《罗常培文集》第8卷，山东教育出版社2008年版，第284页。

② 罗常培：《耶稣会士在音韵学上的贡献》《罗常培文集》第8卷，山东教育出版社2008年版，第198页。

③ 罗常培：《耶稣会士在音韵学上的贡献补》《罗常培文集》第8卷，山东教育出版社2008年版，第284—285页。

④ 金薰镐：《西洋传教士的汉语拼音所反映的明代官话音系》，《古汉语研究》2001年第1期。

“利金方案”最主要的贡献有三：其用罗马字母分析汉字的音素，使得汉语首次有了统一的标音体系，较之繁难的反切有所简化，开辟了“不期反而反，不期切而切”的新路径；其用罗马字母标注汉字的体系使得当今推知明官话语音体系成为可能；其注音体系极大地启发中国的音韵学者，中国学者自此接触和了解了西方语言文字及音韵研究方法。[①] 诸多耶稣会士及汉学家在利玛窦与金尼阁之后所创制的各种注音方案皆多多少少承袭或发展了二者的注音系统。[②] 罗常培分析了《西儒耳目资》对方以智《切韵声原》、杨选杞《声韵同然集》和刘献廷的《新韵谱》的影响。[③] 他认为明末音韵学家方以智所言“字之纷也，即缘通与借耳。若事属一字，字各一义，如远西因事乃合音。因音而成字，不重不共，不尤愈乎？”乃“大胆的汉字革命论”[④]。清朝学者杨选杞认为《西儒耳目资》令其“顿悟切字有一定之理，因可为一定之法”[⑤]。此书在中国语言学与音韵学史上具有开拓性的影响。罗常培还以1581年利玛窦抵达中国广州为始，以1723年禁教为终编制了《耶稣会士在音韵学上的贡献年表》，将近两个世纪中一众裹挟于音韵研究洪流中的传教士和中国学人位列其中，其生卒年份、重要人生节点、重要音韵作品出版年份被一一详列，足见其认为耶稣会传教士们的注音尝试确为“国语罗马字的萌芽”。[⑥]

---

① 罗常培：《耶稣会士在音韵学上的贡献》，《罗常培文集》第8卷，山东教育出版社2008年版，第188—189页。

② 董海樱：《16世纪至19世纪初西人汉语研究》，商务印书馆2011年版，第109—110页。

③ 罗常培：《耶稣会士在音韵学上的贡献》，《罗常培文集》第8卷，山东教育出版社2008年版，第245页。

④ 罗常培：《耶稣会士在音韵学上的贡献》《罗常培文集》第8卷，山东教育出版社2008年版，第235页。

⑤ 罗常培：《〈声韵同然集〉残稿跋》，《罗常培文集》第8卷，山东教育出版社2008年版，第107页。

⑥ 罗常培：《耶稣会士在音韵学上的贡献》，《罗常培文集》第8卷，山东教育出版社2008年版，第247页

第四节　传教士注音方案对国语罗马字运动的影响

一　新教传教士的汉字注音方案

明末清初来华传教士为学习汉语之便，曾制定了多种使用拉丁字母拼写汉字或汉语方言的方案。然而，由于当局的忽视与东西之别，以"利金方案"为代表的罗马字母注音范式仅在晚明士大夫阶层激起一些反响，之后随着国门紧导致的东西交流中断而沉寂。19 世纪，以西字注汉音的尝试在两百余年后再次重现。新教传教士及来华外交官随着中国通商口岸的开放纷纷而来，为了便于学习汉语和翻译，他们再次创制多种官话或方言罗马字注音体系方案。罗常培总结了清末来华传教士的汉字注音及音韵研究书籍达 32 种之多。比照各种传教士方案的社会影响，马礼逊方案为来华新教传教士各种注音方案的代表。

马礼逊是早期来华基督教新教传教士的代表人物。马礼逊来华仅八年之后便开始出版有关于汉语的研究著作、教材、译本、词典、字汇及杂记。《通用汉言之法》（*A Grammar of the Chinese Language*）为汉语注音英葡汉三语读物，于 1815 年出版于塞兰布尔。《汉语原著翻译及注释》（*Translations from the Original Chinese, with Notes*）为《京报》文章的翻译与注释，于 1815 年出版于广州。《汉语对话与句子》（*Dialogues and Detached Sentences in the Chinese Language*）具有口语教材性质，附有英语翻译，于 1816 年出版于澳门。《华英字典》（*A Dictionary of the Chinese Language*）共六卷，分别于 1815—1823 年八年间出版。《华文集锦》（*Chinese Miscellany*）是汉语著作翻译摘编及解释，于 1825 年出版于伦敦。《广东省土话字汇》（*Vocabulary of the Canton Dialect*）为粤语英语对照双语字典，由三个部分组成，于 1828 年在澳门出版。[①] 在这诸多的有关汉语的著作之中，《华英字典》所记录的马礼逊官话注音方案最为明晰。

---

① ［英］伟烈亚力：《基督教新教传教士在华名录》，赵康英译，顾钧审校，天津人民出版社 2013 年版，第 5—12 页。

马礼逊受伦敦传教会指示，以为传教及为来华英籍人士学习汉语提供参考为目的编纂《华英字典》。《中国从报》1846年2月号刊载马礼逊澳门墓之立碑记。其中记录其字典编纂的目的："马礼逊者，乃万世不朽之人也。当其于壮年来中国时，勤学力行，以致中华之言语文字，无不精通。迨学成之日，又以所得于己者作为《华英字典》等书，使后之习华文汉语者，皆得借为津梁，力半功倍。"[①] 字典共计4595页，编纂工程浩大，全由马礼进一人经过数十年的积累而成。[②] 马礼逊曾于1808年8月4日写给其父的信中言明字典中内容"是在我学习中文的过程中陆续积累的"[③]。

《华英字典》分为三个部分，一共六卷。第一部分《字典》共三册，分别于1815、1822、1823年出版。第二部分《五车韵府》共两册，分别于1819、1820年出版。第三部分《英华字典》于1825年出版。[④]《字典》是以部首及笔画检字法编排的汉英字典，解决的是知道汉字字形不知其发音与意义的问题；《五车韵府》是以音序检字法编排的汉英字典，解决的是知道汉字字音不知其字形与意义的问题；第三部分《英华字典》以英汉对照为体例的英汉字典。《华英字典》是中国历史上第一部汉英—英汉双语大词典。[⑤] 马礼逊的《华英字典》从编排体例与注音方案方面都延续了利玛窦和金尼阁创造的范式。偏排体例方案方面，《华英字典》注重以部首及音序检字结合，其与《西儒耳目资》的《列音韵谱》及《列边正谱》的编排方法相似。《华英字典》使用罗马字母为汉字注音，其注音方案与利金系统而言已产生变化，除了历时的语音变化因素以外，最重要的原因是利玛窦、金尼阁与马礼逊的母语不同，其各自的汉字注音方案均基于自己的母语建立，从注音符号的使

① ［英］马礼逊夫人：《马礼逊回忆录》，顾长声译，广西师范大学出版社2004年版，第309页。

② ［英］马礼逊夫人：《马礼逊回忆录》，顾长声译，广西师范大学出版社2004年版，第99页。

③ ［英］马礼逊夫人：《马礼逊回忆录》，顾长声译，广西师范大学出版社2004年版，第49页。

④ ［英］伟烈亚力：《基督教新教传教士在华名录》，赵康英译，天津人民出版社2013年版，第9页。

⑤ ［英］马礼逊：《华英字典》，大象出版社2008年版。

用上及音韵系统的对应关系上自然会显示出一定区别。王仲男总结了马礼逊的注音方案的变化，其中最重要的是“英语化”特征，其元音与辅音所使用的注音字母拼合方式符合英语母语者的语言习惯。此外，在声调标识方面，该方案不再区分清平和浊平，统一用“-”符号标识。①

表 4-3　　马礼逊注音方案②

名称	数量	注音符号
声母	24	ch、ch’、f、g、h、j、k、k’、l、l’、m、m’、n、n’、p、p’、s、s’、sh、sh’、t、t’、ts、ts’
韵母	58	a、ă、ae、aou、ay、an、ang、ăn、ăng、e、ĕ、ea、eă、eae、eaou、eay、ëĕ、ëen、eŏ、eu、euĕ、ei、ew、eang、eung、en、eun、eĭh、eŭh、euen、in、ing、ĭh、o、oo、ow、ŏ、uy、un、ung、uen、urh、uĕ、ŭh、wuy、wŭy、wo、wŏ、wei、wa、wae、wă、wan、wăn、wang、wăng、wŭh、ze
声调	5	¯（清）、¯（浊）、ˋ（上）、ˊ（去）、ˇ（入）
送气	1	c

其实，马礼逊在《华英字典》之前出版的《通用汉言之法》中已经开始使用英语音韵系统为蓝本为汉字注音，但是该方案所注为粤语的发音，故这部著作中的注音系统与《华英字典》有所不同。马礼逊的《通用汉言之法》反映了新教传教士们除了官话注音方案之外的另一种尝试，即方言罗马字方案。19 世纪中期以来的新教传教士基于其对汉语方言林立、文白异读、南北之异等现象的认识创制了大批方言罗马字注音方案，形成了“教会罗马字运动”。新教传教士他们当时杂居于中国东南沿海各通商口岸，其汉语学习过程和汉语方言的学习脱不开关系。方言教科书、辞书，注音方言圣经的出版记录了他们为汉语方言注音的各种努力。19 世纪末期，方言罗马字方案及“教会罗马字运动”因其范围仅在教会圈子传播以及与当时已经萌发的统一标准语的思想相悖而沉寂，但“几乎没有一个中国拼音文字者不引教会罗马字的成绩来

① 王仲男：《马礼逊〈华英字典〉所记录注音系统及其英语化特征》，《北方论丛》2021 年第 4 期。

② 王仲男：《马礼逊〈华英字典〉所记录注音系统及其英语化特征》，《北方论丛》2021 年第 4 期。

作拼音文字在普及教育上的有力证据的"[①]。

庄初升、徐雅婷将19世纪上半叶九种新教传教士的罗马字为汉字注音的方案及资料进行比照，其选择的有马士曼的《中国言法》、马礼逊的《通用汉言之法》《华英字典》及《华文集锦》、米怜的《圣谕广训》、高大卫的《注解本英译四书》、麦都思《汉英对话、问答与例句》、郭实腊的《汉语语法指南》以及裨治文的《粤语文选》。根据这几种文献分析得知，之后各种新教传教士方案皆大体延续了马礼逊的方案。[②] 此外，当时传教士所记录的官话语音，更多地体现了南方官话的特点，但也有北方官话的特点，大致都是汉字的读书音，不是纯粹的口语音，是一种混合体。[③] 马礼逊方案中对于当时南京官话和北京官话的模糊处理已经体现了初步的语音统一及规范的思想。"西洋教士所创之罗马拼音风行而后，我国人士据其体制以自造切音新字者实繁有徒。"[④] 马礼逊方案出现的近百年后，中国人自己开始尝试采用罗马字母拼注汉字字音。

二　国语罗马字运动的演进

19世纪末，分别由耶稣会士及新教传教士发起的罗马字为汉字注音的尝试再一次展开，但是其模式已经不仅仅局限于注音活动，而演进成为更为激烈的废除汉字改为罗马字母的语言文字变革探索。20世纪初"国语罗马字运动"发起，此为近代语言文字变革的实践之始，是中国语言文字改革历程中的重要阶段，也是我国学术界和语言学界历来关注的焦点。对该运动的根本动因、思想基础的历史源流的梳理及方案内容的比照有利于厘清近代中国语言文字变革运动的域外关联。

---

① 倪海曙：《中国拼音文字运动史（简编）》，时代书报出版社1948年版，第10—31页。

② 马士曼的《中国言法》发表于1814年，其中所记载的注音系方案较马礼逊早，但马士曼并未入华。此外，马士曼与马礼逊皆为英国人，无法确定二者方案的相似是由于参考还是相同的语言背景导致的。故本书未予讨论马士曼及其注音方案。

③ 庄初升、徐雅婷：《19世纪上半叶新教传教士的官话罗马字拼音方案》，《汉语史与汉藏语研究》2017年第2期。

④ 罗常培：《国语罗马字之演进》，《罗常培文集》第3卷，山东教育出版社2008年版，第14页。

清末“忧时之士感于国势积弱”的根本动因，以“汉字繁难”为思想基础，各种语言文字改革运动展开了。罗常培“溯其演进之迹”将这些汉字改革方案分为三派：急进派要求废弃汉语汉字使用万国新语；折中派主张仿照西方来华传教士所创罗马拼音字以代替或辅助汉文；稳健派认为应仿照日本假名制制造拼音简字。罗常培梳理折中派的罗马字运动，将其分为1892年到1918年的萌芽期；1918年到1925年的发育期；与1925年到1928年的成熟期。[①] 其间，《中国第一快切音新字》（卢戆章，1892）、《江苏新字母》（朱文熊，1906）、《中国音标字书》（刘孟扬，1908）、《拉丁文臆解》（黄虚白，1909）、《邢岛式拼音字母》（邢岛，1913）、《新华字》（刘继善，1914）、《新字母发明书》（钟雄，1918）等，及至《国音常用字汇》等十三种拼音方案出现。[②] 这些方案有的遗憾散佚，有的影响惠及后世。其中，以卢戆章的切音字方案、朱文熊以及刘孟扬的拉丁字母式方案最具代表性和创建性。

（一）卢戆章和他的切音字方案

来华传教士的汉语研习活动及其成果对中国语言文字的革新而言有首创之功。客观地讲，来华传教士的汉字注音活动虽有服务于中国人的目的，但主要是为自己在华的传教工作创造便利。在这些方案的启示下，中国学者同样意识到建立一种拼音化语言文字的重要性，其自发进行语言文字改革的意识开始觉醒。在这种时代语境下，卢戆章（1854—1928）开创了中国学者进行语言文字改革的先河。

自小成长于罗马字最流行的厦门，早年在新加坡求学英文，以及此后在厦门的双语教学经历，尤其是辅助传教士士马约翰编纂英汉双语字典的活动，使卢戆章深入接触了当时流行于西方人圈内的“方言教会罗马字”，故此引发了改革中国语言文字的念头。[③] 卢戆章在其1892年出版的《一目了然初阶》中提出了其文字改革的思想基础“中国字或者

---

① 罗常培：《国语罗马字之演进》，《罗常培文集》第3卷，山东教育出版社2008年版，第13页。

② 罗常培：《国语罗马字之演进》，《罗常培文集》第3卷，山东教育出版社2008年版，第13—25页。

③ 倪海曙：《中国拼音文字运动史（简编）》，时代书报出版社1948年版，第32页。

是当今普天之下之字之至难者”。强国惠民的根本动因的形成顺理成章：“窃谓国之富强，基于格致；格致之兴，基于男妇老幼皆好学识理；其所以能好学识理者，基于切音为字”①，以此做到“字话一律”及“字画简易”。以“中国字天下第一难”的思想基础，引发“富强由文字”的根本动因，加之数十年的苦心钻研，卢氏的改革方案产生了。卢戆章根据三种笔画演化出一套由 55 个字母组成的罗马式字母切音字方案。卢戆章以此方案刊行其切音新字厦门腔《一目了然初阶》，其中的标调方法“亦与教士所创之厦腔新字相同”②。

（二）朱文熊的拉丁字母式方案

朱文熊（1883—1961）字造五、又字叔子，江苏昆山人。早年曾于日本留学，受到日本假名易读写之启发，加之方言林立无法统一记音，因而诞生拟制拼音文字的想法。③

朱文熊在其 1906 年编写出版的《江苏新字母》的自序中阐明了自己文字改革的思想基础与根本动因。“我国言与文相离，故教育不能普及，而国不能强盛。”他认为西方近代文化的发达，是与其现代化的语言实践有关的。④ 朱文熊在书中使用了“普通话”一词，意为“各省通行之话”，该术语的使用说明朱文熊已经有了“汉民族共同语”的设想，这不得不说是首开国语统一思想的先河。在这种观念的引导下，朱文雄创制了自己独到的拉丁字母汉语拼音方案，其拉丁字母“采用世界所通行之字母”，不“造世界未有之新字”。朱文雄以其敏锐的眼光，发现了国语统一之外的另一迫切问题：语言在国际交往中起到传播媒介的功用。因此，其模式应当符合当时世界的主流，以此才能融入国际事务。因此，朱文雄的方案“采取欧文”，由共计三十二个拉丁字母构成，其中五个倒放的字母和一个横放的字母仅在写法上有些变化，而并

---

① （清）卢戆章：《一目了然初阶》，文字改革出版社 1956 年版，第 1—4 页。

② 罗常培：《国语罗马字之演进》，《罗常培文集》第 3 卷，山东教育出版社 2008 年版，第 14 页。

③ 朱文熊：《我和〈江苏新字母〉》，《拼音》，1956 年第 4 期，第 1 页。

④ 朱文熊：《江苏新字母》，文字改革出版社 1957 年版第 1 页。

不新创造任何字母，标调方面利用字母不使用附加符号。[①] 该方案较之卢戆章方案而言更为符合当时的国际形势发展。朱文熊是第一位自觉采用现有的拉丁字母创制拼音文字的学者，为语言汉字的改革及进一步发展起到了积极倡导作用。

（三）刘孟扬的拉丁字母式方案

中国汉语拼音的另一位先驱刘孟扬（1877—1943），字伯年，天津人，曾为《大公报》主笔并创办多种报纸。作为报业人士，刘孟扬在其传播实践过程中，逐渐摸索出汉字拼音改革的方案。其方案数次改易，先用拉丁字母，后改为日本假名式，后又改回拉丁字母式。[②] 刘孟扬在 1908 年出版的《中国音标字书》中提出了其最终的拉丁化切音字方案。

该方案提出的思想基础为"（汉）字四万有余。我中国人能尽识其字者有知乎？无有也。……中国人读书之难进化之迟盖由于此。"其根本动因为"济文字之穷"[③]。自此，以"西文易、华文难"为思想基础，以"济文字之穷"为根本动因，用 26 个纯粹的拉丁字母拼写北京官话的切音方案诞生了。比照卢戆章及朱文熊的方案，此方案在国语统一及世界通用两个方面更进一步。刘孟扬在《中国音标字书》序言中阐明了明确的国语统一思想："各地口音不同，所读之字亦往往各异。如用此音标字注成京音，一则易于识字，一则各地读法亦可划一，并可为统一全国语言之导线"[④]。刘孟扬亦明确了将中国语言文字融入世界潮流以利国际通行及交流的设想："英文为全球通用之字，凡有人迹所到之地即为英字普及之地。故我国音标字亦以取用英文字体为利便。"[⑤] 此方案用英语中表示浊音的 b、d、g 的 3 个字母表示北方官话中的清音声母ㄅ、ㄉ、ㄍ。这种语言观念和实践，被后世语言学界所采纳。国语罗马字，拉丁化新文字，及当代的《汉语拼音方案》都承袭了该方案中

---

① 罗常培：《国语罗马字之演进》，《罗常培文集》第 3 卷，山东教育出版社 2008 年版，第 15 页。

② 倪海曙：《刘孟扬的〈中国音标字书〉》，《拼音》1956 年第 3 期，第 25 页。

③ 刘孟扬：《中国音标字书》引言，文字改革出版社 1957 年版，第 1 页。

④ 刘孟扬：《中国音标字书》引言，文字改革出版社 1957 年版，第 2 页。

⑤ 刘孟扬：《中国音标字书》引言，文字改革出版社 1957 年版，第 3 页。

的这一创新。可见，刘孟扬以其《中国音标字书》，作为第一个拼写北京官话的拉丁字母式方案，对切音字运动和我国语言文字改革有重要意义。①

综上，参与清末切音字运动的先驱们为我国语言文字改革事业筚路蓝缕，其所创制的多种拉丁字母式方案，在思想基础、根本动因以及具体方案制定的技术层面为数十年后的国语罗马字运动及拉丁化中国字运动提供了方案参考。

（四）国语罗马字运动及拉丁化中国字运动

伴随着“五四运动”惊雷响彻华夏大地，以胡适、钱玄同、陈独秀等为代表的新文化旗手提出，必须在文化领域内掀起一场革新，才有可能将仍沉睡于旧时迷梦的中国人唤醒，而较之此前的文字改革先辈，“五四”一代更加意识到，文化的革新必须以对文字媒介的革新为前提，而“汉字革命”正是在这种语境中爆发。

在这一过程中，钱玄同等人主张文字改革的态度最为激烈，甚至认为汉字其罪恶昭彰，理应承担一切中国落后的责任。钱玄同阐释其汉字革命的思想基础为“汉字的罪恶，如难识、难记、难写”，其根本动力是“［汉字］妨碍教育的普及，知识的传播”。钱玄同意识到以表意为主的汉字笔画繁多，不易于记忆和书写，而西方语言则有可能有效地克服这种不利。因此，钱玄同列出了“选定字母”等十项具体文字改革步骤。② 黎锦熙在其《汉字革命军前进的一条大路》中阐释了词类连书之于汉字革命成功的重要性，并强调“一切改革上的纠缠……都是汉字的罪恶”③。语言学家赵元任在文字改革过程中同样发挥了重要作用。在《国语罗马字的研究》一文中，赵元任除了像其他文字改革者那样，强调了汉字的一般便利，还强调了汉语拼音“便于发电报、便于译为他

① 倪海曙：《刘孟扬的〈中国音标字书〉》，《拼音》1956年第3期，第26页。

② 钱玄同：《汉字革命》，《国语月刊·汉字改革号》，文字改革出版社1957年版，第5—25页。

③ 黎锦熙：《汉字革命军前进的一条大路》，《国语月刊·汉字改革号》，文字改革出版社1957年版，第37页。

国语言”等优点[1]。很显然，钱、赵一代学者，更加紧密地将汉字改革与中国国家命脉、历史社会等问题联系在了一起，显示出“五四”时期语言改革的历史任务。此外，这一时期的胡适、林语堂、蔡元培、周作人等学者，同样为文字改革做出了极大贡献。

与历史上多数语言革新活动一样，汉语革新同样是在诸多改革者的共同商议之下形成的，而成立于1923年的“国语统一筹备会”，正是在这种情况下诞生。虽然在汉语改革新方案刚颁布时，并未获得社会太多响应和关注，但这一活动毕竟标志着文字改革在新世纪的兴起，且尤其与一种新文化的倡导有着紧密的联系。恰如学者倪海曙所指出的那样，“五四”先贤的这种不懈努力，与此后的“拉丁化中国字”运动一脉相承，并且明确将如何使拉丁化的拼音文字进行“大众化”传播作为工作的核心[2]。

“拉丁化中国字”的倡导者认为，拼音文字以其便于识记的优点，更容易在大众的文化生活中发挥作用，并且并不会削减本土语言所携带的信息。在这方面，新文化运动的主将鲁迅便做了许多颇为丰富的工作。鲁迅认为，烦难的中国“方块字”，是阻碍大众习得文化知识的障碍，因此对当代学者而言，必须建立一套规则性强、便于大众掌握的拼音体系，才能发挥文字的知识传播功能，这其中，以汉语拼音进行文学创作也是重要的实践途径。正是由于“五四”一代语言文字改革者的努力，近代语言文字改革活动在华夏大地迅速展开，对当时实现开启民智、救亡图存的历史重任，发挥了不可估量的作用。

三　传教士汉语学习与近代中国语言文字变革运动的关系

若从根本动因、思想基础与方案制定三个方面对传教士汉语研习与近代中国语言文字变革运动的关系进行梳理，可以发现二者之间的复杂关联。根本动因方面，传教士与国人制定汉字注音方案的初衷相去甚远。无论是耶稣会士还是新教传教士，其制定汉字注音方案根本目的实

① 赵元任：《国语罗马字的研究》，《国语月刊·汉字改革号》，文字改革出版社1957年版，第87—117页

② 倪海曙：《中国拼音文字运动史（简编）》，时代书报出版社1948年版，第125页。

为传教，实践性因素主要是为了汉语学习之宜。而我国自清末自发开始制定类似方案的根本动机是挽救危亡富强国家，主流国际动力及范本源于日本。若认为百年前来华传教士汉语研习活动的根本动因是为了推动百年后近代中国语言文字变革运动实为谬误。[①] 但是，依照本章之梳理，近代中国语言文字变革运动其与来华传教士汉语研习活动的关系在思想基础及方案制定方面一脉相承。正是基于相似的汉语汉字繁难不利文教普及的想法，我国学人才展开了对之前已存各种传教士注音方案及其衍生方案的参考，20 世纪初的语言文字改革运动自此成为三个世纪之前的传教士汉语研习活动轰轰烈烈的回响。

罗常培、倪海曙以及黎锦熙皆论证过二者之间方案及技术层面的延续性。罗常培指出“注音字母虽诞生于近四十年间，若溯其源流，固已胚胎于三百年前，而孕育经数十年之久矣。”[②] 罗常培曾比较了中西各式罗马字的声母韵母以及标调方法。其中，西式罗马字母拼音法有利玛窦（M. Ricci）、金尼阁（N. Trigault）、艾约瑟（J. Edkins）、威妥玛（T. F. Wade）、狄考文（C. W. Mateer），顾赛芬（F. S. Couvreur），四川传教士，微席叶（A. Vissière or B. E. F. E. O.）、贾柏莲（Gabelantz）、阿恩德（C. Arendt）、雷兴（F. Lessing）所提出的各式共 11 种；中式罗马字拼音法有朱文雄式、刘孟扬式、黄虚白式、刘继善式、钱玄同式、赵元任式、周辨明式、国语罗马字、拉丁化新文字各式共计 9 种。罗常培经详细比较后指出，中式罗马字拼音法与传教士所创造的罗马字母拼音法之间差别不大，只是使用字母来标记调值的方法是中国独创的。[③]

倪海曙认为耶稣会士的注音方案尝试“无疑已为中国的拼音文字运动完成了一个重要条件——中国声韵研究的进步，也为中国拼音文字运动奠定了拉丁化的基础，我们研究中国的拼音文字运动，决不能忽略这三百年前的罗马字注音……我们也不能因为制定这些罗马字注音方案的

① 于锦恩：《清末民初国语运动的国际动力——兼与赵慧峰先生商榷》，《中州学刊》2004 年第 2 期。

② 罗常培：《罗常培文集》第 3 卷，山东教育出版社 2008 年版，第 172 页。

③ 罗常培：《汉语拼音字母演进史》《罗常培文集》第 3 卷，山东教育出版社 2008 年版，第 39 页。

是外人而有意抹杀它。”[①] 倪海曙认为19世纪以来的教会罗马字运动自进入20世纪后逐渐消沉，但实际上其“影响却不断的在扩大，许多中国人的拼音方案都直接间接的在他影响之下产生出来了”[②]。传教士在“中国文字改革上所做的努力”至少为后来的拼音文字运动确立了“拉丁化”及“拼写方言”两个原则。[③]

黎锦熙亦十分肯定传教士的拼写汉语方案与国语罗马字运动之间的关系。黎锦熙将国语罗马字运动的“远古期”上溯至利玛窦与金尼阁的方案，“远古期”的时间下限定在1723年雍正皇帝下令驱逐传教士，又谈到其对音韵学者方以智、刘献廷等的影响。黎锦熙认为国语罗马字运动的近古期源自“清季海通以后”，他亦明确了教会方言罗马字运动对国语罗马字运动的影响：“卢戆章等创《切音新字》，就是受了他们（指传教士及教会罗马字运动）的影响。”[④]

综上所述，20世纪初期我国诞生的一系列具体的语言文字改革方案与来华传教士对汉语的研习有着密切的联系。17世纪初，根据传教活动的需要，“文化适应”策略应运而生，该策略使得传教士侧重对中文的研习，也成为传教士进行西学译介活动的基础。为了便于学习和掌握汉语，传教士们对汉语音韵进行了研习并取得成效，最终成功地创制了最初的汉字注音方案。《西字奇迹》与《西儒耳目资》使得这宝贵的尝试流传后世，并使得对明末官话的推定成为可能。“利金方案”的出现惠及明清数位音韵学人，并在两个世纪之后启发了新教传教士，又在三个世纪后再次启发当时中国的音韵学者，在方案制定的技术层面助其开展源自民间的汉字改革与语言规划。

---

① 倪海曙：《中国拼音文字运动史（简编）》，时代书报出版社1948年版，第5—9页。

② 倪海曙：《中国拼音文字运动史（简编）》，时代书报出版社1948年版，第10—31页。

③ 倪海曙：《中国拼音文字运动史（简编）》，时代书报出版社1948年版，第31页。

④ 黎锦熙：《国语运动史纲》，商务印书馆2011年版，第193—194页。

第五章　传教士办刊活动与汉语书面语的转变

作为“学术传教”的手段之一，办刊活动一直是晚清来华传教士在华活动的重要组成部分。来华传教士们深知报刊活动与舆论建构的紧密关系，故而将其与西学译介放置在传教活动的重中之重。此外，传教士对于当时中国语言生活的观察与理解见诸其办刊活动的始终，清晰明了地展现在其所创办报刊的刊载稿件之中。对于来华传教士而言，20世纪之初的文言与白话之争①已然是有定论，汉语书面语应从文言文向白话文转变，他们在办刊活动中开始使用白话文作为书面语。因此，来华传教士办刊活动与中国近代社会对语言文字改革的呼声相互映衬，是清末白话文运动的先声。

19世纪初至20世纪初百余年间传教士办刊活动对近代中国白话书面语的转变产生了极大影响。传教士创办的《东西洋考》《遐迩贯珍》《六合丛谈》《万国公报》等中文报刊相继使用白话文作为书面语，并吸收了欧洲语言的词语和语法结构，相继出现了杂糅白话文和欧化白话文。来华传教士所办英文报刊《中国丛报》中对汉语的认识与改造思想通过该报刊的传播，逐渐成为传教士群体的共识。事实上，来华传教士的办刊活动推动了汉语书面语从文言文向白话文转变。

---

①　又称“文白之争”，即白话文代替文言文。五四运动时期各种思想和新旧文化激烈碰撞，新文化运动猛烈批判旧文学，开展了一场“文学革命”，倡导以白话文取代文言文，诞生了以白话文为标志的新文学。

第一节　近代来华传教士办刊活动述略

一　传教士中文报刊的肇始

19 世纪，来华传教士在中国创办了许多种报刊，成为他们在华开展中西文化交流的一项重要活动。这不仅开启了中国报刊事业，也掀起了一场中国语言文字变革的热潮。19 世纪初期，传教士华文报刊[①]萌发于南洋，其办刊初衷是宣传基督教，但随着时间的推移，后来此类华文报刊逐渐转向西学译介。此外，来华传教士所办刊物中不只有中文报刊，也有大量的外文报刊。以往学者认为只有来华传教士所办的中文报刊才对当时的中国社会与民众有直接的联系，其所创办的外文报刊因语言障碍使得很少有人去关注，因此对中国社会没有太大影响。[②] 但事实上，传教士所办外文报刊作为其团体内部通行刊物，其刊印对于来华传教士群体内部的信息流通至关重要，使来华传教士群体对中国事物快速达成共识。

来华传教士的中文报刊活动大致可以以鸦片战争为时间节点一分为二。19 世纪初至鸦片战争是来华传教士中文报刊活动的肇始。这一阶段来华传教士的办刊活动受到种种限制。鸦片战争后到 19 世纪末，是来华传教士中文办刊活动的发展期。[③]

鸦片战争前出版的来华传教士中文报刊主要有如下几种。

1. 《察世俗每月统记传》（*Chinese Monthly Magazine*，以下简称《察世俗》）

该刊是 19 世纪初叶由英国伦敦布道会（隶属于基督新教公理宗）

① “华文报刊”“中文报刊”这两个术语同时见于诸多传教士报刊研究，且此二术语之别未详加细考。现代汉语中，“中文”为中国通用语言文字的通称，而“华文”所使用领域多为海外。因此，本书将刊行语种为中文而出版发行于中国的传教士报刊称为“中文报刊”，刊行语种为中文而出版发行于境外的传教士报刊称为“华文报刊”。笔者对传教士在华创办中文报刊问题进行了专题研究，曾主持陕西省社会科学基金项目“西方来华传教士办刊活动影响下中国白话书面语的形成研究”。

② 赵晓兰、吴潮：《传教士中文报刊史》，复旦大学出版社 2011 年版，第 2 页。

③ 赵晓兰、吴潮：《传教士中文报刊史》，复旦大学出版社 2011 年版，第 3—6 页。

传教士米怜筹办并主编的一份以宗教宣传内容为主的近代华文月刊，由英国伦敦布道会在马六甲出版。自 1815 年 8 月 5 日创刊至 1821 年 12 月停刊，共出版近 80 期。该刊是历史上第一个中文近代报刊，其办刊宗旨为“阐发基督教义”也是为传教服务的，可以说是一份完全的宗教性刊物。在此办刊宗旨指导下，该刊所刊载的内容以基督教宣教内容为主，间或夹杂对天文地理等科学知识的介绍，但所占比重很小。[①]

2.《特选撮要每月记传》(*Monthly Magazine*，以下简称《特选撮要》)

该刊是 19 世纪初叶由英国伦敦布道会传教士麦都思创办并主编的一份近代华文月刊，在巴达维亚（今印度尼西亚雅加达）出版。自 1823 年 7 月创刊至 1826 年停刊，共出版 3 年有余，然现今仅见创刊号及第 3 期 2 册，存于英国伦敦博物馆。该刊物受到《察世俗》的影响很大，继承了《察世俗》的办刊宗旨、原则及方针，依然是以宣传基督教“神天之道”，阐发基督教义的内容为主。就目前仅存两期内容，天文地理知识也是该刊注重的内容。[②]

3.《天下新闻》(*Universal Gazette*)

该刊是 19 世纪初叶由英国新教传教士纪德（Samuel Kidd）创办并主编的一份近代华文月刊，在马六甲出版。自 1828 年创刊至 1829 年停刊。[③]

4.《东西洋考每月统记传》(*Eastern Western Monthly Magazine*，以下简称《东西洋考》)

该刊是 19 世纪初叶在广州出版发行的一份综合性近代中文月刊。该刊是中国境内最早用中文出版的近代期刊，由德国传教士郭实腊创办并担任主编，主编署名“爱汉者”（Lover of the Chinese）。该刊出版情况复杂，自 1833 年 8 月 1 日创刊至 1834 年 5 月共出 10 期后休刊，1835 年 2 月复刊至 7 月共出 6 期后再度休刊。后由“中国益智会”(The Society for the Diffusion of Useful Knowledge in China，又译为“在华

① 宁树藩：《〈察世俗每月统记传〉评述》，《新闻大学》1982 年第 4 期。

② 马光仁：《〈特选撮要每月记传〉介绍》，《新闻大学》1982 年第 5 期。

③ 赵晓兰、吴潮：《传教士中文报刊史》，复旦大学出版社 2011 年版，第 87—88 页。

实用知识传播会”）接办，1837 年 2 月在新加坡复刊至 1838 年停刊，总共计 39 期，除去重印的 6 期内容，实为 33 期。[①]

纵观鸦片战争前传教士中文报刊的萌发过程，可以说《察世俗》作为传教士中文报刊的肇始，其重要意义不言而喻。而《特选撮要》与《天下新闻》由于其办刊历程非常短暂，且现今留存文献不足，无法涉猎。《东西洋考》作为中国境内最早用中文出版的近代期刊，办刊虽经历坎坷，较前二者而言已十分持久，其刊物史料完整。因此，《察世俗》《东西洋考》为鸦片战争前传教士所办中文报刊的代表。

二　传教士中文报刊的发展

19 世纪中期，鸦片战争后，来华传教士报刊活动得以在中国公开进行，这一时期来华传教士中文报刊由于不再受到限制而蓬勃发展。[②]鸦片战争后出版的影响力较大的来华传教士中文报刊主要有如下几种。

1. 《遐迩贯珍》(*Chinese Serial*)

该刊是 19 世纪鸦片战争后由英国伦敦布道会传教士麦都思创办并主编的一份综合性近代中文月刊，经香港马礼逊教育会出版，香港中环英华书院印刷发行，自 1853 年 8 月创刊至 1856 年 5 月停刊。

2. 《中外新报》(*Chinese and Foreign Gazette*)

该刊由美国基督教浸礼会传教士玛高温（Daniel Jerome Macgowan）、应思礼于宁波创刊并主办的中文半月刊，1854 年 5 月 11 日创刊，于 1856 年后改为月刊。

3. 《六合丛谈》(*Shanghae Serial*)

该刊是 19 世纪中叶由英国伦敦布道会传教士伟烈亚力创办并主编的一份综合性近代中文月刊，经上海墨海书馆出版发行，自 1857 年 1 月创刊至 1858 年 6 月停刊，共出版 15 期。

4. 《万国公报》(*The Globe Magazine*)

该刊为美国监理会传教士林乐知创办并主编，由上海林华书院出版，上海美华书馆印刷发行的晚清传教士中文周刊。原为 1868 年创办

---

① 赵晓兰、吴潮：《传教士中文报刊史》，复旦大学出版社 2011 年版，第 58—69 页。

② 赵晓兰、吴潮：《传教士中文报刊史》，复旦大学出版社 2011 年版，第 3—5 页。

的《中国教会新报》，1872 年改为《教会新报》，1874 年改为《万国公报》。《万国公报》之后还有中国最早的科学月刊《中西闻见录》《小孩月报》《中西教会报》等报刊。[①] 但若论对社会影响之大，则非《万国公报》莫属。

相较于来华传教士创办的林林总总的中文报刊，其创办的英文报刊数量较少，但其对中国社会的影响也不容小觑，其中以《中国丛报》最为重要。《中国丛报》（*Chinese Repository*）是由美国来华传教士裨治文于广州创办并主编的综合性近代英文月刊，于 1832 年 5 月创刊至 1851 年 12 月停刊，共出版 20 本。《中国丛报》是中国近代出版历程最长影响最大的外文报刊，是鸦片战争后传教士所办外文报刊的代表。

纵观鸦片战争后到 19 世纪末的传教士办刊活动可以发现，其所办刊物的主旨由传播教义逐渐转变为西学译介，这一办刊活动主旨的改变在所办刊物的性质改变中体现了出来，自《遐迩贯珍》开始，来华传教士所办刊物大多为综合性刊物，而不再是纯粹的传教刊物了。这其中，《万国公报》是集大成者，其对中国近代社会的影响十分巨大，是鸦片战争后传教士所办中文报刊的代表。

第二节 《万国公报》中对中国语言文字的述评

一 《万国公报》的创办及特色

《万国公报》由美国来华传教士林乐知创办。西方文化的传播使者——林乐知（Young John Allen，1836—1907），曾名林约翰，美国南方监理会来华传教士，在华时间长达 47 年之久，以译书、办学、办报著称，鉴于他工作成绩卓著，曾被当时清朝政府“赐五品衔”。林乐知于 1836 年出生在美国佐治亚州伯克郡，幼年时父母双亡成为孤儿，寄居姨夫母家长大成人。他少年时就信奉基督教，加入了基督教美国南方监理会。1858 年，林乐知大学毕业于美国埃默里学院，获文学学士学位。1859 年，他被美国南方监理会派往上海从事传教活动，并于 1859

① 赵晓兰、吴潮：《传教士中文报刊史》，复旦大学出版社 2011 年版。

年7月抵达上海。1864年，他经人介绍在上海广方言馆担任英文教习。1871年，他进江南制造局翻译馆，此时广方言馆也移并入制造局内，他担任教习兼翻译。①

“林乐知的在华活动，与西学传播有关的，主要有三项，即译书、教书、办报。林氏译书，分两个阶段：第一阶段是1871年至1881年，为江南制造局译书；第二阶段是1887年广学会成立以后，直到1907年去世，为广学会译书。他为江南制造局译书凡8种，多为史志交涉方面，如《四裔编年表》《列国岁计政要》等，其中最重要的是《西国近事汇编》。他为广学会译书、编书十余种，其中最有影响的是《中东战纪本末》《文学兴国策》。在翻译西书方面，林乐知尽管也颇有成就，《中东战纪本末》曾轰动一时，但总的说来，这不是他的突出之处。翻译科技书籍，他不及傅兰雅；翻译社会政治书籍，他不如李提摩太。但是，在教书、办报方面，傅、李的贡献便远不及林乐知。”② 1868年，林乐知开始从事文字编撰工作，并创办了《中国教会新报》（*Church News*），于1874年更名为《万国公报》（*The Review of the Times*，或 *The Globe Magazine*）。该报偏重于介绍“西学新知”，受到了许多知识分子欣赏。

与此前的《察世俗》等其他传教士刊物相比，《万国公报》除继续缩减必备的宗教教义宣传功能，并加大了对西学知识的介绍力度外，还刻意增多了对中国时政的评论文章。从政治层面讲，此前《东西洋考》中时隐时现地谈到中国封建政体，在《万国公报》中转向了连篇累牍的政治评论，这也是《万国公报》一个明显的特点，而这种特点使该刊对此后中国政治、文化的变革具有格外重要的意义。③ 这种安排与主编林乐知在中国的经历及中国的时局有关。据载，林乐知初来中国时，由于受到美国国内南北战争的影响，失去了经济支援，只得在中国社会各阶层摸爬滚打，以维持生计，从而对中国国情有了深入了解。④ 在林

① 熊月之：《西学东渐与晚清社会》，中国人民大学出版社2011年版，第490—491页。

② 熊月之：《西学东渐与晚清社会》，中国人民大学出版社2011年版，第491页。

③ 赵晓兰、吴潮：《传教士中文报刊史》，复旦大学出版社2011年版，第202—203页。

④ 赵晓兰、吴潮：《传教士中文报刊史》，复旦大学出版社2011年版，第160页。

乐知办刊期间，中国正在经历洋务运动这场重大的社会变革，从国家工业体系到普通民众的日常生活，无不渗透着学习西方的热情。在这种背景下创办的《万国公报》也随之带有十分明显的时代色彩。中日甲午战争后，林乐知极力鼓吹中国变法维新，可以说在推动西方文化传入并影响中国的政治格局上发挥了一定作用。

《万国公报》与此前其他传教士刊物单纯介绍西学知识不同，林乐知在其《论格致为教化之源》《续论格致为教化之源》两篇文章中，引用儒家经典论述，对作为西方科学基本精神“格物致知”加以强调，将对西方科学的介绍升华到了对学理源头的辨析。尤其引人注意的是，身为传教士一向在宣传基督教义方面不遗余力的林乐知，在引述《圣经》中上帝创世的某些基督教经典论说后，将探知世界的科学理性精神提升到了对基督教基本教义进行本体阐释的高度：“人之所当兼爱者也，更晓然于创造万物悉归人用。不能尽万物之性，安足称万物之灵。”①《圣经》有言，上帝造人并使之成为万物之灵。在林乐知看来，《礼记》所谓“诚意”，与基督教中信徒对上帝的爱彼此相通：“上帝造人，心惟诚正。此可见诚正二字，实为心性中最要之功夫。中西圣经先后同揆亦。”②《大学》有“格致诚正”，与之相应，对世界的理性认识是人实现内心笃实、精神诚挚的基础，也便成为人保证其对上帝的爱的最基本环节。

推而论之，人之所以为人，或曰其基本特质，在于能够运用理性认识世界、改造世界，使人类世界呈现出繁荣富强之景象，从而在物质层面与基督教所描述的人类天堂所契合。林乐知的这种论述，是对基督教关于“理性”与“信仰”关系之争的全新解读。更重要的是，借基督教教义与儒家经典，对近代科学理性及其在中国近代化过程中发挥的作用进行了史无前例的强调和论说。

《万国公报》里有大量议论中国时政，或与中国社会状况息息相关的文章。尽管林乐知来自西方，但其诚挚的宗教信仰使其对所生活的这个国家的子民充满同情，从其文章的字里行间不难看出他对中国时事，

---

① ［美］林乐知：《论格致为教化之源》，《万国公报》1897年第105期。

② ［美］林乐知：《续论格致为教化之源》，《万国公报》1897年第107期。

及对中国国民生活状况的关注。以林乐知所撰写的中国时政文章为例，此类文章包括：《论鸦片之害》《各国要事》《中美关系续论》《耶稣圣教入华说》系列文章、《滇事危言》《接录中美关系续论》《中美关系略论》等。在中日甲午战争后，林乐知针对中国的政论文章主要集中在了中日关系这一事件之上，《中日朝兵祸推本穷源说》《中日两国进止互歧论》《论中国目下自全之策》《论中国善后要策》等便是这类文章的代表。林乐知在这些文章中所透露出的政治立场，与他此后对中国维新变法的支持态度十分一致。可以说，作为文化界人士的林乐知的变革精神，与此后中国的文化革新是一脉相承的。

二 对于文学文本中语言的考察

在西方思想传统中，作为现代学科的语言学的产生是极为晚近的事。然而，早在古希腊思想家亚里士多德的修辞学中，便在事实上已经涉及对语言现象的探讨。此后，在中世纪，诸多思想家和文学家，同样非常注重通过业已文本化的文学作品来探讨语言现象。其中，意大利诗人但丁的《论俗语》《飨宴》等论著便是这种文化史现象的例证。显然，对文学文本中语言的考察成为西方语言学史上较早的语言学研究途径。及至明清之际，来华传教士在其所办刊物中同样延续了西方语言学史的这种研究途径。

英国来华传教士艾约瑟在《万国公报》中所发表的《希腊为西国文学之祖》一文中，便在对西方古希腊文学源头的介绍中表达出对语言现象的理解。文中在谈及《荷马史诗》时，有这样的论点："此二书（指《伊利亚特》和《奥德修纪》），皆每句十字，无均（韵），以字音短长相间为步，五步成句，音十成章，其说类此，犹中国之论平仄也。"① 作为西方最为古老的韵文作品，荷马史诗的具体押韵组织方式为：依次以"字音""步""句"及"章"作为单位，最终成为史诗的章句组织方式。

客观地讲，艾约瑟此处是从文体学角度来论述《荷马史诗》的语言

① ［英］艾约瑟：《希腊为西国文学之祖》，《万国公报》第七年第三百二十四卷，1875年2月20日（光绪元年正月十五日）。

特征的，却至少论及了两个事实：首先，不同语言单位必须通过横组合与纵聚合方式，逐次连缀成一个具有审美意义向度的语义链；其次，语音及其彼此之间的配合方式，类似于音乐中的“音程”（interval），具有某种诉诸听觉的审美向度。

显然，艾约瑟从文学语言的音响角度，暗示了文学语言现象的基本语法现象及其审美属性问题。当然，艾约瑟此处并未超前地谈及文学中的“音响”问题本身所具有的语义问题，而在几乎与其同一时期，俄罗斯学者已就这一问题展开论述，此处不赘。

艾约瑟耐人寻味地将《荷马史诗》中的押韵方式，与中国韵文中的“平仄”相提并论，在事实上提出来一个重要的议题，亦即对中西韵文的韵律运用方式进行了比较。尽管艾约瑟此处并未就这一问题深入探讨，却在事实上，呼应了此后中国白话文运动中白话诗歌的全新书写范式，亦即如何兼顾诗歌语句的押韵和语法方面。显然，此处艾约瑟提前30余年预示了中国白话诗歌的语法发展方向。

《万国公报》所刊载文章中除了对西方文学的观照，还有对于西方语言生活的论述。例如：

欧洲英语通行

西报谓欧洲各国通行英语。按英语生而能者八十兆人，学而能者天下皆有，其数□□[①]也。况格物□□皆英文所著，故英语英文最为有益。德国言日耳曼言语生而能者五十至六十兆，学而能者不多。法国言语生而能者四十至五十兆，按法语官话也。欧洲各国为官者皆习法语，惟不能通行于天下。次西班牙言语，生而能者四十兆，学而能者□十八兆。俄罗斯言语生而能者五十五至六十兆，除本国以外概不行矣。[②]

自中世纪以来，拉丁语曾一度成为政教合一的罗马帝国官方用语。

① 由于文献日已久远，其中无法辨认的字符在本书中均以“□”代替，下同。

② 该文刊载于《万国公报》第十四年第六百五十一卷，1881年8月6日（光绪七年七月十二日）。

然而，随着民族国家的复兴，欧洲不同国家和地区的地方语言逐渐开始兴起。英语、德语、法语等不同地方语言的广泛使用，也使得拉丁文在文化政治层面一统天下的格局受到冲击。可以说，欧洲地方语言的兴起，标志着欧洲不同地区本土民族意识的崛起，也标志着民族国家在政治、文化乃至经济层面摆脱罗马帝国的桎梏，具有十分重要的历史现实意义。更为重要的是，自18世纪以来，德国学者愈益注重民族习性对民族语言的生成所具有的外在作用。自此，欧洲思想者对其诸多语言内部的姻缘及裂变关系，开始产生理性考察的意识，这也是西方语言学摆脱哲学研究方式，进一步走向科学研究范式的标志。

《欧洲英语通行》引文对欧洲各国主要语言的使用状况进行了统计学分析。值得注意的是，这段引文将各种语言的使用状况划分为“生而能者”和“学而能者”两种，亦即在母语环境中习得和在非母语环境习得两种方式。从近代史角度来讲，两种不同语言习得环境，既是由于欧洲各个国家和地区在历史上形成的错综复杂的地缘经济、政治及文化关系，也是由于欧洲各国在漫长的海外殖民历史中，所取得了各自不同的经济、政治及文化影响力使然。在这里，尤为令人注意的是，作者对不同欧洲语言在学科领域和世界各国普及状况的比较。显然，作者意识到，英文在自然科学和世界政治格局中所具有的统治地位，是其他欧洲语言无法与之比拟的，德语“学而能之不多”、法语“不能通行于天下”，等等。这是从语言自身习得的难易程度——可能与某种语言的语法、发音等因素有关，来考察语言对不同政治领域、学术领域的影响力的程度的差异性。

早在20世纪的前10年，中国思想者便意识到，语言在表意方面的有效性、习得的难易程度，与一个国家和民族在诸多社会领域的兴起息息相关的。对于近代中国而言，古老的汉语在语法结构、语义呈示方面，均不易于表述自然科学、技术的发生过程。同时，在日益现代化的中国社会，古汉语在表达日常生活中民众的思维、言行和用度等方面，亦显得不合时宜。正是由于这种原因，胡适、鲁迅、刘半农等学者，从拉丁文和欧洲地方语言之间的关系以及诸欧洲地方语言之间的关系角度，提出了发展和普遍运用白话文的构想，以此通过汉语现代化的革新方式在文化、政治、学术等不同领域促进现代性的生成。显然，这段貌似简短的文章，事实上蕴含着十分重要的历史、社会及政治等内涵。

三　对于语言文字本身及其社会功能的探讨

《万国公报》在对中国的语言文字进行论述之后，又对语言文字本身及其社会功能展开了探讨：

> **论语言文字之真益**
>
> （美国）林乐知述意 吴江任保罗撰词
>
> 语言之有益于世人。其功用最奇。虽有明人，莫能测其原由。古之论言语者，或谓言者，心之声也。出于自然，不待学而能。上帝赐人以口舌，使人用之，能发各种之声音，能题所见各物之名目，能成各地之方言，并能发为语言以达其心中所存之意念，使人闻而知之。或谓能言与否，为灵性有无之证据。亦为人禽之大分别。鹦鹉能言不离飞鸟，猩猩能言不离走兽，由其虽能效法世人之语音，而不能明言语之意，以期彼此相通也。①

语言作为一种社会现象，亦有其源自个体的生理和心理层面的发生学源头。然而，在阐释语言的生成或曰语言现象的本质时，中国人与欧洲人却因为历史、社会、文化及宗教等诸多方面的原因而存在极大差异。在美国人林乐知看来，中国人认为语言现象是人类在表达思维或情感（“情”）的迫切需要下自然而然产生的交际能力。同时，欧洲人自中世纪以来，却在基督教传统的影响下，往往将语言能力视为上帝所先天赋予的，亦即不必通过后天习得的方式即可掌握。作为传教士的林乐知，对语言现象的这种宗教角度的阐释方式自然不甚可取。然而，他却为中国人又一次提出了“语言如何产生”这一问题。客观地讲，这一问题即便在当代学界同样没有定论。

林乐知认为，语言作为一种富有“灵性”的符号体系，代表着人类心智的发展和健全程度，它不仅使人类能够以之对世界万物进行“符号

① ［美］林乐知：《论语言文字之真益》，《万国公报》第一百六十三册，1902 年 8 月（光绪二十八年七月）。

分节”（articulation），亦即进行认识论归类，同时也是人类得以进行社会交际的信息途径。这种观点回应了此后德国人卡西尔关于“人类是符号的动物”的论断。当然，林乐知关于动物之间的语言交际的认识颇为保守受到了他所生活年代的知识限制。但无论如何，林乐知在中文报刊上将对语言现象研究认识和方式上升到了某种学术高度对中国思想界颇有裨益。林乐知在《论语言文字之真益》一文中说：

> 世人初用言语之时，其数无多，其句甚短。故与人接谈，常以举动示意，或以眉目传情。皆助言语之不足也。
>
> 迨后世人，又以语言但能喻于目前之人，不能喻于远方之人，但能喻于并世之人，不能喻于后世之人。遂创为绘图纪事象形题名之法，以备志语言，垂诸不朽。此等太古所绘纪事之图，或在岩石，或在古冢，至今犹存于世。
>
> 继而又以绘图象形为不便，遂避繁就简，创笔画以为声音之记号。此实为文字之始基。其第二步进境则以某笔定位某音，遂成为今日通行字母之形模。字母既成，文字自繁。古人所用之图形记号，自无所用之矣。
>
> 始制文字之后，复有创造笔墨纸张之人，以供纪载著述之用。于是始有诗文经史各等书籍，而文学之功用日宏。至活字板印书机器既兴，而文学愈以广传矣。
>
> 此可知世人之创造文字乃教化文明之一大阶级。文所以载道，□所以达意，其用在于以其所已知之通传于未知之人。①

语言是人类所创造的最为复杂而庞大的符号体系。正是由于语言人类得以对世界建立有效的认知体系，同时也正是由于语言，人类才能够在社会生活中有效地进行交流和协作。当然，林乐知清醒地认识到，语言在作为人类交际方式方面存在某种缺陷，例如具有表意的有限性、表意过程的时空限制等。在这种情况下，人类发明了不同符号，例如手

① ［美］林乐知：《论语言文字之真益》，《万国公报》第一百六十三册，1902 年 8 月（光绪二十八年七月）。

势、表情、岩画等。值得注意的是，林乐知早在19世纪，便看到了机械复制时代的印刷品，在人类符号交流历史中所具有的意义，并预言到这种新的传播方式对文学、文化的进一步发展所具有的无可比拟的积极作用，这种观点十分具有预见性。

在对汉语汉字以及语言文字本身进行评述之后，《万国公报》刊载了文章论述英语盛行于世界的根由在于其易读写易学习：

英文盛行之由

译谭随笔（美）林乐知著 东吴任保罗、东吴范祎述

考英文所用之字，其散见于书籍及报纸者，共不下二十万字，分载于数种字典。最多者入于文学字典。其余则列入格致化学、地理等字典。西国文学之士，其所能知之字，均计每人，约以二万五千字为度。若在庸众人中，则能知五六百字者，已可应用而不穷。至论低微之工人，则能知三四百字，亦足以。中国字典不过六万字。以视英文，多寡悬殊。但其难易则正相反。西字虽多而不难，其字母只有二十六。无音不可拼而得之。今华人之读英文者，但循其字母以学习拼法。即可诵晓。反较华文为易矣。以故普天之下，若斐洲若各岛之本无文字者，已能按照英美之文字，拼而用之。称为罗马拼法。即在本有文字之旧国，因其未有字母，不便拼用。亦多改用英文之拼法矣。此可见英文之将来。必可通行于全地。因其文字虽繁，字母甚简。欲通英文者，较他种文字为易。即用英文以为各西学之入门功夫。亦更无难矣。①

人类的历史已经充分证明，民众的文化普及程度是一个民族能否延续的重要维度。而对文字的掌握，则是这一民族的民众普遍掌握文化知识由此获得教化的基本手段。在林乐知看来，从普及性和实用性角度讲，表音文字根据有限的字母组合成不可胜数的表意单位，比更具锚定性（anchor）的表意文字更容易被普通人所掌握。

---

① ［美］林乐知：《英文盛行之由（译谭随笔）》，《万国公报》第一百七十八册，1903年11月（光绪二十九年十月）。

欧洲商业文明的兴起引发地理大发现过程的展开，源自中世纪行会制度、宗教教会制度等方面的近代工商业的确立、现代政治制度的确立、科学理性的兴盛等无不使欧洲诸国最早步入人类的近代阶段。在西方世界通过军事、经济和政治等手段逐步渗透并掌控世界各国资源和市场的过程中，某些受到西方殖民的民族意识到，必须学习欧洲的一系列先进的学术思想、政治制度和生产方式。

在这一过程中，便涉及以西方文字来表述本国语言，由此建立本国文字体系的重任。而对于那些业已拥有本国文字的民族，则往往需要以西方语言为参照系，对本国原有语言文字加以改造，使之更容易表述西方世界诸多领域的先进理念。在这一过程中，英国的工业革命和政治改革使其最早进入世界近代化国家之列。在向广大的东方世界开展殖民活动的过程中，作为欧洲语言之一的英语，也便在这种特定的世界历史背景下成为最具普适性的语言种类。

探讨了英文盛行于世界的根由，那么“世界同文”作为下一阶段的论述就自然而然了，这也为之后轰轰烈烈的语言文字改革运动埋下了伏笔。

世界同文之希望

译谭随笔（美）林乐知著　东吴范祎述

西国有最古之问题三事。即永生之乐，点金之术，及永动之力，究为吾人所能得否也。近则此三问题已经消灭。而又有新问题之跃出。则为世界同文，将使全地球语言合一焉。盖近三十年来，欧洲有二人，新造二种字，皆有世界同文之希望。其一为德人史雷侯。于一千八百七十八年，著一书，名法辣居克。其一为奥人石曼花甫。于一千八百八十七年著一书，名史不兰多。此二人所造之字，人颇喜从之，似可通行者。然或谓其不过理想士之事。断不能实验而有效力也。不知近日各国学校中，除国文外，必学他国文，又必学古世之希腊拉丁文，虚掷光阴，已为无算。苟世界同文之目的达，其省费学者之精力，当为何如。可见此亦将来不容已之问题矣。

或又谓方今英文通行于六大洲，浸浸乎有混一世界文字语言之势力。何不即用英文。为便而易乎。此说亦殊未合。盖各国各有其国文。人决不肯舍其本国，而改从他国。故不如新造者之无所嫌疑，无所顾忌也。

今此新造字，已有效可睹者。如日前奥国京城中，地学会之大聚集。其会本通各国。故有比利士人、挪威人、罗曼尼亚人，三国言语不同。幸用史不兰多。遂得互相辨晰。亦因学史不兰多，只须三礼拜也。

夫值人类大通之时代，每一事必关系万国。将来万国会既多。断不能无一种通行之文字，及其语言。一千九百年，开万国哲学会，集于法京巴黎。以言语不能皆通。预谋翻译之人，未免多方窒碍。于是发意。特派向日研究方言家。详加考察，拟成一种新言语，其大例有三。

一、此种新言语，不但可以通行于学子，亦常使可通行于社会与家庭。

二、此种新言语，须易于学习。且当使仿效者毫不棘口，而有速成之验。

三、此种新言语，不可取现在各国所已有者，而沿袭之。

闻四年以来，从事于此者甚多。巴黎总会之外，别有一百五十五会。散于各国。然此事赞成者固不少。而辩难之人，亦往往而有。德国南方某报之论云，以余观之，则万不能成。彼等不过方作梦呓。初不料真格致既至，而如是之揣测，尚存其一也。且今世界之名词，种分类别，凡数十万。乃文明日进之明证。谁能简而陋之乎。

译者曰，世界同文一事，其虽不在无法，而在人心之多嫉妒耳。即不愿沿袭一国之旧的，乃其受蔽之处也。

夫英文之通，几遍万国。德国小学堂改用英文教科。而美国入籍者，数传而后，一变英文。皆为甚易。然则新造之能成与否，未可预知。吾恐全世界人，虽不愿明选英文，而英文大通之时期，则在所必有也。[①]

---

① ［美］林乐知：《世界同文之希望（译谭随笔）》，《万国公报》第一百八十六册，1904年7月（光绪三十年六月）。

西方近代以来发起的一系列殖民活动，也在客观上促成了经济全球化的历史进程。这种经济、政治及学术思想等诸多层面的一体化倾向，随之引发了不同国家和民族在文化层面进行交际的需求。同时，尽管英语等语言具有相当普泛的使用性，但各个民族却往往不愿舍弃本国语言去研习他国用语。因此，建立一种能够被不同民族普遍使用的语言体系便显得势在必行。于是，从 19 世纪下半叶开始，某些西方人便开始尝试创造一些能够被全世界普遍接受的语言文字，并取得了一定成绩，其中波兰人柴门霍夫的世界语①，便是在这种世界学术语境之中应运而生。

人造语言以其方便易学，而为许多不同国家与民族彼此之间的日常交流创造了极大的便利。同时，人造语言还为不同国家的学术界实现自由的学术交流创造了条件。1900 年，在巴黎举办的一次哲学会议上，各国代表在由于语言不同而不能顺畅沟通的情况下，再次决定创造一种全新语言，以造福国际学界。他们认为，这种新的语言必须至少具有以下 3 种特点：

第一，在学校和社会一般交际领域，应具有普遍性；

第二，语法结构简单，易懂易学；

第三，不应照搬任何一种已有的语言。

林乐知进一步指出，人造语言的问世，在很大程度上解决了不同国家与民族之间进行交际的困难，同时也避开了各国不愿使用他国语言的潜在的民族情绪。然而，就国际学术界这一特定共同体而言，则受到不少质疑乃至嘲讽。原因之一在于，某些学者意识到，每种语言都可能具有极为复杂的表意机制，语词所对应的含义殊为不同。在这种情况下，以一种语言将各种语言所对应的相应内涵囊括其中是不可能的。事实上，这种认识涉及此后 20 世纪的一种极为重要的语言哲学观念，亦即“言不尽意”，也体现出人造语言的尴尬。于是，在这种艰难的语言实践中，英语以其最为接近各欧洲语言的优势，而成为

① 世界语（Esperanto 即为引文中“史不兰多”）是一种人造语言，由波兰人柴门霍夫博士（Ludwig Lazarus Zamenhof 即为引文中“石曼花甫”）在印欧语系的基础上于 1887 年 7 月 26 日发明创立的。他期待世界语能够成为一种国际语言，能够帮助人们跨越语言、民族、肤色、地域等界限，为不同语言人群在商贸往来、科技文化和人类社会进步等方面的语言交流提供便利。

事实上通用于各国的“世界语”。

四　对于其他国家的语言文字改革与规划的关注

在探讨了“世界同文”问题之后，《万国公报》又开始关注其他国家的语言文字改革与规划。例如，于1905年3月（光绪三十一年二月）刊载于第一百九十四册上的《日本新国文之萌芽》。

日本新国文之萌芽

译谭随笔（美）林乐知著　东吴范祎述

日本国文，以汉字为主，以假名为辅。然汉字为古者象形之一派。非若字母切音之易识易读，且亦易写也。近日西报载日本某亲王，在圣路义大赛会中，曾有演说。略谓日本不数年后，恐将以英文之字母，用切音法，而成一种新国文云。①

日本自“明治维新”② 以来，便走上了政治、经济及文化等全方位“西化”的道路。其中，语言层面的革新接踵而来。一位日本皇室成员曾在欧洲的公开场合宣传，用不了多少年日语也会以英文字母来加以表达，而形成一种新语言。显然，当时日本与中国一样，意识到汉字在表述西方先进文化等方面十分不便。《日本新国文之萌芽》一文就此发表评论：

译者曰，汉字之不便，非独日本觉之，即中国，亦自觉之矣。虽然，中国欲成一种新国文，其难更甚于日本，请略言之。

西方之字以声传，中国之字以形传。二者各居其极端。传声者不能易以形，犹传形者不能易以声也。试思中国同音异义之字，动累数十。若改为传声，从何区别。一旦取而施之于用。其遗误真不堪设想矣。

① ［美］林乐知：《日本新国文之萌芽（译谭随笔）》，《万国公报》第一百九十四册，1905年3月（光绪三十一年二月）。

② “明治维新”发生在19世纪60—90年代，是日本历史上一次重大社会变革运动。

尤有一难，则中国方言之不同也。以北人而学南音，以南人而效北语。其舌本无不勉强者，故即合中国人而尽作官话。亦不能据其音以定字。而况今日语言之不统一乃至一城一镇之间，而悬绝如两国乎。故象形字之弊，足为普及教育之阻碍。中国有识者之所同患也。而欲成一新国文之期望，纵著作者已有数家。而万不能通行。正如西方之造世界同文新字者，其去通行之日，固尚远也。

自余而论，中国汉字之不便犹其次。而语文相离太远，其不便更甚。为今之计，宜令中国语言之程度略高，以期兴浅近之文字，可以相通。而学士著书慎毋荀为炳炳烺烺以自矜异。如此则不必别撰新国文。于中国文明前途必大有裨助矣。①

从以上段落可知，作者认为对于日本的近邻中国而言，要想与之同样接受西方先进文化的洗礼与改造，那么进行语言文字的西化实践便显得迫在眉睫。然而，来华传教士自己对汉字的难于接受是有着深切的体会的。林乐知认为，至少表现在以下三个方面：

第一，作为一种表意文字，汉字中的大量文字共同享有同一语音。这样的话，如果将汉语改造为一种表音文字，那么势必造成实践的混乱，贻误诸多社会事务。

第二，汉字繁难，通过汉字来普及近代化教育殊为不便。但如果由此来将汉字改造成西方文字，同样存在一系列问题。例如，中国方言十分繁杂而混乱，不同地区的语音差异极为明显。在这种情况下，汉字的表意特征使其对基本意义进行锚定。

第三，除同音异义、方言林立、汉字繁难的问题，林乐知更是指出了“语文相离太远”这一白话文运动所要解决的根本问题，并直接指出了解决方案“兴浅近之文字”，并且认为这一方案可以替代创造“新国文”的其他方案。吕叔湘所言的语文改革运动所要解决的三大问题在此层层递进、逐渐深入的方式皆有论及。林乐知认识到其所总结的这些问题的解决与中国文明的未来发展前景息息相关，尽管在这种实际的实

① ［美］林乐知：《日本新国文之萌芽（译谭随笔）》，《万国公报》第一百九十四册，1905年3月（光绪三十一年二月）。

践中困难重重，但从中国的思想、文化和社会的长远发展来看仍显得十分必要。

总之，《万国公报》作为来华传教士报刊的集大成者，其中所刊载与语言文字有关的文章体现了来华传教士报刊活动对中国语言文字研究的逐步重视。《希腊为西国文学之祖》在对西方古希腊文学源头的介绍中，表达出对语言现象的理解；《欧洲英语通行》是对于欧洲人语言生活的直白描绘；其后续文更是对汉语的声调进行深入的研究；《论语言文字之真益》对语言文字本身及其社会功能展开了探讨；《英文盛行之由》论述英语通行世界的根由在于其易读写与学习；《世界同文之希望》作为下一阶段的论述自然而然地探讨了人造语言为万国通用的美好愿景，为之后轰轰烈烈的语言文字改革运动埋下了伏笔；在探讨了“世界同文”问题之后，《万国公报》又开始关注其他国家的语言文字改革与规划，《日本新国文之萌芽》将视野转向，总结中国近邻的语言文字改革经验。《万国公报》这些林林总总的对于语言文字的论述并非杂乱无章，而是有其清晰的思想脉络，体现了《万国公报》的编者及撰者对中国的语言文字研究逐步重视。

第三节　《中国丛报》中对汉语的认识与改造思想

一　对汉语的认识

《中国丛报》是中国出版的最早以及具有重要影响的英文报刊。其创刊目的是为在华外国人提供信息，是为西方列强觊觎中国提供服务的，其撰稿人主要为在华传教士，其读者主要为在华外国人。故该刊物所刊载文章的内容涉及中国的政治经济制度、文化风貌、人文地理、矿产资源等诸多方面，其所刊载文献中也有文章对中国语言文字颇有研究。与许多西方人士一样，《中国丛报》的作者们对中国汉字独有的语言现象深感兴趣，并从不同的角度，对中国汉语与汉字进行了细致的探讨。

对语言现象的起源，作为传教士往往采取典型的上帝创造说，并结合一定的历史知识来阐释西方语言的生成。然而，中国古汉语却与西方语言，甚至阿拉伯语、古印度语等东方语言殊为不同，原因在于中国人无论是在种族，还是在社会组织形式等诸多方面，都与其他语言使用群体存在极大的差异。裨治文（E. C. Bridgman）在其发表于《中国丛报》的评论文章中，就对中国语言文字进行了颇为系统的考察。

裨治文对中国悠久的历史和庞大的疆域印象十分深刻，发现中国语言同样是在漫长的历史中形成的，并且在东亚、东南亚的诸多国家和地区有着广泛的影响。时间和空间的绵长和广大，使裨治文意识到，这种语言及其相应的语音、文字一定经历过，且仍将经历持久而漫长的变化过程。这种变化随着中国历代王朝的更迭而可能有所变化，但在某些方面也会保持某种延续性。于是，他便对汉字的源起和发展进行了一番考察。

裨治文发现，中国语言大致可分为两个系统。一种系统为由各个朝代官方所确立的“官话”系统，这种语言系统主要被运用于官方教育活动，具有极为持久的延续性；另一种系统便是方言系统，在地广人茂的中国方言的种类亦不可胜数。他提出，两种语言系统间的关系是平行发展的，尤其对于官话系统而言，几乎不会受到种类繁多的方言的影响。显然，这种语言的历史现象不仅是语言内部结构问题，更为重要的是与中国漫长的历史发展进程有关。裨治文正是从中国历史角度出发对这一问题进行了考察。

众所周知，在大清帝国以相对完整的国家形式得以确立之前，数千年间中国的政治格局曾经历过“统一、分裂、再统一”的辗转反复。尤其在西周时期，“礼崩乐坏”的天朝制度的衰落，导致大小林立的诸侯割据势力各据一方。这种历史状况，十分类似于欧洲中世纪的“封邦建制”——一般所谓的封建制度。对于中华民族整体的发展而言，封建制度最大的不利在于各个邦国相对封闭的状态，阻碍了彼此之间的经济和文化交流。恰是在这种经济、政治及社会条件下，在不同邦国和不同地域独有的语言系统得以发展起来。

裨治文认识到，中国繁杂异常的方言系统正是源自这样的历史基础。当然，周朝的中央政府仍旧拥有一定的政治权威。在这种情况下，不同邦国为了通过中央政府获得更多的政治话语权，便不得不主动去学习和熟悉周朝中央政府的官方话语风格，并以此强化其语言对其他邦国的威慑力。裨治文显然认识到，中国古代语言所具有的政治功能，而这种认识是十分中肯的。西周时期的语言，往往具有非常明显的政治色彩，例如诗歌总集《诗经》中“六艺”的“赋、比、兴”等，便具有强烈的政治语用功能。裨治文由此认识到，正是由于各个邦国都试图竭力使自己的语言靠近中央政府的语言，并以此建立一种典范而雅正的政治用语，中国得以形成一种持久的官方语言体系。当然，从今天学术界的眼光来看，裨治文的认识早已是老生常谈，但它毕竟体现出西方人在审视中国语言发展时，所采取的中国历史的考察维度。

同时，中国为数众多的方言体系也并未停止其发展进程。裨治文认为，造成这种状况的一个重要原因，是那时中国汉字基本不具有表音功能所致。“随便翻开一页，看看中国的汉字，便会发现无法将意义和发音加以确定起来，因此中国语言极度缺乏拼音化功能。”① 此后，中国可能是从印度梵文或其他古印度语言中才学会了反切法。中国人在学习语言文字时才掌握了这样一种较为简便的方法。当然，中国方言的语音差异并不因此而得到弥合。

然而，中国各地方言之间的发音差异毕竟有其关联性，且在一定程度上源自汉字对其方言的影响。裨治文的这种观点颇为新颖，“发音的差异，也可能源自人们对汉字和语句结构的不同选择”②。他并未就这种观点详加解释，但从人类语言实践来看，这种观点显然是十分独异的。自诩为“中央之国”的中国，在认识其自身各个领域的过程中历来带有“上国至尊”的自信。而在自己的语言问题上，中国除了承认梵语的影响，往往会忽视其他民族语言对自己方言的形成的积极作用。作为西方人士，裨治文对中国方言形成的认识显然更客观一些，他认识到了中国疆域之外的其他国家和民族语言对中国方言的影响。

例如，中国疆土之外的鞑靼语，对中国北方地区方言的形成就存在某种影响。这便使得新疆、东南沿海等省份或地区的语言，与一般而言的正统汉语有很大差异。与之相应的是，中国中部地区的城市语言，由

---

① E. C. Bridgman, “Chinese Language”, *Chinese Repository*, Vol. 3, No. 1, 1834, p. 3.

② E. C. Bridgman, “Chinese Language”, *Chinese Repository*, Vol. 3, No. 1, 1834, p. 3.

于远离疆域，因此更为接近官方用语。尽管裨治文并不具备现代意义上的地理语言学知识，然而这种考察眼光显然与其是十分相似的，并且体现出某种现代社会科学意义上的“价值无涉”原则。不能将西方语言视为绝对完美的语言样式，而将其他语言视为野蛮和无知的价值体现，而应当用理性的眼光来客观地审视其他语言的源起、发展及其内在结构。对于西方学者来讲，即便这种对中国语言的审视和研究，有其服务于政治和商业活动的用途，那么在对其考察过程中也应当暂时放弃西方人的偏激眼光，而尽力去发现其中的价值和缺陷。

二　对汉字的认识

裨治文对汉字的造字结构和原则进行了分析与统计，认为大多数汉字的笔画被保持在七八画以内。同时，尽管汉字体系庞大而烦琐，有六万至八万个汉字，但常见的汉字大概只有两三万个，且最为常用的汉字仅仅 214 个，其中某些汉字是由笔画更简单的汉字组成。有西方学者统计，在中国刑法领域内最常见的汉字大概是两万左右。[①] 可以看出，他们在这里所使用的统计学方法，与现代语言学中的语料库的建立思路有相似之处，可见这种认识方式非常具有现代科学性质。

具有西方哲学思维的裨治文，试图以西方思维来考察汉字的构造原则。在他看来，中国汉字的组织方式是“非哲学性”的。这种观点，事实上体现出对中、西文字各自内嵌的认识论思维进行了比较。西方的拼音式语言文字，往往根据某个基本词根意义，而以抽象或具象的方式不断衍生出更多词汇及意义。而中国文字的象形、会意等造字方式，则体现出中国人对世界的形而下的和直观的认识方式。可以看出，文字的结构方式自身便体现出中、西哲学思维的差异。

西方学界曾经一度认为汉语没有语法，然而裨治文则通过对汉语的研习，发现这种语言事实上有着较为简单的语法。在他看来，汉语语法最大的特点——或曰与西方语言的差别在于，不必通过名词、动词的变异来表达其他相关内涵，同时“（汉语的）语法的特异之处或联系性，

① E. C. Bridgman, “Chinese Language”, *Chinese Repository*, Vol. 3, No. 1, 1834, p. 3, pp. 4-5.

单单由一个句子或段落中若干组成部分之间的位置来决定"①。这种语法会降低段落表述的准确性。此处，裨治文并未举例说明，但由于汉语的名词中没有单、复数的差异，而动词没有时态的区别，这种特征便使得中国人无法根据这些语言要素来确定对象的数量状态，也无法判断某个行动是何时发生的。显然，汉语体现出了与西方语言不同的对对象的认识方式和时间观念。此外，裨治文还认为汉语的句法（syntax）十分怪异，具体体现为同一个汉字可能在不同的语境中能够发挥词性截然不同的功能。严格地讲，裨治文此处所举的例子不属于句法范畴。客观地讲，在西方语言中这种词性转换的现象同样极为常见，汉语的这种语法特征并不"怪异"。

从汉字结构形式的美学角度来讲，裨治文则认为汉字结构的首要原则在于表意而非美感。这便使得某些汉字不符合"美"的原则。事实上，享誉世界的中国书法正是建立在汉字结构自身的优美之上，司徒吉斯的这种观点充其量体现出西方人在审美观念上与中国人的差异，甚至只能体现出他本人的审美观念。此外，他还对中国文字的文体风格做了非常感性的描述。例如，中国人的文体之中也有反复及延宕的表述风格，这些描述与汉语或汉字本身并无直接关系，却体现出西方人从美学观念来审视汉语的思维和眼光毕竟有其意义。

总而言之，在裨治文的这篇长文中，他对中国语言和文字进行了多维度的考察。它的发表对中国人认识西方语言和汉语的关系和差异，并以此为基础来建立新的汉语体系提供了一定启示。

三 新"汉字"的改造

学界往往将中国现代白话文的起始，归功于20世纪五四一代思想者。这种认识往往与中国近代以来抵御外侮和自尊图强的民族意识息息相关。然而不容忽视的是早在19世纪上半叶，来华传教士便在其所创办的刊物中对中国语言文字的繁难有着深刻的体会。正是在这一认识基础上，传教士们试图为中国民众建立一种简便易学的拉丁化语言文字，以此提高中国民众的教化程度使其获得裨益。

① E. C. Bridgman, "Chinese Language", *Chinese Repository*, Vol. 3, No. 1, 1834, p. 6.

自18世纪末，越来越多的西方传教士涌入中国。令他们普遍感到吃惊的是，在这传说中的华夏盛世里满目皆是饥馑、贫弱且无知而麻木的中国贫民。在经济贸易的需求和宗教感情等诸多因素的同时作用下，来华传教士们在研习中文的过程中，意识到造成当时中国严重的贫富差距状况的重要原因之一，在于普通百姓由于各种原因无法保证接受足够的教育。其中，汉字笔画的繁复难学正是阻碍中国民众接受教育的重要缘由。在《中国丛报》上，一位作者就在其文章中这样描述道："中国的书面语言的特殊属性，为中国人带来了沉重的负担，这种负担对每个中国人来说都极为现实。"① 这位作者以欧洲文字来加以对照，认为中国文字的难以学习，将主要造成以下几个方面的不良后果。

第一，汉字由诸多笔画组成，而这种结构组织方式的系统性和规律性并不十分明显。这便使得中国人必须通过长期的机械记忆，来强行记住至少上百个汉字才可能进行基本的阅读活动。这便造成了中国传统教育过早地开发儿童智力的现状，使其在仅仅6岁的时候便不得不大量记忆那些在传教士看来"没有意义的黑色笔画"，同时却未能真正领会课本知识的精神要义。尽管儿童的机械记忆能力得到了一定的训练，但其理解能力、感受能力、分析能力均未能获得提升，反而受到极大的抑制。因此在这位作者看来，汉字教育对中国儿童心性的健康成长是不利的。加之中国民间社区普遍的愚昧、封闭落后的精神状态的影响，儿童自然便不能真正的获得心灵的良好滋养，而这与汉字的繁难阻碍了教育活动的有效性密切相关。

第二，汉字的繁难，在普遍提升中国民众的教化程度方面，有较大的限制性。虽然使一部分具有一定接受能力的人获得了知识，但也有相当一部分人即便花费了大量时间，却由于仍旧无法熟练掌握汉字，从而无法借此得到心智和知识的提升。这便导致大量劳动者在通过专门教育接受某种劳动技能的培训时，无法理解培训的内容和技巧从而阻碍了社会劳动生产的效率。显然，汉字的不利于教育和传播，也影响到了中国社会生产者的整体素养，也由此影响到了中国的社会的各项生产活动。

---

① I. Tracy, " Alphabetic Language for the Chinese ", *Chinses Repository*, Vol. IV, 1835, p. 167.

第三，在西方世界普遍与中国展开贸易活动的时代，由于汉字教育的弊端，中国人无暇去学习有用的商业知识，从而在与西方人进行商业往来时捉襟见肘。更为重要的是，随着中国人年龄的增长，儿童时代所勉强记住的汉字显得越发不够用，尤其是在学习和理解西方先进文化知识的时候，汉字自身在数量和表意等方面的缺陷，使得中国人无法很好地领会西方的数学、地理、天文学、化学等领域的科学知识，从而变得愈加愚钝。①

这位作者十分自信地提出，如果对汉字进行改造，使其具有西方语言文字的基本特征，加以学校教育的推广和传播，将有利地推动中国人对西方先进科学、文化知识的了解。这也能够化解其给中国各个领域所带来的上述诸多缺陷。同时，与此后许多一味强调中国文字西化的优势的西方人士不同，这位作者也意识到汉字的欧化和西化也可能带来一些问题。

第一，造成大量现有汉语书籍的浪费（“The loss of books now in use”）。当然，这位作者认为，随着新的语言文字不断更新，以中国新文字撰写而成的书籍不断出现，这种问题是可以解决的。同时，以前以旧式汉字书写而成的书籍，可以以中国新文字来加以重新书写、出版和传播。值得注意的是，这位作者认为，这种被重新书写和传播的书籍，可以通过文字的简化而使“中国的历史、道德和哲学中的谬误得到净化”②，这便涉及语言功能对文化信息的过滤问题，以及这位传教士的“东方主义”（Orientalism）态度。

第二，相对于西方语言，中国汉字本有的优势也将丧失（“The loss of whatever advantages the Chinese has over alphabetic language”）。这位作者认为，中国的象形文字本身就含有表音文字的因素，这种兼而有之的表意方式，使得中国文字符号在表意实践过程中，更容易将文字与意义加以稳固的锚定。而如果对汉字全盘加以拼音化，则很有可能造成表意

① I. Tracy，“Alphabetic Language for the Chinese”，*Chinses Repository*，Vol. IV，1835，pp. 167-168. 原文的表述较为细碎、烦琐，笔者对此进行了归类。

② I. Tracy，“Alphabetic Language for the Chinese”，*Chinses Repository*，Vol. IV，1835，p. 169.

的混乱。尤其对于使用不同方言的省份来讲，表音文字对彼此之间的交流活动极为不利。此处，这位作者很有预见性地意识到了汉字自身的优势，并且在东亚地区的文化实践过程中得到了验证。例如，韩国、越南等曾经使用汉字的国家，在废除汉字和运用自己的拼音文字后，便由于上述问题而在社会生活中造成了诸多不便乃至混乱。在这种情况下，韩国、越南不得不在某些正式场合或文件中，例如法院告示、政府公文等，重新使用汉字。

第三，文字的西化可能会促成中华帝国统治的分崩离析（"Possible division of the empire"）。以现代社会文化学的眼光来看，语言文字作为上层建筑在维护国家稳定和社会阶层的稳固方面发挥着"文化霸权"（hegemony）的功能。日本学者柄谷行人即曾提出，汉字在东亚儒文化圈的广泛使用，是以中华帝国为中心的儒家朝贡体系得以维系的重要原因。然而这位作者意识到，如果在帝国内部使用一种全新的文字形式。那么，旧式文字中所承载的国家及宗法制伦理观念，在文字符号的表意过程中其信息量则相应会受到极大损失。同时，中国不同省份和地区的方言极为繁多和复杂，如果一味使用拼音文字就将极大地削弱官方正统伦理观念的传播，也便可能极不利于帝国政治及社会的稳固。

然而，这位作者也认为中国的新文字可以发挥表音功能的优势。各地民众可以通过以表音文字，按照各地自己的语音习惯来加以表述。例如，用新文字来表述闽南语、赣语等。这便使得中国各地民众得以在顺畅地使用这种新文字的同时，也进一步增强了对中华帝国正统家国叙事的接受和强化了其身份认同，也便有助于中国政治统治的维系。因此，这位作者认为，这一创造新汉字的计划尽管可能十分艰巨，但终将有益于中国民众自己。

更为难能可贵的是，在创造新"汉字"的具体方法上，这位作者也提出了与现代汉语拼音非常接近的方案，比如针对汉字的同音现象可能造成的意义混淆问题。对于新"汉字"，他便提出："如果加上一些语调和附加符号，那么在新的拼音文字中，音调（intonation）和变音（inflection）就很容易地表达出来。并且可以大大减少书本中可能存在的歧义"①

从明末的利玛窦开始，来华传教士便开始对中国人的民族性格提出批评和质疑。在这位作者的眼中，中国人自身因循守旧的民族性格，使其缺乏创造全新事物的意识和能力，也便不大可能依靠中国人自己来完成这项任务。在这种情况下，唯有西方人抑或其性情接受了西方文明陶冶的中国人，亦即"开启了民智"的中国人，并且接受一系列近代欧洲思想传统的影响，尤其是系统地获得了大量欧洲语言知识之后，才有可能创造出新的"汉字"，也才可能有效地使这种新文字在其同胞中获得传播。

这位作者还非常有预见性地提出，这种新的"汉字"在开始传播时，一定会受到中国旧的文化习俗观念的抵制，但新"汉字"的简单易学，终究会打动中国人使其乐于接受。有趣的是，这位传教士作者还对新"汉字"的创造原则进行了美学层面的规定，"这项任务的承担者，在选择文字或字母的读音时，一定要有良好的判断力和品位"②，这种文字的外观一定要优美而引人注目。他不仅意识到了借助文字进行知识传播的重要性，此外借助文字本身来进行审美教育同样有其价值。可见，来华传教士作者之所以倡议建立新文字，其最终目的在于完成"上帝拯救人类"的宗教目的，改善当时中国人麻木而无知的"民族性格"，以此使"世界近三分之一的人口"从"精神的奴隶"（mental slavery）状态中得到解放。

《中国丛报》的报刊性质使其建立了文章作者和读者之间的交流、沟通机制。这位作者的文章也得到了不少读者的回应。从他所引述的读者来信来看，他的观点也受到了某些西方读者的质疑。对此，他事实上也注意到了问题的复杂性。例如，对于福建方言来讲情况便极为复杂。福建省的方言一旦被表述为汉字，则读者在阅读时亦有可能读出其他的发音。换言之，一种方言的书面表达方式和口头表达方式可能存在极大差异。在此基础上，传教士建立起了系统的语音表示符号，以之配合罗

① "Alphabetic Language for the Chinese", *Chinses Repository*, Vol. IV, 1834, p. 171.

② "Alphabetic Language for the Chinese", *Chinses Repository*, Vol. IV, 1834, p. 172.

马字母来表达全新的方言意义。①

最值得注意的是，从这位作者的具体方法来看，他显然意识到了中国汉字独有的“同音异义”的特点，使其在以拼音表达时容易产生歧义。这样，针对同一个字使用不同的字母组合表述方式，便可表达这汉字的不同意义。例如，“白”这一汉字，在表示“白色”时，可以写作“báy”；当其表示“明白、理解”之意时，可以写作“payh”。② 作为学者的传教士，此处对汉语拼音化方案的建构，事实上是已经认识到了对汉字进行欧化处理后，会因为语义的不断延伸和生成而造成语义的接受混淆。他的这种处理从技术层面为解决汉语拼音化所带来的歧义问题而提供了自己独到的途径。

通过音调标记与罗马文字相配合的方式来克服方言所带来的不便，使各省、各地区的中国人都能通过新“汉字”的使用，实现彼此畅通无阻的交流和沟通，同时也以此达到获得西学新知的目的。显然，这位作者同样是从社会改良的旧角度，来思考新“汉字”的体系建构原则的。

总而言之，以上对 19 世纪期间最为主要的两种传教士所办英文及中文报刊中文献的梳理，考察了来华传教士在华办刊活动影响下中国白话书面语的形成历程中重要的一环——其思想的发源。《中国丛报》传播了对汉语的认识与改造的思想，逐渐成为来华传教士群体的共识。《万国公报》作为集大成者，其中所刊载的对于中国语言文字的论述与《中国丛报》的刊载内容一脉相承。在思想准备方面，来华传教士报刊中所传播的对书面语进行改造的思潮与近代中国语言文字变革运动前后呼应，来华传教士办刊活动过程中倡导并使用白话文，折射出中国近代社会对语言文字改革的诉求。在具体的语言实践方面，传教士中文报刊话语的白话文实践促进了汉语书面语从文言向白话的转变，为之后发生的近代语言文字变革运动提供了语言实践的示范。

① “Alphabetic Language for the Chinese”, *Chinses Repository*, Vol. IV, 1834, pp. 174-176.

② “Alphabetic Language for the Chinese”, *Chinses Repository*, Vol. IV, 1834, p. 174.

第六章　传教士华文报刊与欧化白话文的传播

19 世纪上半叶，来华传教士创办华文报刊开启了中国近代报刊事业，这是来华传教士在华进行文化交流的一项重要活动。华文报刊的问世引发了一场语言文字变革，报刊书面语也在发生变化，从文言文逐步向白话文过渡，成为一个时代的标志。关于来华传教士来华创办华文报刊的功能，学界似已形成定论。恰如有学者所言：在 19 世纪 30 年代，传教士来华办刊的初衷在于宣传基督教教义，使其成为布道宣传品；但后来随着时间的推移，此类华文报刊逐渐向着西学的译介功能上转变。①

事实正是如此，回溯传教士的华文报刊历程可以发现，来华传教士的华文报刊随着时间的推进遵循着一条由对传教活动的宣传逐渐转向对西方科技、文化方面介绍的发展路径。尽管这些华文刊物的宣传策略，尤其是所侧重内容不同，但从刊物的字里行间无不渗透着对中国文化问题的探索与理解。而这种探索过程也必将影响中国近代文化人士对西方文化进行理解的精神世界，并由此推动中国近代文化人士产生变革语言文字，乃至变革整个中国文化的意识与决心。其影响途径主要包括如下两种：首先，来华传教士华文刊物对西方科技文化的译介，使近代国人认识到本国在科技文化等诸多方面与西方国家存在的差距；其次，这些华文刊物中涉及文化的部分，使国人意识到变革包括语言文字在内的文化的重要性。

例如，在中国最早的传教士华文刊物《察世俗》中，除了对基督教教义的宣传，还侧重伦理道德、西方历史、地理、风俗、科学等，还始

---

① 赵晓兰：《从传播西教到传播西学——传教士中文报刊办刊宗旨的演变》，《学术月刊》2008 年第 12 期。

终伴随着来华传教士杂糅其中的对中国文化的理解。尤其重要的是，该报刊成为中西语言文字交汇接触的前沿，其刊载的文章使用接近口语、掺杂文言又含有外来语法的书面语言，并且率先使用了西式标点符号，已显露出了“白话文”的端倪。又例如，《遐迩贯珍》是来华传教士创办的一个非常有影响的华文报刊，内容以西方近代文明以及时政要闻为主，其次是宗教。该报刊汉语书面语具有白话文的特征，成为中国近代语言史上白话文与文言文的一次交锋，对白话文的传播起到了重要作用，引领了后来晚清的白话文运动。

第一节　来华传教士与欧化白话文的兴起

一　传教士使用“白话文”的尝试

白话文的使用涉及汉语书面语转型的一个重大语言文化问题，中国语言界对此争论不休，也是中国文化与西方文化之间观念冲突融合在语言上的一个强烈反映。但是，近几年学界普遍看法是，五四运动前后是我国白话文大规模兴起的时期，但实际上早在明清时期，来华传教士已经开始在翻译西方书籍时尝试使用“白话文”，出现了“欧化”白话文的雏形。

根据本书第二、第三章对传教士译介活动的讨论，明末清初，罗明坚、利玛窦和汤若望等早期天主教传教士来华进行传教活动，与中国一批开明的士大夫徐光启、李之藻和杨廷筠等人合作，掀起了中国的第二次翻译高潮。此次译介活动中传教士翻译了大批西方自然科学书籍。例如，利玛窦与徐光启合作翻译了欧几里得的《几何原本》等科技著述，把西方先进科学技术知识介绍到了中国。对于利玛窦等来华传教士来说，他们当时肩负着向东方进行宗教扩张的使命，为了叩开古老中国封闭的大门，又不使中国人感到他们的宗教扩张企图，利玛窦等人采用了“学术传教”的策略，通过科技知识翻译活动来扩大其影响。为了便于科技知识用汉语表达和使中国人易于理解和接受，利玛窦早在400年前翻译《几何原本》时，已开始脱离“文言文”，尝试使用“白话文”，力求文字简练和通俗晓畅，即便今天读起来也不困难。例如，第1卷第

37题证明两三角形面积相等：

> 两平行线内，有两三角形，若同底，则两形必等。
>
> 解曰：甲乙、丙丁两平行线，有甲丙丁、乙丙丁两角形，同丙丁底，题言两形必等。
>
> 论曰：试自丁至戊作直线，与甲丙平行，次自丁至己作直线，与乙丙平行。夫甲丙丁戊、乙丙丁己两平行方形，在甲乙、丙丁两平行线内，同丙丁底，既等。则甲丙丁角形为甲丙丁戊方形之半，与乙丙丁角形为乙丙丁己方形之半者，亦等。①

再如，利玛窦所译《几何原本》版本为拉丁文，拉丁文与中文的语法、词汇都不相同，书中的许多数学术语在中文里找不到相应的词汇来表达。他与徐光启经过反复推敲、创译了“几何”“三角形”“平行线”“相似”“直角”“对角”“钝角”“锐角”等中文的数学术语，译得简洁准确、概念清楚、通俗易懂，沿用至今。

到了晚清时期，马礼逊等新教传教士来到中国，开展了中国历史上的第三次翻译高潮，把大量西学著作翻译和介绍到了中国。马礼逊发现，中国方言众多，差异很大，进行口头传教活动困难很大。加之，中国人敌视外国人特别是传教士，不允许传教士随便走动去宣讲教义。因此，当时在中国进行传教活动是非常困难和十分危险的。考虑到这些因素，马礼逊决定采用“文字传教”的形式，把《圣经》等基督教书籍翻译成中文，让中国人通过文字阅读接受基督教教义。

同时，马礼逊观察到了中国文言文的缺陷，即言文不一致。文言文是中国当时通用的书面文字，与普通民众日常使用的口头语言有很大不同，当时中国绝大多数老百姓是文盲，他们只会以说话（口头语言）的方式进行口头交流，无法用书面语言（文言文）进行正常的阅读和写作。来华传教士为了用较短的时间在这些不识字或识字较少的中国普通老百姓中间传教，开始尝试将汉语书面语言通俗化。

---

① 陈卫平、李春勇：《中国思想家评传丛书：徐光启评传》，南京大学出版社2011年版，第185页。

马礼逊倡导翻译时使用浅俗直白的“白话文”。马礼逊在1819年将圣经翻译成中文的过程中，写了一份详细报告寄给了伦敦传教会，其中详细剖解了他使用白话文进行传教活动的心路历程：

> 中国文人对于用俗话，即普通话写成的书是鄙视的。必须用深奥的、高尚的和典雅的古文写出来的书，才受到知识分子的青睐。因此只有极小一部分中国人才看得懂这种书。正如中世纪黑暗时期那样，凡是有价值的书，都必须用拉丁文写出，而不是用通俗的文字。朱熹在他的理学作品中，突破了这个旧传统，他很好地使用了简明的语体传达了他的新思想。中国古文的经典或语句，除了复古之外，极难推陈出新。
>
> 圣经的中译，如果仅仅为取悦于中国文人，用古文以展示译者的国学根底，就无异于埃及的司祭用象形文字所写的教义，只能使他们自己或一小部分创造象形文字的人才懂得其意义……圣经的翻译必须简明易懂，使一般的读者都能阅读乃是应当遵循的原则……在我进行翻译时，我曾苦心研究如何才可达到忠诚、明白和简洁的境界。我宁愿采用通俗的文字，避免使用深奥罕见的典故，力求不用异教哲理和宗教的专门名词。我倾向于采用中国人看作为俚俗的文字，不愿使用令读者无法看懂的文体。①

从这段话可以看出，马礼逊主张使用“白话文”取代文言文，是较早提出中文书面语使用“白话文”的倡导者。所以，马礼逊在翻译《圣经》时，借鉴朱熹的语录体，采用了半文半白的语体风格，用浅白易懂的“白话文”进行翻译，坚持了浅俗直白这一“白话文”的语言特点，这样便于普通民众更好地理解和接受基督教教义。马礼逊是第一个把《圣经》完整翻译成中文的西方传教士，而且文笔流畅，通俗易懂。后来，德国传教士郭实腊数次翻译《圣经》，其于1839年翻译的“郭实腊译本”《救主耶稣新遗诏书》曾在中国境内非常流行，为太平

① ［英］马礼逊夫人：《马礼逊回忆录》，顾长声译，广西师范大学出版社2004年版，第153—155页。

天国所推崇。郭实腊翻译时所使用的依然是文言文，但其中也已经有了些许白话萌芽。例如，《马可福音》第一章前四句：

> 上帝之子，耶稣基督，始传福音乃如左，按圣人书录所云，吾遣差使，行尔面前造路矣。在野闻声云："预备主路，正直其径矣"。约翰行洗礼于野，教人悔罪，可领洗礼，望得赦罪矣。①

到了1854年，麦都思、施敦力以南京官话改写文言的新约全书译本出版。此译本是圣经在中国的第一本白话文译本，史称"南京官话译本"。举同样章节之例：

> 这本书是要讲明上帝的儿子，耶稣基督福音起头的事。在先知书上，有上帝的话道："我打发我的使者，在你面前，预备你的道路。"在旷野有声音喊道，预备上主的道儿，修直他的小路。约翰在荒野行洗礼，传悔罪的道理，替人家施洗，可以免罪。②

麦都思所译圣经文本在词汇选择、称谓使用、句子结构、文体风格几个方面都体现了与文言文相去甚远的特点。词汇选择方面，麦都思已然摈弃了文言文句首和句末的助词"也、夫"等，动词方面也使用了日常用语的"说"而不是文言文之"云、曰"；称谓使用方面，麦都思没有选择"神"而是使用了"上帝"；句子结构方面，麦都思将艰涩难懂的长句改为晓畅通达的短句；文体风格方面，麦都思的译本浅白易懂，读来十分亲切自然。南京官话圣经译本所使用的语言与当今版本的语言已没有太大差别。

正如1920年，周作人在《圣书与中国文学》中所指出的：

> 我记得从前有人反对新文学，说这些文章并不能算新，因为都

① ［德］郭实腊：《救世主耶稣新遗诏书》，新加坡坚夏书院藏版1839刻本（清道光十九年）。

② ［英］麦都思、施敦力：《新约全书》（南京官话译本），1857年。

是从《马太福音》出来的；当时觉得他的话很是可笑，现在想起来反要佩服他的先觉：《马太福音》的确是中国最早的欧化的文学的国语，我又豫计他与中国新文学的前途有极大极深的关系。①

在周作人看来，新文学创作与文学革命的兴起与来华传教士“翻译白话”的紧密关系有确切证据。标点符号中的引号、括号和解号，欧化的白话皆始于传教士翻译白话。“欧洲圣书的译本助成各国国语的统一与发展……圣书在中国……在中国语及文学的改造上也必然可以得到许多帮助与便利，这是我所深信的不疑的”，他也强调了传教士的翻译白话之于新文学的未来的价值：“希伯来思想与文艺……［是］我们所期望的一种主要坚实的改造的势力”。② 而除了宗教圣书翻译文献中使用白话文的尝试，我们也不应忽视传教士报刊活动中的白话文倾向与传播路径。

二　报刊书面语的变化与白话文

中国近代报刊事业是从 19 世纪初起步，到 20 世纪初到达了高潮。在一百年的时间里，中国的报刊事业得到了很大的发展，也在内容形式、传播理念、文化观念、印刷技术和发行等方面发生了许多深刻变化，其中报刊书面语的变化就是一个时代的标志。报刊书面语由文言文逐渐向白话文的转变，使报刊的读者群从社会精英阶层（精英文化）逐步转向普通大众阶层（大众文化），从而扩大了报刊的读者群体和纸质传媒的受众面。

事实上，早在 19 世纪初期，一场不同于“白话小说”的汉语语言文字变革已悄然开始，书面语言正在发生着变化。而这种变化是以来华传教士华文报刊的问世为开端。随着报刊事业在中国的发展，到了 20 世纪初期的新文化运动中这种报刊书面语的变化达到了高潮。1815 年，英国传教士米怜创办的第一份华文报纸《察世俗》到 1915 年中国人自

① 周作人：《艺术与生活》，北京出版集团公司、北京十月文艺出版社 2011 年版，第 49 页。

② 周作人：《艺术与生活》，北京十月文艺出版社，2011 年版，第 49 页。

己创办的《新青年》，呈现出了中国近代报刊话语体系向白话文和大众化逐渐演变的趋势。

鸦片战争前，西方殖民主义者试图打开中国的大门。在这样的社会背景下，由于传教活动的需要，基督教新教传教士在中国创办了第一批近代华文报刊。最早是米怜传教士创办的《察世俗》，该刊文体多样，有诗歌、小故事、对话体、长篇记事等。写作表现手法上采用了中国传统的章回体小说的形式，说话方式尽量采用自家人的口气，力求话语自然亲切，以引起读者的好感。①

米怜作为该刊主编提出了文字写作和办刊的原则：首先，文章要简短，以数百字或千把字为宜；其次，内容要通俗易懂，文笔要流畅生动，尽量采用问答、对话等大众化的话语方式。

由此可以看到，米怜对“白话文”的追求。作为一份传教士报刊，它的主要宗旨是向中国人传教，米怜传教的特点是不进行空洞的说教，而总是想办法让读者对他们的传教宣传感兴趣，进而接受基督教教义，达到传教的目的。

因此，《察世俗》刊登的文章要求短小精悍和通俗易懂，这成为该刊的一大特色。米怜有十分强烈的读者意识，他对读者做了多方面的调查和研究。他考虑到刊物的读者群以普通大众为主体，他们识字较少，且生活忙碌，所以米怜主张该刊刊登的文章“每篇必不可长，也必不可难明白”，② 就是文章必须文字短小和通俗易懂。《察世俗》1817 年《张远两友相论》（第一回）一文便是最好的例证。文章开头一段说：

> 从前有两个好朋友，一名张、一名远，他们两个人同行路间，相论古今。
>
> 远曰：我已听人说，尊驾曾经受了耶稣之道理，而信从之。我看世人论说此事多有不同，且我自己不甚明白，今有两端，欲求尊驾解之。
>
> 张曰：岂敢，相公智深、才盛，如何倒来求于愚弟乎？但既是

① 赵晓兰、吴潮：《传教士中文报刊史》，复旦大学出版社 2011 年版，第 53 页。

② 米怜：《察世俗每月统记传·序》，《察世俗》第 1 卷卷首。

相公自所愿，则弟应当尽心：遵命，请相公说那两端出来。

远对曰：好说了。第一、信耶稣者，是何样人。第二、信耶稣者，日日之行如何。烦尊驾解这两端。

张曰：真信向耶稣者，比世人略不同。

远问曰：有何不同。

对曰：他所食的饭、所居的屋、所穿的衣、所行的工、所守的人伦等，大概都与世人的相同，在这各样未有什么不同，但其心、行、二者，比世人大不同。

远曰：其心行果若何？张曰：看下几件，方知其心行如何。①

可以看出，文中的这种话语方式已很浅白，已基本脱离了文言文的形式，有了"白话文"端倪，体现出《察世俗》"通俗易懂"的"白话"办刊原则。

100年后，中国人自己在1915年创办了《新青年》，当时正值中国新文化运动时期，《新青年》成为这场运动的一面旗帜，明确反对文言文，提倡白话文。事实上，我国报刊文字在新文化运动前大多使用文言文，虽王韬、梁启超等人曾推行过"新文体"，但没有成功。当时胡适倡导文学革命，提倡白话文，发表《文学改良刍议》主张"国语的文学，文学的国语"，他开始在《新青年》上发表用白话文翻译的小说以及白话诗。例如，1917年2月，胡适在《新青年》第2卷第6号上发表了第一批8首白话诗中的两首，其中一首诗《朋友》被认为是我国第一首白话诗：

两个黄蝴蝶，双双飞上天。
不知为什么，一个忽飞还。
剩下那一个，孤单怪可怜。
也无心上天，天上太孤单。②

① 米怜：《察世俗每月统记传》，刘美华编校，张历平、谢辉审校，上海古籍出版社2021年版，第103页。

② 胡适：《朋友》，《新青年》第2卷第6号，1917年2月。

这首诗最突出的特点是，完全脱离了当时用文言文写诗的传统，用现代白话文写成，诙谐幽默，明白易懂。后来，钱玄同也在《新青年》上发出倡议："我们既然绝对主张用白话体做文章，则自己在《新青年》里面做的，便应该渐渐的改用白话。"他带头并建议该刊同仁从此以后不论是写论文还是写通信，"一概用白话"①。而作为中国文学革命运动发起人的鲁迅、周作人和刘半农等作家也开始在《新青年》上发表他们的白话文学作品，诸如鲁迅的《狂人日记》和《孔乙己》等白话小说。其实早在19世纪末20世纪初的启蒙背景下，当时在中国各地涌现出的数百种白话报刊，例如陈独秀创办的《安徽俗话报》，项藻馨创办的《杭州白话报》，均采用了白话文作为报刊书面文体。20世纪前后的白话办报热潮实现了中国报刊语言文字书面语的成功转变。

第二节　传教士华文报刊中的白话文倾向

一　米怜与《察世俗每月统记传》

外国人办的第一份中文报刊《察世俗每月统计传》（以下简称《察世俗》）于1815年诞生于马六甲，由英国传教士米怜受英国伦敦布道会（London Missionary Society）之托创办而成。1813年，米怜来到中国澳门，数日后只身前往广州传教。从此，米怜便开始了其在中国的传教及办刊生涯。米怜（William Milne，1785—1822），英国人，属基督教伦敦传道会，是早期来华的英国新教传教士之一。米怜于1785年出生于苏格兰附近的一个教区，16岁时（1801）加入教会，26岁时（1811）入伦敦传道会，27岁时（1812）被封立为牧师，并于1813年7月4日抵达澳门来华开始传教活动。

米怜在华期间的主要贡献在翻译（译著）、办教育和创办报刊方面。米怜协助马礼逊翻译了《圣经·旧约》，当时名为《神天圣书》，被认为中国境内第一部基督教新教《圣经》的中译本，他与马礼逊被看作是中国最早提倡和推行"白话文"的先行者。米怜自己还有许多

① 钱玄同：《通信》（钱玄同致陈独秀），《新青年》第3卷第6号，1917年8月。

翻译作品及著述，如《生意公平聚益法》（1818）、《张远两友相论》（1819）等20余部。米怜在华期间的一个主要活动就是与马礼逊一起于1818年在马六甲筹办了英华书院（Anglo Chinese College），并出任该校首任校长。米怜在华期间最重要的贡献是致力于创办华文报刊，于1815年出版了第一份中文报刊《察世俗》。

米怜深知在西方世界之外的国家传教，首先必须解决的是语言交流问题。19世纪初叶，在中国居住的西方人大多要受到清政府的严格监视，为中国人教授西方语言以便传教显然是不可能的。在这种情况下，为了完成向中国人传道授业的目标，米怜毅然决定学习在西方人看来难若天书的中文。"当时我认为要学好这门语言是非常困难的（至今我都没有改变这一看法），并且确信，一个才能平庸的人需要勤奋、专注和坚持不懈，才可望经过长期努力之后掌握这门语言"①，其传教意志之坚定由此可见一斑，即使深知在中国印发中文基督教书籍要被判死刑，也丝毫未能撼动他的决心。②

然而，在这种严酷的政治氛围下，在中国内部办刊毕竟是件不可能的事。无奈之下，米怜只得将办刊地点设置在作为英国殖民地的马六甲。遴选此地，米怜出于这样3点考虑：首先，马六甲与中国通商方便；其次，在此处向本地华人学习汉语较为方便；最后，殖民当局支持基督教宣教活动，政治氛围较为宽松。③

在志同道合者的帮助下，米怜于1815年在马六甲建立了系统的刊物出版系统。这个具有历史意义的办刊机构并非独立的"刊物编辑部"，而是在米怜所创办的免费学校"义立馆"（后命名为"英华书院"）校内运作。于是，中国最早的来华传教士华文刊物《察世俗》，便在异国他乡问世。

米怜办刊的语言使用特点已在本章上节中有所描述。《察世俗》主要面向普通阶层，刊登的文章短小，通俗易懂，开始追求"白话文"

---

① ［英］米怜：《新教在华传教前十年回顾》，北京外国语大学中国海外汉学研究中心翻译组译，大象出版社2008年版，第50页。

② ［英］马礼逊夫人：《马礼逊回忆录》，顾长声译，广西师范大学出版社2004年版，第77—78页。

③ 赵晓兰、吴潮：《传教士中文报刊史》，复旦大学出版社2011年版，第34—36页。

的书面语形式。如其序言：

> 无中生有者，乃神也。神乃一，自然而然。当始神创造天地人万物，此乃根本之道理。神至大至尊，生养我们世人，故此善人无非敬畏神。但世上论神多说错了，学者不可不察。因神在天上而显著其荣，所以用一个"天"字指着神亦有之。既然万处万人皆由神而原被造化，自然学者不可止察一所地方之各物，单问一种人之风俗，乃需勤问及万世、万处、万种人，方可比较辨明是非真假矣……①

从这里不难看出，米怜在中文词汇使用上倡导较为俗白的词语，语气上明显对中国传统白话小说进行了模仿。值得一提的是，此刊还首次在刊发的文章中引用西式标点符号。中国用文言文写的文章没有标点符号，文章理解全凭语感断句，因句读不同往往会产生歧义。《察世俗》使用标点符号为文化水平较低的普通老百姓的阅读理解提供了便利，对于中国书面语从文言文向白话文的转变起到了积极的推动作用。

《察世俗》最早在东南亚华人社团内传播，后一直免费分发并流入国内②。因此，从文化研究的学科角度看，《察世俗》可以说毫无近代报刊的文化商品属性，仅发挥传教宣传品功能。然而，其所采取的传教叙述策略也可谓别具一格：《察世俗》在文体方面采取中国章回小说体模式，以此增强文章的可读性。米怜用白话文创作了《张远两友相论》（共20回），这是中国第一部传教士汉语小说，于1817年第3卷开始在《察世俗》连载。

例如，《张远两友相论》中的一段话：

> 远想久而曰：……前四年，父亲眼看我、耳听我、口教我、手

① ［英］米怜：《察世俗每月统记传》，刘美华编校，张历平、谢辉审校，上海古籍出版社2021年版，第1页。

② ［英］米怜：《新教在华传教前十年回顾》，北京外国语大学中国海外汉学研究中心翻译组译，大象出版社2008年版，第74页。

助我。而今其眼安在，却独留虚眶；其耳已坏，只留耳孔；其口、舌、唇皆成泥土，只留牙骨，其手、足、筋络已无，只留骨节而已。……夜梦见父亲转出世，变山羊形，食草在山野。从那时以来，我心不安乐，常想着轮回。今尊驾讲死者复活，我甚愿听。

张曰：死人转出世，成禽兽之形，皆虚话，哄骗愚人，相公不可信之。今所言复活大不同。

远问曰：死者复活果若何？

张答曰：你看这苍天、明月、光星，今晚虽美之至而无可比，然后来皆必致尽而完。于彼时万死者将复活。其葬在地冢与其没在海内者皆然。自天地开辟至天地穷尽，所有万万人，大小、贵贱、贤愚，无一不复活而各人得其本身。①

这一小段文中采用大众化“对话”的话语模式，张和远两位朋友在交谈基督教教义，一问一答，娓娓道来，清楚明白。同时，中文表达已很浅白，有了白话文韵味，但没有脱离文言文。这种相互混合的情况呈现出一种杂糅白话的表达方式。由此可见，《察世俗》刊载的文章接近口语体（白话），掺杂了文言文，又融入了西方语言的语法形式，率先引入了西式标点符号，极大地方便了普通民众对报刊文章的阅读与理解，促进了中国书面语从文言文向白话文的转变。

此外，《察世俗》在思想内核层次也明显带有中国传统文化的气息，亦即自觉地将对基督教教义的宣扬，以宣扬儒教伦理的方式呈现出来。其原因很简单，基督教教义在清朝时期的中国这一全新文化语境下无法有效渗入普通民众的文化心理结构，其救赎性来世观与坚持实用理性的现世观格格不入。然而，基督教与儒教在某些普适性伦理原则方面却十分相近，其中所刊载的《古皇恕人》《不忠受刑》等篇目，便以儒家的“忠恕说”为考察视域及伦理立场，对基督教的“仁爱”“宽容”观进行诠释，实际上也是对两种“同质异述”的学说进行思想沟通。

当然，《察世俗》的办刊宗旨绝非马克斯·韦伯那样学术式的中西

① ［英］米怜：《新教在华传教前十年回顾》，北京外国语大学中国海外汉学研究中心翻译组译，大象出版社 2008 年版，第 128—129 页。

伦理学说汇通，借用儒教经典论述基督教观念才是其宗旨所在。尽管《察世俗》在宣教方面借用了某些儒家学说的论述方法和观念表达，但这并不意味着此刊将儒家学说作为近代意义的“宗教”（religion）加以理解。事实上，《圣经》中摩西所立的“十诫”，从宗教立法源头上对产生于异质文明的宗教神祇、观念进行了排斥，这种基督教本位主义及“西方文明中心”观念在《察世俗》中也有体现。

例如，《论不可拜假神》《真神与菩萨不同》等文章，便明显表达出对中国本土宗教信仰的排斥态度。由此看来，借用儒家论说以呈示基督教教义思想，并非将儒家学说视为“教”的形态，而只是将其视为一种普泛性的世俗哲学，恰如米怜自己所说：“对于那些对我们的主旨尚不能很好理解的人们，让中国哲学家们（按：即指儒家）出来讲话，是会收到好的效果的。”①

《察世俗》在宣教论述中所表达出的基督神学观念，有时也与中国本土宗教中的实用主义观暗中契合。在中国传统社会，将宗教信仰奉为超越性精神旨归的善男信女毕竟只占少数，多数中国人对宗教的信仰，只是源于“祈福避祸”式的实用主义逻辑。在米怜生活的时代，西方基督教经由马丁·路德宗教改革运动后早已打破罗马教廷神学束缚，成立了诸多学说迥异的新教教派。此处不对各新教教派间的宗教观差异进行梳理或论述，但可判断所有新教教派关于宗教纯粹精神救赎的现代属性应是大同小异。

然而，在《察世俗》中却刊载了这样一篇七言诗：“上帝降灾非偶然，都因人世慢神天。但愿众生遵神诫，灾害必定离汝前。”② 这种将对上帝权威的承认与自然及社会秩序相联系的观念，以及将“上帝”神祇作为庇佑人类社会正常运行的论述，带有鲜明的巫术宗教和西方中世纪教会宗教色彩，与19世纪的现代基督教理念殊为不同。那么，这首七言诗所体现出的实用理性宗教观便应当来自中国本土宗教，尤其是民间信仰。即使此诗不是由米怜所撰，但它的发表也能表明米怜对这种实用宗教观的认可。

---

① 宁树藩：《〈察世俗每月统记传〉评述》，《新闻大学》1982年第4期，第66页。

② 宁树藩：《〈察世俗每月统记传〉评述》，《新闻大学》1982年第4期，第67页。

事实上，现代基督教由于受变动的社会经济、政治及文化等因素影响，其宗教观念的现代性呈现出这样一则重要特征——对近现代科学观一定程度的吸收和借鉴。对此，晚清来华传教组织广学会曾在第七次年报中指出：

> 真正的科学和真正的宗教是互不排斥的，他们像一对孪生子——从天堂来的两个天使，充满光明、生命和欢乐来祝福人类。我会就是宗教和科学这两者的代表，用我们的出版物来向中国人宣扬，两者互不排斥，而是相辅相成的。[①]

由此可见，较之对哥白尼、伽利略等科学家的敌视，19 世纪的西方基督教会内部对待科学的态度已经发生了极大转变，这种对科学观的宣传，对于尚处在蒙昧状态中的近代中国人而言，无疑格外具有启蒙意义。

《察世俗》作为基督教刊物，同样在一定程度上体现出对近现代科学的接受态度和传播姿态，[②] 所刊载的《论地周日每年转运一轮》《论慧星》《论月》《论日食》等科普性文章和插图，全是对西方近现代天文学知识的介绍。据统计，《察世俗》中介绍的科学知识多属天文学范畴，其数量占刊物文章总量的百分之五。[③] 众所周知，西方近现代科学知识发轫于中世纪的天文学。换言之，天文学是西方现代科学萌芽产生之时的主导学科。自文艺复兴时期到 19 世纪初，对天文学的探讨一直没能彻底摆脱与基督教神学观的纠葛，尤其是对基督教神职人员而言，天文学知识始终必须以神的名义、在神的授权下才可获取。

这种观念在《察世俗》的科普知识传播中同样有所体现："若神一少顷取去其全能之手，不承当宇宙，则日必不复发光，天必不复下雨，

① 熊月之：《传教士中文报刊史・序言》，赵晓兰、吴潮《传教士中文报刊史》，复旦大学出版社 2011 年版，第 4 页。

② 胡浩宇：《〈察世俗每月统记传〉刊载的科学知识述评》，《自然辩证法通讯》2006 年第 5 期。

③ 吴义雄：《在宗教与世俗之间——基督教新教传教士在华南沿海的早期活动研究》，广东教育出版社 2000 年版，第 408 页。

川必不复流下”，因而“住天地间之万人，皆当敬畏神”。[1] 渗透于这种“天文学”中的神创论思想一目了然，从现代西方科学观加以审视，仍属于宗教迷信的范畴。然而，就是这种带有西方宗教迷信色彩的“科学观”，却为仍处于自然经济生产条件下的中国社会吹来文化的新风，集中表现为对诸如“天狗食月”等中国本土迷信的破除或取而代之。以程度较轻的迷信取代较重的迷信，既是《察世俗》在近代中国传播科学文明过程中具有的显著特点，也不啻中国文化现代化意识不断觉醒进程的一个缩影。

同时，《察世俗》还对世界各洲国家的风土人情、名物制度等各方面内容进行了概述，其中对各国语言的介绍尤为详细。[2] 在此刊风行的19世纪初，西方世界这种举目宇内的视野与气魄，还无法融入貌似宏阔、实则狭隘的“中央大国”国民的心魂之中，但它放眼世界的开放气度，却为半个世纪后中国将眼光投向西方国家的做法开启了先河。它对各国语言的详细介绍，也预示着20世纪初期展开的中国近现代语言文字变革的蓬勃开展。

二 郭实腊与《东西洋考每月统记传》

如果说《察世俗》基本只是将语言文化传播的视野置于宣教活动之中，那么在此后由德国籍传教士郭实腊创办的华文刊物《东西洋考每月统计传》（以下简称《东西洋考》）中，对基督教教义的宣扬便已退居其次，取而代之的是对西方发达的科技文化知识的评介，这种内容的差异也体现出办刊者米怜与郭实腊思想立意上的迥然不同。郭实腊（Karl Gützlaff，1803—1851），又译郭士立，德国人，属基督教路德会。他于1803年出生在普鲁士波美拉尼亚一个穷苦家庭。他天生聪慧，15岁就学习了土耳其语和阿拉伯语。1820年，他获得国王准许进入柏林耶尼克神学院学习，1823年，他应招加入荷兰教会，并于1826年7月受戒两个月后启程前往巴达维亚，跟麦都思学马来语和汉语。1829年，他脱离荷兰教会成为一名独立传教士。1831年初，他乘船前往中国，先

---

① 宁树藩：《〈察世俗每月统记传〉评述》，《新闻大学》1982年第4期。

② 宁树藩：《〈察世俗每月统记传〉评述》，《新闻大学》1982年第4期。

抵达天津，后到达澳门。郭实腊是一位旅行家，在华期间最重要的活动就是他 1831 年至 1833 年乘船沿中国海岸进行了 3 次航行，并根据这 3 次航行经历撰写了著名的《中国沿海三次航行记》一书。①

郭实腊一生在语言文化方面取得了不同寻常的成就但也饱受争议。他非常有语言天赋，一生学会和掌握了多种语言。他除母语德语外，还熟通汉语、日语、英语、荷兰语、马来语等。郭实腊是一位名副其实的汉学家和中国通，他会中国官话以及福建和广东的方言，一生翻译和著述多达 80 余种，如《大英国统志》（1834）、《万国地理全集》（1838）、《贸易通志》（1840）等。郭实腊在华期间的文化活动中最引人注目的是他在 1883 年创办的华文报纸《东西洋考》。郭实腊创办华文报刊与他在华的种种经历有着密切的关联。他 3 次游历中国沿海，这段经历使其对中国的风土人情、名物制度有了相当了解。地大物博的中华帝国，使这位西方传教士隐约意识到这个富庶的国家对于西方世界将具有十分重要的经济和政治意义。于是从早年游历时，郭实腊便详细记录下了沿海港口等细节，为此后的贸易活动打下基础。

当然，郭实腊毕竟是位传教士，将西方基督教教义传授给他所谓“愚昧而自大”的中国人，以开化民心和开启民智是其本分所在。于是，在中国办刊便成为他的一个目标。郭实腊熟谙包括中文、日文、英文等多种语言，尤其是对中文的熟谙，使其为中文办刊打下扎实的基础。郭实腊在中国广州创办《东西洋考》，旨在使中国人接受西方文化。

为了使《东西洋考》能在中国广大民众中传播，郭实腊所用语言浅近文言文和古白话文。例如，《东西洋考》第一号（1833 年 7 月）在报道“新闻”前便有一段话：

> 在广州府有两个朋友，一个姓王、一个姓陈，两人皆好学，尽理行义，因极相契好，每每于工夫之暇，不是你寻我，就是我访你。且陈相公与西洋人交接，竭力察西洋人的规矩。因往来惯了，

① ［英］伟烈亚力：《基督教新教传教士在华名录》，赵康英译，天津人民出版社 2013 年版，第 66—81 页。

情意浃洽，全无一点客套，虽人笑他，却殊觉笑差了，不打紧。

忽一日，来见王相公说道：小弟近日偶然听闻外国的人，纂辑《东西洋考每月统记传》，莫胜欢乐。

王道：晚生大可取，总有妙才，转环之智，若丧心丧德，后诡设诈，此不可交。陈道：然也，那书的著文者，特意推德行广知识。不亦说乎！二人就拿一篇《东西洋考》之读。①

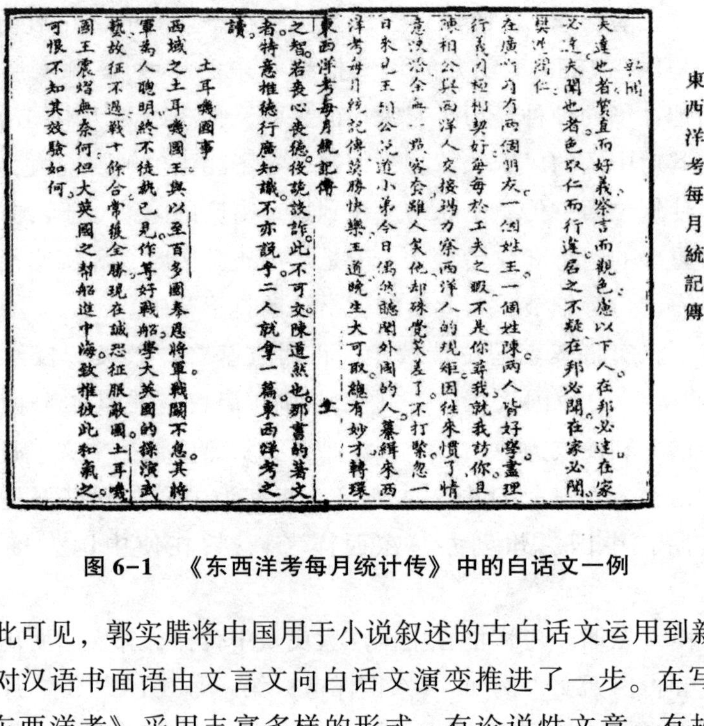
新聞
夫達也者。質直而好義。察言而觀色。慮以下人。在邦必達。在家必達。夫聞也者。色取仁而行違。居之不疑。在邦必聞。在家必聞。
在廣州府有兩個朋友。一個姓王。一個姓陳。兩人皆好學。盡理行義。因極相契。好每每於工夫之暇。不是你尋我。就我訪你。且陳相公與西洋人交接。竭力察西洋人的規矩。因往來慣了。情意浹洽。全無一點客套。雖人笑他。却殊覺笑差了。不打緊。忽一日來見王相公說道。小弟今日偶然聽聞外國的人。纂輯來西洋考每月統記傳。莫勝快樂。王道。晚生大可取。總有妙才轉環
東西洋考每月統記傳
十
之智。若喪心喪德。後詭設詐。此不可交。陳道。然也。那書的著文者。特意推德行廣知識。不亦說乎。二人就拿一篇東西洋考之讀。
土耳幾國事
西域之土耳幾國王。與以至百多國恭恩將軍。戰鬪不息。其將軍為人聰明。終不徒執己見。作等好戰船。學大英國的操演武藝。故征不過戰十餘合。常獲全勝。現在誠恐征服敵國。土耳幾國王震熠無奈何。但大英國之帮船進中海。致推彼此和氣之。可恨不知其效驗如何。

图 6–1 《东西洋考每月统计传》中的白话文一例

由此可见，郭实腊将中国用于小说叙述的古白话文运用到新闻叙述中来，对汉语书面语由文言文向白话文演变推进了一步。在写作文体上，《东西洋考》采用丰富多样的形式，有论说性文章，有故事、诗歌、章回体、书信体、纪传体、对话体等。郭实腊十分清楚章回小说对中国人的影响力。因此，对有些较长文章就采用中国章回小说的手法，分期连载，末尾注有“后月续讲”。这样一些较长的故事，分期连续刊载，又互相连接，故事有悬念，跌宕起伏，读起来非常有趣，迎合了中国人的阅读趣味和习惯。

① 爱汉者等编，黄时鉴整理：《东西洋考每月统记传》，中华书局 1997 年版，第 18 页。

在《东西洋考》中文章使用书信体是郭实腊最常见采用的又一手法。从道光十四年（1834）四月号开始，《东西洋考》连续登载12封假托旅居海外的华人寄给国内亲友的书信。通信者之间的关系为父子、叔（姑）侄，或者朋友，如《子外寄父》《侄外奉叔书》《侄外奉姑书》和《儒外寄朋友书》《侄答叔书》《叔家答侄》等。例如，在《子外寄父》信中，儿子在环球航行后对父亲说，中国不过是地球上的一个国家之一，外国的领土并不都比中国小，外国人并不都比中国人笨。在《侄外奉姑书》信中，一位中国侄女讲述了在英国伦敦的“见闻”，告诉姑姑在那里男女从小就平等，都可以接受教育。长大后结婚时是自由恋爱，成家之后夫妻相互关爱。《兰墩十咏》通过一位住在英国伦敦的华人的描述，勾画出一幅兴旺发达的近代工业文明景象。这些书信以旅居海外的华人的口吻来讲述在国外的所见所闻，介绍了西方文明，真实可信，显得格外亲切。

在“白话文学”创作上，郭实腊热衷于小说创作，且有很高的造诣，主要代表作品包括《诲谟训道》《赎罪之道传》《正邪比较》《生命无限》等。更加重要的是，郭实腊在这些作品中广泛采用了中国白话小说的写作模式与表现手法，其遣词造句已经具有中国“白话小说”的特点。例如，《诲谟训道》：

> 第一回　红颜薄命
>
> 大清年间有一个商贾，姓勤名跨，原籍苏州府，因生意冷淡，搬行上海县。此勤为人知有己而不知有人，但驰情于市利，就是朝营夕算。上有兄下无弟，夫人陈氏生三子，家和万事兴也。却说那勤跨惟利是趋，惟财是索，专务积蓄盈囊。倘稍获锱铢，就是无任欢跃。若损银钱，忿疾怨天尤人，淘气惹出事来。设使可赚钱，赴汤蹈火播弄哄骗，不顾体面。顾丑名难闻……①

可以看出，郭实腊模仿了中国传统白话小说的语言，但在文法上仍

① 转引自李丹、张秀宁《作为现代白话文学源头之一的基督教东传》，《温州大学学报》2008年第3期，第44页。

是西方语言那种较为严整的主谓宾结构。这种中文叙事和西文语法相结合的语言特征，可以说是20世纪初期“白话文学”的先声。[①]

此外，《东西洋考》在其发表的一系列文章中，对中西语言现象的分析和比较，鲜有从语法等角度进行的，而更多的是从文学这一特定角度，来审视中西语言现象的。在丁酉二月所刊《经书》一文中，文章作者以中国历朝历代为时间参照系，对西方自古希腊以来各个时代的文学成就进行了以点带面的介绍，指出了塔西佗、西塞罗等颇有代表性的人物的文学成绩。该文作者的写作态度，一方面在于炫示西方的文学及文化的发达，另一方面，也在于对当时中国人高傲的态度予以劝诫，不应一味“藐视外国之文法”，原因在于“各国有其文法诗书”。[②]

在中国近代历史上，以“上国至尊”自诩的中国人，对其他国家往往贬之为“蛮夷”。因此，这位作者说中国人藐视西方人的语言文法，完全是可能的。西方人正是在介绍自己的文学、文化史的过程中试图告诉中国人，西方式的文法可以创造出璀璨的文学，希望中国人不要一味地沉浸在对自己的文化经典的迷醉之中，而应当放眼世界了解西方文学史上的大作家和大诗人。应当说，这种号召，对中国人创立新的语言文字和文化体系，有一定的引导作用。

当然，在对西方文学成就的介绍之外，《东西洋考》也涉及了对于中国语言文字的论述。《东西洋考》虽没有将新“汉字”的创制上升到理论高度，但却在具体的表述过程中，在翻译某些事物时，使用了全新的译法，并对其他报刊的翻译颇有影响。这一点可借由与其他较晚的报刊中语词的比照得出。例如，由徐继畬刻印的《瀛寰志略》卷四部分，在描述和介绍欧洲各国的风物制度及自然地理情况方面，便在翻译方法上完全借鉴了《东西洋考》。由此不难看出，《东西洋考》对于西方事物的全新译法的推动，对新词语与新概念经由译介活动的生成，对中国人展开其翻译事业是颇有裨益的。[③]

---

① 李丹、张秀宁：《作为现代白话文学源头之一的基督教东传》，《温州大学学报》2008年第3期。

② 爱汉者等编，黄时鉴整理《东西洋考每月统记传》，中华书局1997年版，第246页。

③ 尹延安：《传教士中文报刊译述中的汉语变迁及影响（1815—1907）》，上海交通大学出版社2013年版，第159页。

另外，《东西洋考》作为由西方人创办的刊物，对文学作品的介绍同样不遗余力，尤其注重对中国古典文学的评介，往往将中国文学与西方文学加以比较，“汉人独诵李太白、国风等诗，而不吟咏欧罗巴诗词，恃思其外夷无文无词”。这是对尚且一味沉浸于诗骚传统的中国人文学审美心态的形象描述，也有对西方不同阶段文学经典的由衷褒扬。“诗言志”传统在中国抒情文学漫长的发展历程中始终具有重要影响，但也使国人在对这种传统审美心理的体验和认同过程中，无意识地由这种趋于封闭的心理机制过渡到了由于这种审美机制而产生的骄矜之情，“恃思其外夷无文无词”就是对一味满足于本民族文化审美心态的形象描述。当然，郭实腊也承认这种状况有诗歌“繙（翻）译不得之也”的技术缺陷问题。

同时，在郭实腊看来，较之中国文学，西方文学的诗歌传统的优越性是十分明显的。“无一理而不具”，由于哲学传统特质的影响，中国文学传统并未很好地将对主观心志的传达与对世界意义体系的形而上思考结合在一起，而这恰是西方诗歌传统的强项。包括希腊“和马”（荷马）、大英“米里屯”（弥尔顿）等文豪的“诗歌”（实际泛指不同文类的作品），无不将对人世的深沉思考熔铸于精湛的诗艺之中，堪称“万世之法程”，这种特质使郭实腊将西方诸诗人视为“诸诗之魁”①。文学是不同民族文化的结晶，渗透着不同民族的审美意识和对世界的认知方式，只有特质不同，没有优劣之分。

然而，郭实腊这种居高自傲的美学态度却预示了此后中国文化界的文化策略转向。包括康有为、梁启超等在内的一批带有强烈历史使命感的近代知识分子，深刻地认识到西方文学的明晰而深刻的说理性、叙述性对近代国人学习、领悟知识的重要意义。于是，近代的中国文人从文化的角度出发，开始了如火如荼地向西方文学学习的过程。当然，这种文学观念的改革不仅体现在文体层面，同时也包括从最基本的语言语法层面所进行的全方位革新，也就为此后轰轰烈烈的近现代语言文字变革埋下了伏笔。

从内容和形式上分析，《东西洋考》极力迎合中国人的民族文化心

---

① 爱汉者等编，黄时鉴整理：《东西洋考每月统记传》，中华书局1997年版，第195页。

理和阅读习惯，从跨文化传播角度进行了可贵的探索。关于《东西洋考》的功能，郭实腊曾在其起草的一份刊物出版缘起中加以详细阐述：

> 当文明几乎在地球各处取得迅速进步并超越无知与谬误之时，即使排斥异见的印度人也已开始用他们自己的语言出版若干期刊，唯独中国人却一如既往，依然故我。虽然我们与他们长久交往，他们仍自称为天下诸民族之首尊，并视所有其他民族为“蛮夷”。如此妄自尊大严重影响到广州的外国居民的利益，以及他们与中国人的交往。本月刊现由广州与澳门的外国社会提供赞助，其出版是为了使中国人获知我们的技艺，科学与准则。它将不谈政治，避免就任何主题以尖锐言词触怒他们。可有较妙的方法表达，我们确实不是“蛮夷”，编者偏向于用展示事实的手法，使中国人相信，他们仍有许多东西要学。又，悉知外国人与地方当局关系的意义，编纂者已致力于赢得他们的友谊，并且希望最终取得成功。①

郭实腊之所以写下这段文字有其历史语境原因。此刊创办于1833年，时值鸦片战争之前，中华帝国自上至下尚处在“人杰物丰，疆土博大”的骄傲心态中，包括西方国家在内的世界诸多国家都被视为低劣民族，并被冠以“番邦蛮夷”的蔑称。此时的西方各国已经相继完成工业革命，在社会生产力和政体格局方面都实现了巨大的飞跃。即使是在德国这样仍处于四分五裂封建割据状态下的国家，社会生产力较之其他西方国家相对低下，其国民也开始觉察到：骄傲的中央帝国在社会生产方式、科学、艺术等诸多方面都与自己存在巨大差距，这与中华帝国子民们的狭隘视野形成鲜明反差。郭实腊怀着一种近代西方人特有的自尊心，提出该刊的功能旨在使中国人知晓自身的不足，并向西方学习。

《东西洋考》所刊载的内容涉及科技、文学、伦理及宗教等诸多领域。尽管《东西洋考》的内容多集中在对西洋科技的介绍方面，但仍有少量文章延续了《察世俗》实用主义宗教观。例如，刊于道光乙未

① 黄时鉴：《〈东西洋考每月统计传〉影印本导言》，爱汉者等编，黄时鉴整理《东西洋考每月统记传》，中华书局1997年版，第12页。

年六月的这段话便颇可玩味，“亚伯拉罕甘心全意，遵行上帝之命，惟上帝将试其孝顺之心”[①]。《旧约》中严厉易怒的上帝，以及为表达对上帝之忠心而行割礼的亚伯拉罕，在《东西洋考》中却被描述成了中国式的“慈父孝子”，也许郭实腊们在一个多世纪前便深谙后现代文化的“拼贴”之技，但其中所隐含的意图却非常清晰：中华帝国的子民们应当向对待自己的慈父那样，顺从地对待慈爱的上帝，并视上帝的所有子民——无论在欧洲，还是亚洲——为亲如手足的兄弟。事实上，实现“合四海为一家，联万姓为一体”，正是郭实腊创办此刊的表面意图所在：“结其外中之绸缪，倘子视外国与中国人当兄弟也。请善读者仰体焉，不轻忽远人之文矣。”[②] 情之“切切”颇为令人动容。这种意识形态宣扬还十分擅长通过借用“中国资源”来重构自己的话语，获得文化上的“认同”。

《东西洋考》中大量借用儒家话语。例如，“多闻，择善者而从之”[③]，规劝国人多学习西方文化知识。同时，还借用西方宗教话语来重释中国古训。例如，在《李太白》一文中，援引李白《古风·大雅久不作》篇：“大雅久不作，吾衰竟谁陈？王风委蔓草，战国多荆榛。龙虎相啖食，兵戈逮狂秦。正声何微茫，哀怨起骚人。扬马激颓波，开流荡无垠。废兴虽万变，宪章亦已沦……”并借此告诫中国人“勿以一时荣华富贵，骄傲陵（凌）人”，[④] 同时应当遵从上帝教诲，谨行“修德”之为，才能获得上帝之庇佑。这种中国古代伦理论说和西方宗教道德说教“双管齐下”的做法，不仅是对国人日常行为的规劝，同时也是一种警示：中国不应为自己一时的富庶而骄傲自大，否则只会落得个国破家亡；唯有听从上帝的属意而加强修为，才能实现国家和个人双重层面的功德圆满。

《东西洋考》在介绍世界各国人文地理、社会政治制度方面也用了大量篇幅。《法兰西国志略》《荷兰国志略》《峨罗斯国志略》《欧罗巴

① 爱汉者等编，黄时鉴整理：《东西洋考每月统记传》，中华书局 1997 年版，第 181 页。

② 爱汉者等编，黄时鉴整理：《东西洋考每月统记传》，中华书局 1997 年版，第 3 页。

③ 爱汉者等编，黄时鉴整理：《东西洋考每月统记传》，中华书局 1997 年版，第 3 页。原文见《论语·述而》。

④ 爱汉者等编，黄时鉴整理：《东西洋考每月统记传》，中华书局 1997 年版，第 347 页。

列国之民寻心地论》是对西方各国地理知识的介绍；在介绍东南亚知识方面，也花费了不少笔墨，包括《天竺或五印度国总论》《暹罗国志略》《吕宋岛等总论》《苏门答剌州事》等在内的大量文章，都是对东南亚各国地理状貌、经济发展、人文环境的简介。这些地理知识的传播为近代中国人放眼世界，对世界形成新的认识奠定了基础。但也无意中传达了这样一层意思：西方人能够以自己发达的科学认知能力，对世界各个国家和地区建立清晰而理性的认识体系；拥有放眼全球、气吞宇内气度的，唯我泰西诸国而已。

《东西洋考》另一个重要的介绍维度是对西方政治制度的介绍。《自主之理》篇开首谈到“我中国人慕英吉利国名，而未知其国家之政体如何”，并借南昌府人叶煴蒸充满“敬仰之情”的视角，对英吉利国的政治体制进行了详细介绍。[①] 显然，这种对资本主义国家政体的介绍同样伴随着对本国文明的炫耀之情。文中写道：

> ……由是观之，此国之宪，不能稍恃强倚势，肆意横行焉，设使国主任情偏执，藉势舞权，庶民恃其律例，可以即防范。倘律例不定人之罪，国主也弗能定案判决矣。

同时，还对西方政体的政治哲学基础加以介绍：

> 至于自主之理，与纵情自用迥分别矣。臬人曰：上帝降衷，秉彝之则……我本生之时为自主，而不役人也。[②]

这表明西方政体的哲学基础在于“天赋人权”，人与生俱来的自由权利是不可被剥夺的。相比于大清帝国中央集权制政体，英国君主立宪制具有无可置疑的制度优越性和对人性的尊重。这种对西方政体的介绍，也成为近代中国人了解西方政治制度并反省本国政治制度的开端。

---

① 爱汉者等编，黄时鉴整理：《东西洋考每月统记传》，中华书局 1997 年版，第 339—340 页。

② 爱汉者等编，黄时鉴整理：《东西洋考每月统记传》，中华书局 1997 年版，第 339 页。

能够看出，虽然与此前的《察世俗》同样是由传教士创办的刊物，但与之相比，《东西洋考》对基督教教义的传播却明显削减，取而代之的则是对西方科技、文化、政治等领域的全方位介绍，恰如学界所言：《东西洋考》标志着来华传教士刊物由对西方宗教的传播向对西方知识文化的传播实现过渡，也标志着来华传教士刊物在中国影响的加大。如果说早年以诚心宣教为目的的《察世俗》还只是为中国人传入了有限的基督教知识，那么《东西洋考》则以较大篇幅和规模，为近代中国人带来了关于西方的全面知识。这种传播内容范围的扩大，使中国人能够以更为广阔的视野来比较中西方文明的差异与优劣。

尽管在《东西洋考》办刊的过程中，中国人的这种比较意识、危机意识尚未充分得到激发。但在此后中国的洋务运动、五四运动乃至国语运动等不同性质、不同规模的近代化运动中，中国人对西方科学、文化知识的重视却充分体现出其对本国诸多领域变革的热望，《东西洋考》无疑为近代中国人学习西方意识的觉醒起到了重要的作用。诚如学界所言，包括清朝晚期学者魏源、民国文化人林语堂等在内的诸多中国近代知识分子，无不对《东西洋考》为变革中国文化而起到的作用给予高度重视。①

第三节　传教士华文报刊对白话文的传播与促进

一　麦都思与《遐迩贯珍》

在郭实腊创办《东西洋考》之时，“闭关锁国”的中华帝国正处于鸦片战争这样一场重大社会变故的前夕，包括英国在内的西方诸国都想打开中国的大门，郭实腊所办的《东西洋考》也在很大程度上是为西方国家意识形态服务的。文化制品往往是对具体社会状况的反映，与所处时代语境息息相关，来华传教士所办刊物同样不例外。自从鸦片战争之后，中国国内形势、社会经济状况发生极大变化，在这种状况下创办

① 赵晓兰、吴潮：《传教士中文报刊史》，复旦大学出版社 2011 年版，第 77—79 页。

的来华传教士华文刊物《遐迩贯珍》，与此前刊物相比大幅增加了对中国政治时事的评论。可以说，刊物内容的此消彼长，不仅表明在华传教士办刊思路的改变，同时更是反映出中国时局的剧烈变化。

鸦片战争是近代中国发生的一场重大社会变故。西方国家用坚船利炮强行打开了中国的大门，清朝政府被迫开放沿海城市，外国人可以自由居住和从事商贸、文化等活动。在这一时期出现了一批来华传教士所办的华文报刊。必须认识到，报纸、杂志等传媒工具往往与所处时代语境紧密关联，反映现实社会状况。晚清时期，中国社会动荡，局势复杂。因此，来华传教士华文刊物刊登了大量关于中国时事政治的文章，反映中国时局的剧烈变化，新旧社会力量的较量。同时，在语言文字上反映的则是，白话文与文言文的激烈交锋，中西语言文字的接触交流和欧化白话文的形成。

《遐迩贯珍》的创办者是英国传教士麦都思（Walter Henry Medhurst）。他于1796年生于英国伦敦，幼年时入伦敦圣保罗教堂学校学习。1816年，他被教会派往马六甲，他在那里学会了马来语、中文以及多种中国方言，并协助米怜编印中文刊物《察世俗》。1819年，麦都思在马六甲被封立为牧师并在那里从事传教活动，同时他利用自己的印刷技术专长先后印行了30种中文书籍。1843年，麦都思作为英国伦敦会的代表抵达中国上海，成为当时第一个到达上海的西方传教士。①

麦都思一生潜心研究中国历史和文化，发表许多重要的研究成果和著译，如《东西史记和合》（1829）、《中国：福音传播的现状及前景》（1838）、《三字经》（1823）、《论语新纂》（1840）等。② 但值得一提的是，麦都思在华期间利用自己的印刷和编辑技艺创办出版印刷机构和华文报刊，在中西文化交流史上占有重要地位。1843年，他与其他传教士一起在上海建立了墨海书馆，是新教传教士在中国最早建立的出版

① ［英］伟烈亚力：《基督教新教传教士在华名录》，赵康英译，顾钧审校，天津人民出版社2013年版，第30—50页。

② ［英］伟烈亚力：《基督教新教传教士在华名录》，赵康英译，顾钧审校，天津人民出版社2013年版，第30—50页。

印刷机构之一，出版和印刷大量中文书籍，其中传教士与中国学者合作翻译和出版了大量西学书籍，对“西学东渐”起到了极大的推动作用。另外，墨海书馆出版和印刷的科技类书籍，客观上开拓了当时中国人的眼界，启发他们的思想。

麦都思于 1853 年在香港创办一份最早使用铅字印刷的中文报刊《遐迩贯珍》（*Chinese Serial*），其办刊意图实际上就是办成一份以新闻报道为主的刊物，其特点是能够比较客观地反映事情的真相，并做到较及时和准确。《遐迩贯珍》上主要刊登中国国内、欧美、日本和东南亚等国家地区的新闻，并介绍西方文明。麦都思一生中曾创办多个刊物，其中以《遐迩贯珍》为集大成者。麦都思曾谈及办刊宗旨：

> 非欲藉此以邀利也。盖欲人人得究事物之巅末，而知其是非，并得识世事之变迁，而增其闻见，无非以为华夏格物致知之一助。①
>
> 其内有列邦之善端，可以述之于中土，而中国之美行，亦可以达之于我邦，俾两家日臻于洽习，中外均得其裨也。②

能够看出，麦都思的办刊并不在于一己私利，而在于使中国在变动不居的国际社会中，认清世界格局的全新形势以及其他国家的发展状况与名物制度。同时，也可以使中国与其他各国间实现伦理德行的互相感化。无论是从这段表述来看，还是所办刊物内容来看，都不难看出麦都思的办刊立意基本是出于文化交际的目的。

关于《遐迩贯珍》的创刊，麦都思在序言中谈道：“何期倏忽至今，列邦间有蒸蒸日上之势，而中国且将降格以从焉，是可叹已。”③

---

① ［英］麦都思：《遐迩贯珍小记》，《遐迩贯珍》1854 年 12 月第 12 号，第 125—126 页，［日］松浦章、［日］内田庆市、沈国威编著《遐迩贯珍——附解题·索引》，上海辞书出版社 2005 年版，第 593—594 页。

② ［英］麦都思：《遐迩贯珍·序言》，《遐迩贯珍》1853 年 8 月第 1 号，第 4—5 页，［日］松浦章、［日］内田庆市、沈国威编著《遐迩贯珍——附解题·索引》，上海辞书出版社 2005 年版，第 714—715 页。

③ ［英］麦都思：《遐迩贯珍·序言》，《遐迩贯珍》1853 年 8 月第 1 号，第 4—5 页，［日］松浦章、［日］内田庆市、沈国威编著《遐迩贯珍——附解题·索引》，上海辞书出版社 2005 年版，第 714—715 页。

面对这个曾创造过悠久文明的古老国度，麦都思深知它与西方列强之间在生产方式、社会制度等方面的距离会逐渐加大。在《香港纪略》一文中，该文作者认为鸦片战争只是出于保护英国侨民。这种说法本属颠倒是非之谈，但其中对清政府面对英国军舰的自大表现，表露出遗憾之情，仍可依稀看出对中国的同情。[①] 有时，此刊会以寓言的形式表达对中国国民的怜悯。例如，《伊娑菩喻言》一文便援引伊索寓言《狼与小羊》，表达出美国政府欺凌在美华人矿工的愤慨之情。

《遐迩贯珍》认为，造成中国屡受西方国家欺凌的原因，主要是因为科学技术远远落后。同时，还暗示大清帝国的封建体制本身较为落后。因此，此刊非常重视对欧美政体的介绍。例如，《英国政治制度》《花旗政治制度》等文便对欧美政治体制进行了十分详细地介绍，并概括英美两国政体的优势时为："盖欲免使一人独尊，或一党固结，得以独执大权，迈出于众庶黔黎之上，诚以季世人心，皆有同具之隐衷，使之一旦得操漫无限制之大权，而能措施尽合于善者，实为罕观耳。"[②] 耐人寻味的是，从《察世俗》开始，来华传教士在其中文刊物中往往非常热衷于介绍西方社会制度，并骄傲于其制度的优势。显然，来华传教士们隐含地表达了对中国封建体制及其落后性的政治观，同时借对西方社会制度的宣扬，秘而不宣地为中国人传达出变革中国体制的信号。19 世纪末的中国戊戌变法，恰是对西方人不断传入西方社会体制信息的一种回应。

然而，《遐迩贯珍》最令人瞩目的是其语言的时代特色。其语言使用上具有鲜明的白话文特征。请看《遐迩贯珍》1855 年第 10 号上的一则消息：

> 英九月二十四日，接到欧罗巴八月十一日新闻纸，略云：自前月所载英佛与俄罗斯相持，近日未有大战。于哥罗美地，俄军坚守

---

① 详见［英］麦都思《香港记略》，《遐迩贯珍》1853 年 8 月第 1 号，第 7—8 页，［日］松浦章、［日］内田庆市、沈国威编著《遐迩贯珍——附解题·索引》，上海辞书出版社 2005 年版，第 712—718 页。

② 赵晓兰、吴潮：《传教士中文报刊史》，复旦大学出版社 2011 年版，第 106 页。

西巴士多卜鲁城。英佛日日逼近其马拉鸽炮台，欲与他决一死战。……①

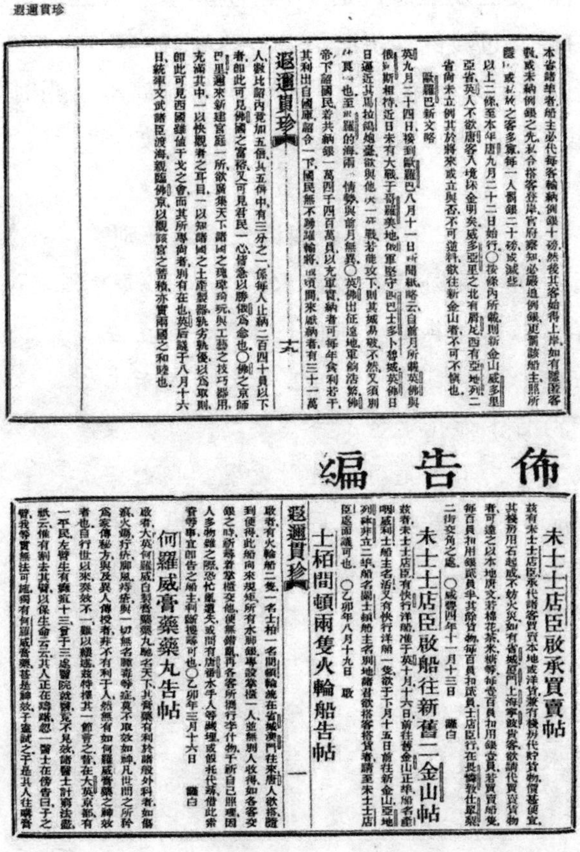
遐邇貫珍

本省諸埠者，船主必代每客輸納例銀十磅，然後其客始得上岸，如有隱匿客數，或未納例銀之先，私令搭客登岸，官府察知，必嚴追例銀，更罰該船主，照所隱匿，或私放之客多寡，每一人罰銀二十磅，或減些。

以上二條，至本年唐九月二十二日始行。○按條內所載，則新金山威多里亞省，英人不欲唐客入境，深金明矣。威多亞里之北有爵尼，西有亞地列二省，尚未立例，其於將來或立與否，不可逆料，欲往新金山者，不可不慎也。

歐羅巴新文略

英九月二十四日，接到歐羅巴八月十一日所聞紙，略云，自前月所載英佛與俄羅斯相持，近日未有大戰，于哥羅美地，俄軍堅守西巴士多卜魯城，英佛日日逼近其馬拉鴿炮臺，欲與他決一死戰，若能攻下，則其城易破，不然，又須別作良圖也。至羅的海兩國情勢，與前月無異。○英佛出征遠地，軍餉浩繁，佛帝下詔國民，着共納銀一萬四千四百萬員，以充軍實，納者可每年食利若干，其利出自國庫，詔令一下，國民無不踴躍輸將，頃聞來獻納者，有三十一萬

遐邇貫珍　六

人，數比詔內竟加五倍，共五倍中，有三分之二，係每人止納二百四十員以下者，即此可見佛國之富裕，又可見君民一心，皆急以勝俄為念也。○佛之京師巴里，邇來新建宮庭一所，欲廣集天下諸國之瑰瑋琦玩，與工藝之技巧器用，充滿其中，一以快觀者之耳目，一以知諸國之土產製器孰劣孰優，以為取則，即此可見西國雖值干戈之會，而其所專尚者，別有在也。英后於八月十六日，統率文武諸臣，渡海親臨佛京，以觀該宮之蓄積，亦實兩國之和睦也。

佈告編

朱士士店臣啟承買賣帖

茲有朱士士店臣承代諸客買賣本地或洋貨，兼有棧房代貯貨物，價甚便宜，其棧房用石起成，不妨火災，如有省城、廈門、上海、寧波貨客，欲請代買賣貨物者，可遂之以本地唐文，若棉花、茶、米、糖等，每壹百員扣用銀壹員，若買賣船隻，每百員扣用銀貳員半，其餘貨物每百員扣貳員，士店臣行，在長崙敦仕盧梨二街交角之處。○咸豐四年十一月十三日　謹白

朱士士店臣啟船往新舊二金山帖

茲者，朱士士店臣有快行洋船，准于英十月十六日，前往舊金山正埠，船名產啲威剌士，船主名活又有快行洋船一隻，欲于下月十五日前往新金山亞地列砵非立二埠，船名闌士頓，船主名別地，諸君欲搭客搭貨者，請至朱士士店臣處面議可也。○乙卯年八月十九日　啟

士栢聞頓兩隻火輪船告帖

遐邇貫珍　一

啟者，有火輪船二隻，一名士栢，一名聞頓，輪流在省城澳門往來，唐人欲搭，隨到便得，此船向來規矩，所有水腳銀，專設管艙一人，並無別人收得，如各客交銀之時，祈尋看艙交他，使無錯亂，再各客所携行李什物，于祈自己照理，因人多物雜之際，恐忙亂遺失，或間有唐番水手人等藏埋，或假托代帶，借此索資等事，宜即告之船主，判斷押罰可也。○乙卯年三月十六日　謹白

何羅威膏藥藥丸告帖

啟者，大英何羅威自製膏藥藥丸，馳名天下，其膏藥有利於諸般外科者，如傷痕、火傷、疔瘡、腳風、痔瘡，與一切無名腫毒等症，莫不取效如神，凡世間之所矜為家傳秘方，與及異人傳授者，非不有利于人，然無有如何羅威膏藥之神效者也，自行世以來，奏效不一，難以縷述，茲特擇其一節言之，昔在大英京都，有一平民，左臂生有毒瘡十三，曾于三處醫院就醫，竟不見效，諸醫士計窮法盡，紙云，惟有割去其臂，以保生命云云，其人正在躊躇，忽一醫士在傍告曰，予之臂，我等實無法可施，獨有何羅威膏藥，甚是神效，子盍試之，于是其人往購膏

图 6-2　《遐迩贯珍》上的新闻

这则消息语言简洁，清楚明白，采用了现代新闻稿件的文体形式，书面语接近于现代白话文。但是，应该注意到，文中表达使用的句式较长，具有欧洲国家语言的特点，这样的白话文负载了过多的西方语言的新词语，并且深受西方语言韵律和句法的影响，成了一种“披着欧洲外

① ［英］麦都思：《欧罗巴新闻略》，《遐迩贯珍》1855 年 10 月第 10 号，［日］松浦章、［日］内田庆市、沈国威编著《遐迩贯珍——附解题·索引》，上海辞书出版社 2005 年版，第 462 页。

衣”的语言。[①] 事实上，晚清时期的中西文化交流十分活跃，大量外来的新词语和新概念被翻译介绍到中国，如宪法、工业、股份、博物馆，等等。这类外来新词语体现了中西方语言的接触与交流，丰富了中文词汇和推动了白话文的发展。但是，《遐迩贯珍》所处的历史时期，还是从文言文向白话文过渡的转折阶段。

因此，《遐迩贯珍》在语言风格上仍然脱离不了当时中国语言的古文风格，注重文字的书面形式的音律工整。例如：

附记西国诗人语录一则

万历年间，英国有显名诗人，名米里顿者崛起……其诗极多，难以悉译，兹只择其自咏目盲一首，详译于左。

世茫茫兮，我目已盲。静言思之，尚未半生。
天赋两目，如托千金。今我藏之，其责难任。
嗟我目兮，于我无用。虽则无用，我心郑重。
忠以计会，虔以事主。恐主归时，纵刑无补。
嗟彼上帝，既闭我瞳。愚心自忖，岂责我工。
忍耐之心，可生奥义。苍苍上帝，不较所赐。
不较所赐，岂较作事。惟与我轭，负之靡暨。
上帝惟皇，在彼苍苍。一呼其令，万臣锵锵。
驶行水陆，莫敢遑适。彼侍立者，都为其役。[②]

此诗已被学者考据为“最早的汉译英诗”。此诗歌“以四字短句为单位，形式整齐，语言凝练，一气呵成，显示出了相当精湛的汉语功

① ［美］本杰明·史华慈：《〈五四运动的反省〉导言》，王跃、高力克编《五四：文化的阐释与评价——西方学者论五四》，山西人民出版社1989年版，第9页。

② ［英］麦都思：《附记西国诗人语录一则》，《遐迩贯珍》1854年9月第9号，第101页，［日］松浦章、［日］内田庆市、沈国威编著《遐迩贯珍——附解题·索引》，上海辞书出版社2005年版，第618页。

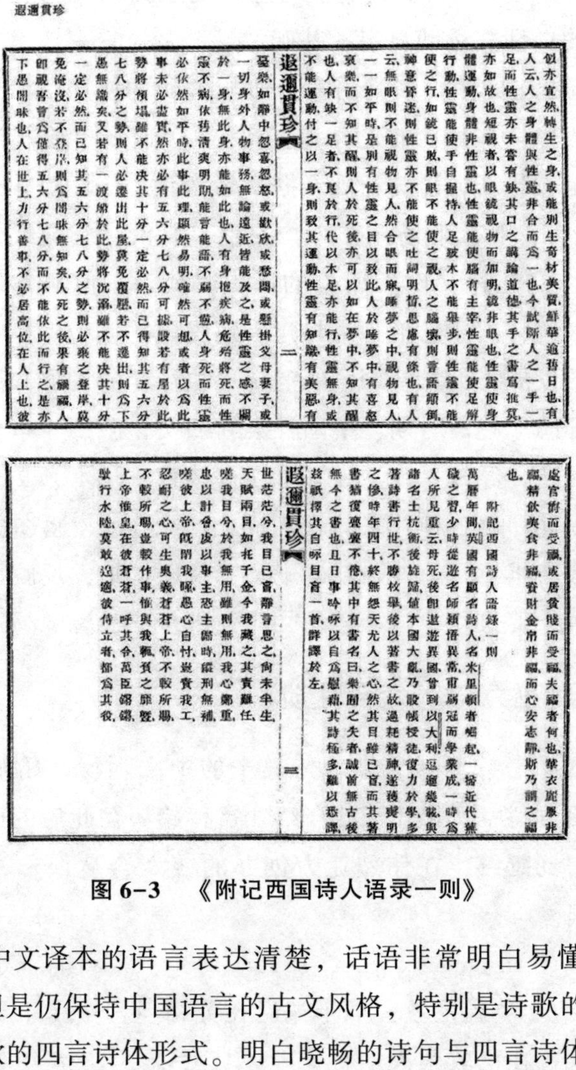

图 6-3　《附记西国诗人语录一则》

底。”①诗歌中文译本的语言表达清楚，话语非常明白易懂，接近于现代白话文，但是仍保持中国语言的古文风格，特别是诗歌的译文表达采用了中国诗歌的四言诗体形式。明白晓畅的诗句与四言诗体的形式的结合表明《遐迩贯珍》所处的历史时期仍然是文言文逐渐向白话文转变的过渡期。根据以上两例可以看出，《遐迩贯珍》所用语言已经接近现代白话文，但是仍是半文半白的形式。从语言和社会的角度分析，《遐迩贯珍》正处在白话文取代文言文的特殊历史时期。从某种意义上来

① 沈弘、郭晖：《最早的汉译英诗应是弥尔顿的〈论失明〉》，《国外文学》2005 年第 2 期。

讲，《遐迩贯珍》等刊物引领了中国近代史上白话文与文言文交锋的潮流，为后来的白话文运动奠定了基础。

首先，《遐迩贯珍》在其语言上旗帜鲜明的使用白话文，逐渐取代文言文，成为白话文运动的先行者。其次，《遐迩贯珍》语言使用上的另一个特色是大量新词语的涌现。据学者考证，《遐迩贯珍》中出现了“国会、宪法、工业、市场、破产、关税、股份、新闻纸、博物馆、火轮”等新词。[①]《遐迩贯珍》所处的历史时代，正值西方列强用武力强行打开中国大门，国家已沦为半封建半殖民地的境地。社会历史的变迁影响着语言的发展，大量新词语的涌现反映社会的发展和变化，成为当时最典型的标志。晚清时期，中国社会新旧文化激烈斗争，同时中外文化交流十分活跃，经济、政治、军事以及教育、学术、文艺等文化的各个领域，几乎充斥着各种外来的新名词、新概念。《遐迩贯珍》所刊载的这类意译或者半意译的外来新词丰富了汉语词汇，反映了当时社会发展的时代背景，促进了中国社会的文明与进步。[②]

二　伟烈亚力与《六合丛谈》

从《东西洋考》开始，来华传教士的中文刊物开始由宣扬宗教教义，转向对西方科学文化知识的介绍。这种趋势在此后的许多来华传教士刊物中都得到延续，在伟烈亚力创办的《六合丛谈》一刊中，这种趋势尤为明显。

伟烈亚力（Alexander Wylie，1815—1887），英国传教士，汉学家。他 1815 年出生于英国伦敦，早年先后在苏格兰、金卡丁郡和伦敦的学校学习，后来曾在伦敦跟人当徒弟学木工手艺。1856 年冬，他在一家旧书摊上买到一本用拉丁文写的《汉语启蒙》（*Notitia Linguae Sinicae*），于是对汉语产生了浓厚的兴趣。后来，他又从英国海外圣经公会得到了新出版的《圣经》汉译本，并通过它深入地学习汉语，并卓有成效。

---

① 刘友林、朱振伟：《试论〈遐迩贯珍〉语言的时代特色》，《教育艺术》2010 年第 1 期。

② 刘友林、朱振伟：《试论〈遐迩贯珍〉语言的时代特色》，《教育艺术》2010 年第 1 期，第 46。

1846 年，由于他学习汉语的能力为伦敦会传教士理雅谷传教士所赞赏，被选拔预备到上海负责“墨海书馆”的印刷工作，于是伟烈亚力学习了 6 个月印刷，并随理雅谷继续学习汉语。1847 年，伟烈亚力作为印刷工被伦敦会派往上海，并于当年 8 月抵达上海。1860 年，他曾返回英国，由伦敦会转入海外圣公会，并作为该会的代理人再次来到中国。[①]

伟烈亚力一生曾两度来华，在传播西学和汉学研究领域是功不可没的，是一位国内外一致公认的汉学家。他在“墨海书馆”工作期间会同中国学者翻译了大批西学著作，如《华英通商事略》（1889）、《西国天学源流》（1889）、《重学浅说》（1858）等，特别是《数学启蒙》（1853）、《续几何原本》（1857）、《代数学》（1859）、《代微积拾级》（1859）等数学译著在中国数学界产生了重大影响。[②] 伟烈亚力热心研究中国文化，收集了近 2 万种中国古典文献，编辑出版了《汉籍题解》（*Notes on Chinese Literature*，1867），内容包括古典文献、科学技术、数学和医学等方面 2 千多篇中国古典文献，至今仍是中国文化研究史上一个浩大的古典文献整理工程。[③]

1857 年初，伟烈亚力在上海创办了中文刊物《六合丛谈》（*Shanghai Serial*），并亲自担任主编。该刊物后来成为晚清时期中国当时最有影响的综合刊物之一。关于《六合丛谈》的创办，伟烈亚力在刊物创刊号的《小引》中说：

> 今予著《六合丛谈》一书，亦欲通中外之情，载远近之事，尽古今之变。……务使穹苍之大，若在指掌，瀛海之遥，如同衽席，是以琐言皆登诸纪载，异事不壅于流传也。是书中所言，天算舆图，以及民间事实，纤悉备载。[④]

---

① 韩琦：《传教士伟烈亚力在华的科学活动》，《自然辩证法通讯》1998 年第 2 期，第 58 页。

② ［英］伟烈亚力：《基督教新教传教士在华名录》，赵康英译，顾钧审校，天津人民出版社 2013 年版，第 209—212 页。

③ 韩琦：《传教士伟烈亚力在华的科学活动》，《自然辩证法通讯》1998 年第 2 期，第 63 页。

④ ［英］伟烈亚力：《六合丛谈》第 1 号，上海墨海书馆 1857 年版，第 1—2 页。

由此可知，伟烈亚力创办这个刊物的目的是以此来传播西方科学技术知识。他认为，中国的知识体系陈旧，缺乏新的科学技术知识，而西方国家则推陈出新，有许多创新知识，应该把西方的新知识介绍到中国。因此，《六合丛谈》是以介绍西方新知识为主的一个刊物，特别重视介绍西方近代科学技术新知识。此外，宗教、政治及文学等人文社会科学知识也是其介绍对象。值得一提的是，《六合丛谈》中对西方文学的译介，以及在中西文学间自觉地比较都十分引人注目。

伟烈亚力的合作者威廉臣（Alexander Williamson）、慕维廉（William Muirhead，1822—1900）、艾约瑟（Joseph Edkins，1823—1905）在介绍西方科技、文化、宗教等知识方面，为伟烈亚力提供了极大帮助。其中，艾约瑟主要负责撰写文学、文化领域的稿件。与伟烈亚力一样，艾约瑟也是受到伦敦传教会的委任来到中国传道，并印制和传播《圣经》。艾约瑟曾为《六合丛谈》及此后的《万国公报》等刊物大量撰稿，介绍西方科学、文化知识。此外，他还编译有《欧洲史略》《希腊志略》《罗马志略》《富国养民策》《西学启蒙》等书。艾约瑟为《六合丛谈》撰写的稿件，主要与包括文学在内的人文学科有关，其中包括《希腊为西国文学之祖》《希腊诗人略说》《罗马诗人略说》《和马传》等，对西方文学及文化进行了非常有价值的介绍工作。以艾约瑟的文章《希腊为西国文学之祖》为例。

在此文中，便有关于西方文学的系统介绍：

> 今之泰西各国，天人理数，文学彬彬，其始皆祖于希腊。列邦童幼，必先读希腊、罗马之书。入学鼓箧，即习其诗古文辞，犹中国之治古文名家也。文学一途，天分抑亦人力，教弟子者，童而习之，俾好雅恶俗。初，希腊人作诗歌以叙史事（明人杨慎二十一史弹词即其类也）和马（荷马）、海修达（赫西俄德）二人创为之，余子所作，今失传。时当中国姬周中叶，传写无多，均由口授，每临胜会，歌以动人。①

① ［英］艾约瑟：《希腊为西国文学之祖》，《六合丛谈》咸丰七年丁巳正月朔日，第1号。引文之标点系笔者根据文义所加，较之原文有改动。引文中人名后的括号内为今通译名，下同。

这段文字是对西方文学始祖荷马的基本介绍。文中所谈古希腊人“作诗歌以叙史事”是对西方文学“诗史”（见下文）传统的准确描述。文中将明人杨慎的讲史弹词作为注脚标明于此处，说明《六合丛谈》的作者们已经开始自觉地将不同国家、不同文明的文学置于整个人类精神文明发展的宏观视野之中。同时，以文学比较方法来研究中西文学所具有的共同特征，可以说是对歌德“世界文学”提法的最初回应，同时也隐晦地为中国人传达了一种文学比较意识，使其得以不再将文学审美对象置于本国文学，而是将其向其他各国文学延伸，也便间接地使中国人对西方语言文字产生了认识及关注意识。

下面继续写道：

> 和马作诗史（唐杜甫作诗关系国事，谓之诗史。西国则真有诗史也），传者二种。一以利亚（《伊利亚特》），凡二十四卷，记希腊列邦攻破特罗呀（特洛伊）事；一阿陀塞亚（《奥德赛》），亦二十四卷，记阿陀苏（奥德修斯）自海洋归国事。①

文中最值得注意的仍是原注。“唐杜甫作诗关系国事，谓之诗史。”杜诗以其对社会时事的忠实描写，以及对普通民众强烈的人道主义关怀，成为国人心目中十分注重发挥诗歌的历史记录功能的诗人的典范。然而，杜诗的“诗史”功能，只是在一个较长的历史时期内截取某个非常细微的时间片段，并加以诗化表达，却很难以宏阔的视野对整个这一历史时期的总体特点进行概括。因此，在近代西方人看来，就诗歌对历史事件的全方位描写及评价而言，杜诗很难与荷马史诗相媲美，荷马史诗才是真“诗史”。

但最值得注意的是，对荷马史诗的诗词格律的分析与介绍：

> 此二书，皆每句十字，无均（古“韵”字）。以字音短长相间为步，五步成句（音十成章，其说类此），犹中国之论平仄也。和

① ［英］艾约瑟：《希腊为西国文学之祖》，《六合丛谈》咸丰七年丁巳正月朔日，第1号。

马遂为希腊诗人之祖，希腊全地文学之风，雅典国最盛。①

文学以语言为基本符号形式，对文学艺术的审美过程，必须首先经由语言途径。文学形式的比较，自是文学语言之间格式、韵律间的比较。借由西方文学实现本国文学的变革，也不仅是文学观念、创作手法等层面的革新，而最为基本的则是从语言文字层面的变革。因此，从《六合丛谈》等来华传教士刊物开始，西方学者从语言层面开始对中西文学进行对比，这种比较使中国近代学者开始从新的视角来认识中国文学语言。

艾约瑟的《希腊诗人略说》一篇，同样渗透着办刊者对西方文化的挚爱。

> 希腊诗人和马者……作诗以扬历战功，为希腊诗人之祖。时仅口授，转相传唱而已。……其诗足以见人心之邪正，世风之美恶，山川景物之奇怪美丽。纪实者半，余出自匠心，超乎流俗。海修达兴之同时，所歌咏者，农田及鬼神之事，周末一女子能诗，名曰撒夫（萨福），今所存者，犹有二篇。又有亚拉改阿斯、西磨尼代(西蒙尼德斯)、以比古斯、罢基里代斯。诸人之诗，今犹存数篇，又有宾大尔者，以短篇著名，善作疆场战斗之歌。又有亚那格来恩者，善言儿女情私，及男女燕会之事，如中国香奁体。周定王时，希人始有演剧之事，每装束登场，令人惊愕者多，怡悦者少，有爱西古罗（埃斯库罗斯）者，作传奇本六十六种，今存者七种，观之能乐于战阵，有勇知方。后有二人，一娑福格里斯（索福克勒斯）、一欧里比代（欧里庇得斯）。娑所著，今存七种，精妙绝伦，人尤爱之。欧所著，今存二十种，笔意稍逊，所演儿女之情，诲淫炽欲，莫此为甚。②

① ［英］艾约瑟：《希腊为西国文学之祖》，《六合丛谈》咸丰七年丁巳正月朔日，第1号。

② ［英］艾约瑟：《希腊诗人略说》，《六合丛谈》咸丰丁巳三月朔日，第3号。

这段文字是对诗人萨福、戏剧家埃斯库罗斯、索福克勒斯及欧里庇得斯等古希腊文学家的简介。对荷马诗歌的评论，显示出艾约瑟的文学功用观："其诗足以见人心之邪正，世风之美恶，山川景物之奇怪美丽。"不难发现，这段文字与《论语》中孔子诗观颇为相似："诗者，可以兴、观、群、怨"，亦即起兴胸臆、观察事物，团结同志，并怨刺弊行。以诗歌反映百态世相，描绘山川景色，与孔子诗观十分相近。对欧里庇得斯作品的评论同样有趣，认为其笔意稍逊，理由是其内容"诲淫炽欲"，这种对欧里庇得斯作品中人性抒发的贬低与抑制，更像是程朱理学的表述方式。可见，为了使西方文学观念被更好地介绍给中国人，深谙中国人的文化心理及文学接受特点的传教士们，制定了以中国文化心理为标准对西方文学进行解释的工作方案。尽管这种解释非常简短，但它对西方文学的传入和介绍必定是起到了极大影响。同时，它也借此阐述了语言革新的重要性。

在语言文字方面，《六合丛谈》最引人瞩目的是其书面语白话文的使用，特别是用白话文译介了大量西方科学技术词语，意义准确，明白无误。

伟烈亚力在为《六合丛谈》创刊号所撰写的《小引》中说：

> 比来西人之学此者，精益求精，超前轶古启名哲未言之奥，辟造化未洩之奇。请略举其纲：一为化学，言物各有质，自能变化，精识之士，条分缕析，知有六十四元（今译"元素"），此物未成之质也；一为察地之学（今译"地质学"），地中泥沙与石，各有层累，积无数年岁而成。细为推究，皆分先后，人类未生之际，鸿蒙甫开之时，观此朗如明鉴，此物已成之质也；一为鸟兽草木之学（即动植物学），举一骨，即能辨析入微，知全体形状之殊异；植群卉，即能区别其类，知列国气候之不同；一为测天之学（即天文学），地球一行星耳，与他行星同，远地球者为定星（今译"恒星"），定星之外，则有星气，星气之说，昔认为天空之气，近以远镜窥之，始知系恒河沙数之定星所聚而成。……别有重学（力学）、流质（流体力学）数端以及听、视诸学（即声学、光学），

皆穷极毫亡，精研物理……今于是书中亦当详论之。[①]

在这里，伟烈亚力介绍了西方近代科学的学科分类，如“化学”“察地之学”（地质学）、“鸟兽草木之学”（动植物学）、测天之学（天文学）、重学（力学）、流质（流体力学）以及听、视诸学（声学、光学）等。中国人第一次知晓这些科学术语和学科概念。“化学”（chemistry）一词在《六合丛谈》中首次出现，其语言学意义是反映了中英语言接触和中英合作创造新词的情况。《六合丛谈》当时是由英国传教士和中国学者合作创办的一个刊物，晚清著名学者王韬是中方编者之一。“chemistry”译为“化学”，成为汉语的一个新词和学科概念，是王韬与英国传教士合作的结果，也是中英语言接触的具体表现。

语义上讲，从“分离”和“化合”的角度来看，中文“化学”一词仅从“变化”着眼，确实没有能够切中英文“chemistry”的本质，但在考虑到中文中“进化”“退化”等一系列术语时，则不得不认为“化学”是一个成功的译名。“化学”能够使中国人很容易联想到“变化之学”[②]。这样，“化学”就成为中文的一个新学科概念和新词语，浅显直白，通俗易懂，体现了白话文的语言特征。[③]

事实上，晚清时期汉语吸收了大量外来语，极大地丰富了汉语词汇，成为晚清的“话语革命”的重要组成部分。必须指出，《六合丛谈》与《遐迩贯珍》处在同一个历史时期，正值白话文与文言文对立交锋之际。同《遐迩贯珍》一样，《六合丛谈》已有明显的白话文特征，但还是处在从文言文向白话文过渡的转折阶段。《六合丛谈》的语言风格彰显了传教士时代背景，其对白话文的使用促进了晚清的语言变革和书面语的转型。

---

① ［英］伟烈亚力：《六合丛谈》（第1号），上海墨海书馆1857年版，第1—3页。

② 沈国威：《译名“化学”的诞生》，《自然科学史研究》2000年第1期，第55—71页。

③ 在对《六合丛谈》进行分析时，笔者发现其与西方文学在我国的译介有紧密关联。笔者的这项研究成果已经以《〈六合丛谈〉与西方文学在我国的译介及比较研究——以“西学说”栏目为例》为题目，刊发于《西安外国语大学学报》2019年第1期。因此不再赘述。

第四节　华文报刊“白话文”与五四白话文运动的发生

一　华文报刊“白话文”

晚清时期，从1815年米怜传教士创办第一份华文报纸《察世俗》至19世纪末20世纪初的中国近现代语言文字变革时期的百余年间，来华传教士所创办的中文刊物有近九百种之多。① 可以想见，传教士在华期间创办华文报刊活动对中西文化交流、白话文的传播都有着重要贡献。通过对以上几种主要刊物的分析，可以归纳为以下几点。

首先，来华传教士创办华文报刊涉及语言文字的使用和中西语言接触与交流。其实早在明末时期，早期来华传教士利玛窦等人在译介过程中就首先使用了“白话文”，成为最早在中国使用“白话文”的倡导者和实践者。清朝时期来华传教士华文报刊书面语的变化更是一个时代的标志，对语言变革运动产生了巨大的影响，极大地推动了晚清的白话文等话语革命。《察世俗》和《东西洋考》等报刊已逐渐脱离文言文，率先使用“白话文”；《遐迩贯珍》和《六合丛谈》成为文言文和白话文对立交锋的前沿与白话文传播的先锋，促进了中国书面语言的成功转型，引领了后来新文化运动中发生的白话文运动。

其次，来华传教士中文报刊活动对近代中国的科学思想的萌发发挥了推进或刺激作用。基督教曾经对西方科学的发展构成严重威胁，科学思想与宗教观念经历了长期的冲突与对立。晚清传教士中文刊物却能从最初的宗教传播逐渐转向对西方国家先进的生产方式、科学技术、风俗习惯等不同领域知识的介绍。这种趋势从《察世俗》等刊物中便隐含地表现出来。在此后的其他刊物中，西方科学知识的译介文章逐渐成为刊物主要内容。《遐迩贯珍》等刊物等通过对西方近代先进科学技术的传播，促进中西方文化交流，使中国读者逐渐体会到中国与西方存在的差距，为中国近代的社会变革提供了思想源泉及动力。此外，这些刊物

① 赵晓兰、吴潮：《传教士中文报刊史》，复旦大学出版社2011年版，第7页。

通过对西方社会科学知识、语言文学艺术以及哲理著作的介绍，使近代中国人意识到中国社会的变革必须从文化、语言的变革开始。社会领域的变革，显然是包括语言在内的文化领域变革的前提。报刊书面语的变化以及白话文的传播对中国近代文化变革运动起到了积极的促进作用。

总之，《察世俗》《东西洋考》等华文报刊率先使用白话文挑战文言文，并吸收欧洲语言的语法结构，助推了中西语言接触和汉语书面语的从文言文向白话文的转变。《遐迩贯珍》《六合丛谈》等华文报刊大力传播和推广白话文，其所刊载的文章也或多或少反映了当时中国社会要求进步的时代心声，成为白话文与文言文交锋的前沿，其刊载的丰富科技语汇为汉语注入了新的血液。报刊所刊载的文稿也逐步受到欧洲语言的影响。来华传教士办刊活动及其刊物书面语的变迁对中国近代诸多领域改革的影响是同时进行的，这种特点也从侧面反映出近代中国在包括社会、文化、语言等在内的诸多领域进行变革的迫切性。

二 五四白话文运动的发生

来华传教士中文刊物中使用白话代替文言是汉语开始由文言文向白话文转变的历史实践。1919 年，五四运动期间发生的白话文运动是在全国范围以白话文取代文言文的一场书面语变革运动。我国的书面语向白话文的转变实际上与当时的国语运动紧密联系在一起，国语运动提出了“言文一致”和“国语统一”两大口号，[①] 其中“言文一致”是指使汉语口头语与书面语一致，在书面语表达上以现代白话文取代古代文言文，掀起了汉语书面语变革的热潮，促进了我国语言文字改革的发展。

1840 年鸦片战争爆发，西方列强以坚船利炮打开古老中国的大门，将中国强行纳入其主导的国际秩序。由于战败，清政府被迫签订了《南京条约》，开放广州、福建、厦门、宁波、上海为通商口岸，允许外国人居住和进行商贸活动。这时，外国传教士也随之来到中国传教，开展了一系列的语言文化活动，西学思潮也竞相涌入中国。“中国知识分子

① 黎锦熙：《国语运动史纲》，商务印书馆 2011 年版，第 91 页。

惊愕地发现，除了诗云子曰以外，天底下还有那么多闻所未闻，甚至用中文无法表达的学问。"[①] 西方列强的炮舰和西学思潮使国人感到震惊，也催生了近代中国社会的发展和国人思想的变化。事实上，鸦片战争后西学思潮的传入对20世纪初的中国社会和广大民众产生了广泛而深刻的影响，如思想意识、生活用品、日常语言、风俗习惯、教育制度、交通工具等。西洋"舶来品"在中国几乎无处不在，如洋火（火柴）、洋伞（雨伞）、洋布（面布）、洋袜（袜子）、电灯、电话、电报、煤气、火车等。

在语言文化方面，传教士华文报刊和书籍把西方语言的词汇语句带入中国语境，但在中国的文言文体系中找不到合适的词汇来表达和解释这些带有西方思想价值观念的语句词汇。这使一些中国知识分子感到了某种失语的痛苦。他们觉得文言文将国人封闭了起来，很难实现与外部世界的交流。随着中西方文化交流的深入，西洋"舶来品"和思想观念越来越多地进入中国社会和国人的生活，文言文已经很难准确地表达这些西方近代物品和思想。"由于西洋思想的输入，人们对于政治、经济、道德等的观念，和对于人生，社会的见解，都和从前不同了。应用这新的观点去观察一切，遂对一切问题又都有了新的意见要说要写。然而旧的皮囊盛不下新的东西，新的思想必须用新的文体以传达出来，因而便非用白话不可。"[②] 在这种历史文化语境中，五四运动前后便发生了轰轰烈烈的白话文运动。

1917年1月1日，胡适在《新青年》第2卷第5号发表题为《文学改良刍议》的文章，成为白话文运动的标志。这篇文章提出了改革旧文学的"八事"，向封建文学——主要是文言文进行了猛烈的抨击，大力提倡白话文写作，宣称"白话文学之为中国文学之正宗，又为将来文学必用之利器，可断言也"。胡适率先举起了"文学革命"的旗帜，大胆提出这个纲领性的意见，引发了学界关于白话文学、文学革命、文学本质的讨论。陈独秀旋即积极响应。1917年2月18日，陈独秀在《新青年》第2卷第6号发表了《文学革命论》，明确向旧道德和旧文化开

① 熊月之：《西学东渐与晚清社会》，中国人民大学出版社2011年版，第175页。

② 周作人：《中国新文学的源流》，上海书店1988影印版，第111—112页。

战的态度，提出了文学革命三大主张，倡导“推倒迂晦的艰涩的山林文学，建设明了的通俗的社会文学”。

胡适和陈独秀倡导的“文学革命”引起了强烈反响，钱玄同、刘半农、周作人、罗家伦等纷纷撰文响应。钱玄同在《新青年》第3卷第1号发表《寄陈独秀》，表示赞同胡适的《文学改良刍议》。此时，白话文新文学运动在我国蓬勃开展起来。1918年5月，《新青年》实现自己的主张，从第4卷第5号起完全改用白话文，增加了白话诗。1918年1月5日，鲁迅在《新青年》第4卷第5号上发表了中国第一篇白话小说《狂人日记》，成为白话文运动在文学领域的新跨越，使中国现代文学向前迈进了一大步，在中国近现代文学史上有着重要的地位和影响。1918年12月，李大钊、陈独秀创办白话文周刊《每周评论》。[①] 同时，傅斯年、罗家伦等创办了白话文月刊《新潮》。

1919年5月，“五四”新文化运动爆发，白话文运动得到突飞猛进的发展。据胡适估计，一年之内至少出现了400多种白话文报刊，如《曙光》《少年中国》《湘江评论》《星期评论》等。1919年3月，周作人、胡适、朱希祖、钱玄同、马裕藻等提出《国语统一进行方法》的议案，提出统一国语要从小学校入手，各种课本是传播国语的大本营，国民学校应全用国语，不杂文言。1919年4月21日，当时北洋政府的“国语统一筹备会”正式成立。1920年，教育部命令小学教科书改用白话文。具体过程为：1920年1月，教育部颁发训令，全国各国民学校先将一、二年级国文改为语体文（白话文）；1920年4月，教育部又发出通告，全国各国民学校除一、二年级国文科改为语体文外，其他各科教科书亦相应改用语体文（白话文）。至此，白话文运动取得了胜利，白话文代替了传统文言文，使中国的教育得以普及。五四白话文运动作为新文化运动的一个组成部分，促进了新文学运动和中国语言文字变革运动的发展。

---

① 该刊物主要内容是在中国传播马克思主义理论。

第七章　传教士汉语研究对语言学的历史影响

语言学是一门将语言作为研究对象，围绕着语言事实建立起来的科学。[①] 世界许多文明在古代都曾对语言展开探索。中国、古希腊与古印度是其中的代表。中国自先秦时期就开始了零星的对于语文学知识的研究。[②] 例如，我国先秦荀子所著《正名篇》中就系统性阐述了语言具有社会本质这一观点。[③] 而在西方，古希腊人也对语言和有关语言的问题进行过深入的思考。比如，古希腊在公元前6—前5世纪的古典时期就开始有语言科学的记载，在有关于苏格拉底、柏拉图、亚里士多德等哲学家的记载以及他们的作品中，就可以找到关于语言的论述。[④] 在古印度，关于语言的研究最初是在力求正确地解读与传诵古代宗教圣典《吠陀》之中产生的。帕尼尼（Pānini，公元前4世纪）是古印度语言学的代表，其名著《八书》（又称《梵语语法》）详尽地描写了梵语的屈折变化与语言结构。[⑤] 可以说，语言学研究在中国与西方都历经了十分漫长而曲折的发展过程。

王力在《中国语言学史》中指出，在中国语言学史上训诂学最早出现，音韵学继而占据了主导地位，随后文字、声韵与训诂学全面发展。中国语言学研究在各个不同的历史时期与发展阶段各有侧重，而西方语

---

① ［瑞士］费尔迪南·德·索绪尔：《普通语言学教程》，高明凯译，商务印书馆2009年版，第17页。

② 王力：《中国语言学史》，山西人民出版社1981年版，第1页。

③ 何九盈：《中国古代语言学史》，广东教育出版社1995年版，第6页。

④ ［英］罗宾斯：《简明语言学史》，许德宝、冯建明、胡明亮译，中国社会科学出版社1997年版，第17页。

⑤ 刘国辉：《历史比较语言学概论》，四川大学出版社2000年版，第11—12页。

言学的发展过程也是如此。“欧洲的语言学传统受到欧洲内部发展和外部情况的影响，经历了几个不同的阶段，主要动力和方向也多次变更。”① 中国与西方的语言学研究遵循着不同的学术传统，各自经历了相异的发展道路，但这并不代表中西方的语言学研究毫无交流与交汇。事实上，中国语言学曾两次经受外来的影响：第一次发生在唐朝，古印度梵语传入中国后，对于音韵学方面产生了局部影响；第二次就是清末以来，西方对于中国语言学研究的各个方面都产生了影响。②

随着时代的发展进步，东西方文明交汇，中国与欧洲发生了语言接触与激烈的文化碰撞，原本经历不同发展道路的语言学思想也相遇了。在这个过程中，来华传教士对于汉语的语言事实的认识与理解逐渐在欧洲传播和扩散，来华传教士对于汉语的研究成为西方近代语言学思想核心的一个不可或缺的组成部分。与此同时，西方近代语言学思想也回溯中国，通过来华传教士的华文报刊活动得到扩散与传播，影响了汉语的发展。语言与社会发展的相互制约在这一过程中得到了体现。本章主要讨论西方近代语言学思想的源流发展与中国语言文字变革之间的关系。

第一节　传教士汉语研究与“中学西传”中的语言认识

一　明清期间传教士汉语研究简述

关于来华传教士对汉语汉字的研习活动情况，这些活动产生的一系列成果，以及这些成果在汉字“注音字母化”过程中的影响，本书第四章已经有过分析描述。在此基础上，本部分对明清期间来华传教士对汉语语言文字的学术研究过程中所形成的汉语观念进行总览。

明末清初，罗明坚与利玛窦等第一批西方耶稣会传教士来到中国，

① ［英］罗宾斯：《简明语言学史》，许德宝、冯建明、胡明亮译，中国社会科学出版社1997年版，第11页。

② 王力：《中国语言学史》，山西人民出版社1981年版，第173页。

在传教的同时开始了对汉语语言系统的学习和研究。为了能够使传教活动在中国顺利展开，对这些来华传教士来说，刻苦学习和研究中国传统文化，成为他们每一位在华传教士的头等大事。熟悉和掌握汉语语言文字，是他们在华从事传教活动和日常生活必须迈过的第一关。正是在这样的努力之下，他们对汉语的认识和解析取得重大进展，所凝结的汉语研究成果也为当时欧洲展开汉语及汉学研究提供了基本研究材料以及文献来源。正如艾田蒲所言："在无人或几乎无人懂得中文的情况下，我们的历史学家和哲学家完全依靠多明我会或方济各会，特别是耶稣会士，依靠他们有趣而有益的书信，他们的回忆录和译作。"①

为了学习汉语，耶稣会士撰写了许多双语工具书以及汉语研修专门文献。例如：罗明坚与利玛窦合编的《葡汉辞典》、金尼阁编写的《西儒耳目资》、卫匡国著的《中国文法》、万济国编写的《华语官话词典》、叶尊孝著的《汉字西译》、李明撰写的《中国近事报道》、马若瑟编写的《汉语札记》，等等。②

这些双语工具书以及研究文献传回欧洲后，对欧洲语言学及汉语研究的影响持续深远。其中，"耶稣会士最早撰写的汉语语法书"③《中国文法》的影响甚为巨大，可以视为欧洲汉学研究的发端。卫匡国（Martin Martini，1614—1661），属天主教耶稣会，出生在意大利特兰托城（Trente），17岁加入耶稣会。1643年受教会派遣至中国，1650年因报告教务问题回罗马，游历欧洲诸国数年。《中国文法》便成书于这一时期。卫匡国"旅行欧洲时，曾以所撰《中国文法》赠戈林斯（Golins）。此书颇有助于蒙采尔（Mentsell）和巴耶二人。"④ 这部著作成为欧洲汉学界深入研究中国语言文字特别是汉语语法的必不可少的工具书，是欧洲汉语汉学研究的一个标志性成果。

---

① ［法］艾田蒲：《中国之欧洲》（上卷），许钧、钱林森译，河南人民出版社1992年版，第183页。

② 董海樱：《16世纪至19世纪初西人汉语研究》，商务印书馆2011年版，第61—111页。

③ 董海樱：《16世纪至19世纪初西人汉语研究》，商务印书馆2011年版，第183页。

④ ［法］费赖之：《在华耶稣会士列传及书目》，冯承钧译，中华书局1995年版，第260—266、291、354页。

晚清时期，自从第一个英国新教传教士马礼逊来华后，西方基督教在华传教活动开始进入了以英美传教士为主的新教传教时期，这也是新教传教士来华后开展汉语研习活动的重要时期。同明末天主教耶稣会来华后一样，新教传教士入华后面临的最大障碍是汉语语言文字。他们借鉴了以前天主教传教士学习和研究汉语的成果，一方面为了在不同方言区传教而努力学习和研究中国沿海地区方言，另一方面又与当时欧洲本土学者的汉语研究进展相同步，共同掀起西方汉语研究一个新高潮。

实质上，这些来华新教传教士在中国的语言文字方面完成了许多开创性的工作。其中，最具代表性的成果有：马礼逊编纂的《华英字典》(世界第一部英汉—汉英的对照字典)、《通用汉言之法》（新教传教士最早编撰的汉语语法论著)、《广东土话字汇》（中国第一部汉语方言—英语双语词典)、麦都思编纂的《英汉字典》、艾约瑟编写的《汉语官话口语语法》等。同样，英美传统汉学的兴起也是与基督教新教来华传教士的汉语研习紧密联系在一起的。

被誉为“美国汉学之父”的来华传教士卫三畏就是其中最为突出的一位汉语专家。卫三畏（Samuel Wells Williams，1812—1884)，属美国公理会。他出生在美国纽约州的一个基督教家庭。他于1833年10月来到中国，在华时间长达40余年，曾代理美国驻华公使，是一位汉语研究和中国问题专家。① 为了帮助在华西方人学习和研究汉语语言文字，卫三畏在华期间编著出版了诸多英汉字典及汉语研究著作。基于以上新教传教士及其他派别传教士以及在华外交官的汉语研究成果，卫三畏在汉语语言文字方面的研究成果卓著，《拾级大成》（1841年出版，又名《汉语简易教程》，为汉语语法教材)、《英华韵府历阶》（1843年出版，南京官话英汉字典)、《中国总论》（1848年出版)、《英华分韵撮要》(1849年出版，广州方言汉英字典)、《汉英韵府》(1874年出版，又名《汉语拼音字典》）为其中代表之作。这些工具书的编纂“目的固然是为外国人学习汉语和传教士布道之用，但这些教材和字典本身就体现了他对中国传统文化的认知。既有利于西方人学习汉语，又增进了西方人

---

① ［英］伟烈亚力：《基督教新教传教士在华名录》，赵康英译，天津人民出版社2013年版，第94页。

对中国的了解"[①]。

《汉英韵府》是卫三畏编纂的最为著名的汉语学习参考书，这是他"一生汉语研究成果的总汇"，该字典成为过去外国人学汉语的必备工具书。此外，卫三畏在其《中国总论》中专门探讨了中国语言和文字，"内容关涉文字的起源、构造、发音与拼音、字形变化、书写工具、印刷技术、官话与方言的区别、汉语语法、文体、汉语学习方法等各个方面"[②]。这一西方汉语研究的综述之作以其独到见解和翔实的资料已成为美国汉学研究的指南。

以上所述之汉语研究的传教士代表人物及其著作也仅仅是传教士汉语研究史的一角。从卫匡国到卫三畏，从耶稣会到新教，传教士们想要通晓汉语、认识中国、理解中国的脚步从未停歇。他们对于汉语的评价和研究经过"东学西传"在欧洲引发了回响。

二　传教士汉语研究成果及其汉语观的西传

17—18 世纪，随着欧洲与中国在各领域交流的不断深入，欧洲各国掀起了一股"中国潮"。通过早期来华传教士的传播和研究，中国语言文化在欧洲各国上层社会和知识界广泛流传。事实上，早期来华传教士在艰难的研习汉语过程中搜集了大量语言资料，撰写了许多关于汉语的著述。这些大量的汉语资料和论述随着来华传教士的著作与书信传回了欧洲。欧洲早期汉学家和语言学家分析和研究这些语言资料和著述，受到早期来华传教士汉语观的影响，逐渐形成对于汉语的特定观念和语言思想。

考察中西文化交流史，明清期间是"西学东渐"和"东学西传"的高峰时期，西方基督教传教士在这两股文化浪潮中担当了重要的角色，成为中西文化交流的推动者。就"中学西传"而言，来华传教士通过翻译和著述把大量涉及中国文化各方面内容的书籍介绍给了西方社会，传播了中国的思想和文化，对启蒙时代欧洲的思想文化与社会生活都产生了影响。

---

① 孔陈焱：《卫三畏与美国汉学研究》，上海辞书出版社 2010 年版，第 175 页。

② 孔陈焱：《卫三畏与美国汉学研究》，上海辞书出版社 2010 年版，第 181—182 页。

在“东学西传”活动中，来华传教士对中国语言文字的研究非常关注，主要表现在对辞书编写、中国典籍翻译和汉语言文化的研究著述上。辞书是学习语言的重要媒介和促进文化传播的基本工具。来华传教士编撰过许多关于汉语语言文字学习的工具书。例如，西班牙奥斯定会传教士拉达（Mardin de Rada，1533—1592）编写了《华语韵编》(1575)。这本教材是他来华到福建沿海后，根据泉州土音（闽南话）用西班牙文编著的一本西班牙语与闽南话对照的词汇书，被誉为第一部中外合璧的字典。[①] 罗明坚和利玛窦合编了《葡汉辞典》（约1584—1588年），这部辞典被认为是中国本土首部汉语与欧洲语言对照的双语词典，它开创了用罗马字母给汉字注音的系统。[②] 这部辞典完成后，利玛窦于1588至1589年和“精通音律的郭居静、华人修士钟鸣仁等人合编了一部汉葡词典，其目的是为了推广汉字注音方案”。[③] 汉字注音系统滥觞于传教士开创的汉外双语词典编纂活动。

同时，来华传教士为研究当时中西语言交流中国语言文学提供了第一手资料。在“东学西传”中，来华传教士对汉语著作的翻译和介绍是向西方传播中华文化的一种重要方法，主要内容为中国典籍译介和有关中国历史和现状的书籍的编译。例如，翻译及编纂的中国经典有《四书》《五经》《大学》《中庸》《易经》《诗经》等[④]；著述的中国史书类有《中华大帝国史》《中华帝国全志》《大中国志》《中国通史》和《大唐史纲》等。这些译著与著述将中国展现于西方世界，从自然地理至中医药方，从文学作品到儒家经典无所不包。传教士的中学西译的活动令欧洲发现中国，中国传统自此闪耀欧洲，对欧洲上至思想运动下至社会生活风貌都产生了广泛的影响。

此外，来华传教士对中国语言文字研究的著述在“东学西传”中是中西语言交流的有效途径，对汉语语言的传播以及研究有着实质性意义。例如，葡萄牙传教士曾德昭是一位向欧洲传播中国文化的非常重要

① 吴孟雪：《明清时期：欧洲人眼中的中国》，中华书局2000年版，第6页。

② 张西平：《西方近代以来的汉语研究的成就》，《汉学研究》第七集。

③ 杨慧玲：《中国国家图书馆藏汉葡词典抄本及其史料价值》，《史学史研究》2012年第4期。

④ 江文汉：《明清间在华的天主教耶稣会士》，知识出版社1987年版，第101页。

的人物，其突出贡献是在《大中国志》（*The History of That Great and Renowned Monarchy of China*，1638 年完成，1655 英译本出版）中对中国语言文字的论述。他认为，中国使用的语言和文字非常古老，书面语与口语差别巨大，方言众多，缺乏语法规则[①]等。他的著述和对汉语语言的认识此后在传教士的中国语言文字研究中被广泛引用。

而西班牙修道士门多萨所著《中华大帝国史》（*Historia del Gran Reino De La China*,）则是一本关于中国的百科全书式的著作。门多萨（Juan Gonzalez De Mendoza，1545—1618）于 1564 年成为墨西哥城奥古斯丁修会的一名修道士。1581 年，门多萨随西班牙使团出使中国，但因故逗留墨西哥，未能赴华，并于 1582 年悻然返回西班牙。门多萨归国后，利用其在墨西哥搜集和整理的前人的使华报告、文件、信札和著述等，并参考大量已在欧洲出版的关于中国学的研究著作，于 1585 年出版了《中华大帝国史》（西班牙文）一书。此书介绍了有关中国历史、自然地理环境、语言文化、风俗礼仪、宗教信仰以及社会政治经济各方面情况，被认为是 16 世纪有关中国情况最详尽和最全面的一部著作。[②]

关于中国语言文字，门多萨说："他们没有跟我们一样的字母，只有用图形书写，同时他们要长时间，很困难地学会它，因为几乎每个词都有一个字。……他们一共有六千多彼此不同的字，但他们写得很快（在菲律宾，很多在那里和每天到那里去的中国人常常看见）。"[③] 门多萨认为，汉语是一种书面比口语更容易理解的语言，因为每个不同的字表示的含义肯定不同。他还惊奇地发现，中国人说各种不同的方言，但能通过文字相互理解，而用口语则不成。这是因为一个图形或字对中国人来说就表示一件事物。[④]

由此可见，门多萨已经认识到了中国语言文字的象形特征。事实上，《中华大帝国史》同以前关于中国的著作相比较，门多萨的著作触及了中国生活和事物的实质，为欧洲人认识中国这个东方神秘大国打开

---

① ［葡］曾德昭：《大中国志》，何高济译，商务印书馆 2012 年版，第 53 页。

② 张铠：《推荐序》，［西］门多萨：《中华大帝国史》，孙家堃译，中央编译出版社 2009 年版，第 1—3 页。

③ ［西］门多萨：《中华大帝国史》，何高济译，商务印书馆 2013 年版，第 103 页。

④ ［西］门多萨：《中华大帝国史》，何高济译，商务印书馆 2013 年版，第 103 页。

了窗口。《中华大帝国史》的出版立刻在欧洲引起了轰动，很快被翻译成英语、拉丁语、意大利语、德语、法语、荷兰语和葡萄牙语等多种文字在欧洲传播开来，使“东学西传”活动在欧洲达到了一个高峰。[①]

第二节　传教士汉语研究对西方语言学思想的影响

一　西方语言学思想的发展

就语言学科的历史而言，西方语言学的发展经历了漫长而曲折的过程，其历史沿革大致可以分为 3 个连续的阶段：语文学阶段、历史比较语言学阶段与现代语言学阶段。[②] 19 世纪之前的语言研究都属于语文学研究范畴，这段时期又被称之为传统语法阶段，这是语言学发展的第一个阶段。19 世纪初，历史比较语言学的诞生标志着语言学进入了第二个阶段。历史比较语言学不仅仅批判承袭了一部分古代传统语法阶段的研究成果，还从相邻的学科中汲取信息，丰富并超越了以往的语言学研究。19 世纪末 20 世纪初语言学研究进入第三个阶段。索绪尔语言理论的出现使得语言学彻底摆脱过去不全面的语言观与方法论，从而真正成为一门现代意义上的学科。

语言学学科所呈现的三个阶段的持续性发展反映了人类对于语言的逐步深入的理解。[③] 本小节在 19 世纪之前的语言学研究基础上主要讨论西方近代的历史比较语言学形成的过程，探索语言学第二个发展阶段的具体过程。西方语言学在 19 世纪日臻完善并成为一门独立的学科。要探究其发展过程，必须从广阔的历史背景中来考察。如果没有前人对于语言的描写与认知，语言学不可能发展完善。

诚如英国语言学家罗宾斯（R. H. Robins）所言：

---

① 张铠：《推荐序》，[西] 门多萨：《中华大帝国史》，孙家堃译，中央编译出版社 2009 年版，第 1—3 页。

② 胡壮麟：《当代语言理论与应用》，北京大学出版社 1995 年版，第 1—2 页。

③ 白鸽：《试论西方现代语言学理论的创立及发展演变》，《西安交通大学学报》（社会科学版）2014 年第 4 期。该论文是笔者在北京大学博士访学期间完成的研究成果，由教育部研究生创新计划——北京大学博士访学项目（编号：1201920011）资助。

> 语言科学，像人类的其他各门知识一样，也像人类文化的各个方面一样，即是它过去历史的产物，又是其未来发展的源泉。……一门（从最广泛的意义来说的）科学，就像一个民族，或者一个理性或道德的概念一样，也有它自己的历史。[①]

19世纪之前的语言学研究与历史比较语言学之间关系十分紧密，无法割裂。因此，要讨论历史比较语言学的发展，就不得不从头回溯西方语言学发展的历史。西方语言学研究有着多重的源头。在欧洲，语言学一开始就与哲学有着紧密的联系。早在公元前五六世纪的古典时期，古希腊的哲学家就已经开始探讨与语言有关的问题。亚里士多德（Aristotle，公元前384—前322）、柏拉图（Plato，公元前429—前347），以及古希腊人的语言研究流传至古罗马，此后，整个近代语言学就几乎是在罗马人的语言研究的基础之上建立的，直到19世纪为止。[②] 在亚洲，古印度有着与古希腊十分不同的语言学传统，古印度学者对语言的研究重在描写语言形式，奠基在对于整个语言结构的分析之上，其叙述是严格地综合的。[③] 古印度的语言学研究对西方语言学的影响也是非常深远的。在公元5世纪到15世纪的欧洲中世纪，对于拉丁语语法的研究成为语言研究的主题。从文艺复兴到18世纪晚期，语言研究的范围扩大了，不再以拉丁语研究为主，开始探讨当时欧洲的一切语言，并将各种语言作为一个整体来研究。

总体上而言，19世纪之前的语言研究是规定性的语文学研究。这一时期的语言研究主要秉持工具主义语言观，认为语言仅仅是研究经史典籍的工具，并没有将语言作为独立的研究对象。因此，这一时期语言学还未成为相对独立的学科，而是紧紧依附于哲学与相关人文学科。[④]

---

① ［英］罗宾斯：《简明语言学史》，许德宝、冯建明、胡明亮译，中国社会科学出版社1997年版，第3页。

② ［丹麦］威廉·汤姆逊：《十九世纪末以前的语言学史》，黄振华译，世界图书出版公司2009年版，第8页。

③ ［丹麦］威廉·汤姆逊：《十九世纪末以前的语言学史》，黄振华译，世界图书出版公司2009年版，第5—6页。

④ 王远新：《语言理论与语言学方法论》，教育科学出版社2006年版，第13页。

可以说，19 世纪之前的语言学研究是语言学的语文学阶段，也可以称之为传统语法阶段，是近代语言学的历史前奏。

到了 19 世纪上半叶，历史比较语言学的出现宣告语言学作为一门独立学科的诞生。历史比较语言学逐步将探索语言的发展规律作为研究的主要内容，使用科学的研究方法，使得语言学研究逐渐形成了科学的研究。① 相较而言，“欧洲语言学传统在其历史发展过程中，接触过在欧洲传统范围以外从事研究的，并形成独特见解的各派语言学研究者的主要理论。欧洲语言学从他们那里学到了许多东西”。可以想象，“如果没有他们，当代的欧洲语言学（这不可避免地意味着整个当代世界的语言学），在内容上就会比我们所能设想的现状更贫乏，在方法上也会更落后”②。

罗宾斯认为：

> 一门科学的变化和发展由若干因素所决定。每一门科学都在自己过去的基础上成长……任何学科都不存在于真空之中，它必定会涉及或接触其他科学……一门科学的发展，除了受到自身历史的影响以外，也受到当时各种社会因素和占主导地位的学术观念的影响。③

同时，他指出：

> 一门科学的简明历史概论，如通常出现在入门教科书中的那样，难免会用现在的眼光看待过去，把注意力集中在早期研究中那些看来与现在的研究或者发生特别的关系、或者惊人地没有任何关系的方面。在这样的限制下，出现这种情形是正常的，也几乎是难

① ［英］罗宾斯：《简明语言学史》，许德宝、冯建明、胡明亮译，中国社会科学出版社 1997 年版，第 5 页。

② ［英］罗宾斯：《简明语言学史》，许德宝、冯建明、胡明亮译，中国社会科学出版社 1997 年版，第 11—12 页。

③ ［英］罗宾斯：《简明语言学史》，许德宝、冯建明、胡明亮译，中国社会科学出版社 1997 年版，第 4 页。

> 以避免的。但是这样作有一种危险，就是把一门科学过去的所有研究工作，都用有利于现在的观点去评价。……我们所需要做的，是努力认清过去如何演变到现在的情况。[①]

历史比较语言学（historical comparative linguistics）是指运用历史比较法，从历史的角度分析语言的发展变化规律的学科。历史比较语言学把相关的各种语言或者把同一种语言的历史发展的各个不同阶段之间进行共时或历时比较，探寻他们之间在语音、语法和词汇上的对应关系，探求语言的亲缘关系、历时演变和结构变化，以此建立语言谱系关系并最终构拟原始语。[②] 早在12世纪，冰岛一位学者就进行了语言的比较研究的初次尝试，这位学者主要讨论了如何"改进从拉丁字母演化来的字母，以便适合当时冰岛语的拼写"。在讨论正字法的过程中，他展现了"对隐含在音位分析及其应用中的原理的了解……比布拉格学派早大约800年，触及该学派音位理论的某些内容，并且在很大程度上运用了音位的概念"[③]。到了18世纪末，西方学者开始接触并掌握梵语（即古印度语）。他们通过比较研究发现，梵语在某些词汇层次和语法结构上与欧洲几种主要语言之间存在着惊人的相似。其中，英国学者威廉·琼斯爵士（Sir William Jones，1746—1794）倡导成立了"孟加拉亚洲学会"，并在1786年举行的亚洲学会上宣读的一篇论文中宣称：根据对梵语、希腊语以及拉丁语在语法形式和动词词根的相似性研究，可以断言这3种语言源自于同一种原始语言。[④] 从而揭示了梵语与西方主要语言之间的渊源关系，也由此揭开了语言学研究史上的新篇章。

19世纪历来一直被看作是历史比较语言学研究的主要时期。1808年，德国学者施勒格尔发表的《论印度人的语言和智慧》中首次出现

① ［英］罗宾斯：《简明语言学史》，许德宝、冯建明、胡明亮译，中国社会科学出版社1997年版，第3—4页。

② 刘国辉：《历史比较语言学概论》四川大学出版社2000年版，第14—16页。

③ ［英］罗宾斯：《简明语言学史》，许德宝、冯建明、胡明亮译，中国社会科学出版社1997年版，第84页。

④ ［丹麦］威廉·汤姆逊：《十九世纪末以前的语言学史》，黄振华译，世界图书出版公司2009年版，第70—71页。

“比较语法”这一术语。施勒格尔指出语音对应对于比较语法的重要性，并认为梵语在词汇及语法关系方面与拉丁语、希腊语、日耳曼语等存在着许多共性，这些共性并非偶然[①]，而是因为他们之间有亲缘关系。在19世纪从事语言历史比较研究的学者中最著名是丹麦的拉斯克和德国的葆朴。

拉斯克（Rasmus Rask，1787—1832）于1811年出版《冰岛语语法》，后在其名著《古代北方语或冰岛语起源研究》中通过对语法形式的比较研究，展示了古冰岛与和其他印欧语系语言之间的关系，此书可称为是印欧语比较语法的雏形。葆朴（Franz Bopp，1791—1867）的著作《论梵语动词变位系统与希腊语、拉丁语、波斯语和日耳曼语的比较》的出版，在德国标志着历史比较语言学的诞生。葆朴在其代表作《梵语、禅德语、阿尔明尼亚语、希腊语、拉丁语、立陶宛语、古斯拉夫语、哥特语和德语的比较语法》中表明，他研究的目的在于将梵语和印欧语系以及亚洲的诸多语言进行比较描写，探索支配这些语言的规律以及其屈折变化的起源。葆朴在探索过程中发现了比较语法的一些重要原则，这是他对历史比较语言学的重要贡献。[②]

19世纪中期，德国语言学家施莱赫尔（August Schleicher，1821—1868）成为历史比较语言学的集大成者。他出生于波恩，年青上大学时深受黑格尔哲学和达尔文进化论的影响。他曾在大学当了7年教授，主讲古典语文学和希腊语、拉丁语比较研究，后来从事斯拉夫诸语言的研究。施莱赫尔的主要著作有：《语言比较的研究》《教堂斯拉夫语形态学》《立陶宛语学习手册》《德语》《达尔文学说和语言学》等。而他最重要的著作是《印度日耳曼语言比较语法纲要》。施莱歇尔在此书中展现了他受到进化论影响产生的“语言生物观”。找寻各种语言的共同语（或始源语）以及构拟印欧语系祖语和已知语言关系的“谱系树”的尝试是他对历史比较语言学的最大贡献，为以后该领域的研究开辟了道路。[③]

---

① 刘国辉：《历史比较语言学概论》四川大学出版社2000年版，第27页。

② 刘国辉：《历史比较语言学概论》四川大学出版社2000年版，第35—38页。

③ 刘国辉：《历史比较语言学概论》四川大学出版社2000年版，第46—49页。

由此可见，历史比较语言学在19世纪上半叶的出现、形成与发展，宣告语言学脱离传统语文学阶段，成为一门独立的科学。历史比较语言学是语言学历史上的第一个科学的理论流派。现代语言学是建立在对历史比较语言学的批判与继承的基础之上的。历史比较语言学将语言作为独立的对象进行研究，认为语言是一个自然有机体，采用历史比较法，秉持自然主义的语言观，通过对不同语言之间语音和形态相似性的比较，建立语音对应规律，鉴定亲属语言的同源成分，并以此确定同源语言的亲疏远近，划出语言的谱系关系，发现语言演变的规律。[①] 历史比较语言学的出现使得语言学研究脱离了传统语法研究阶段的规定性研究，开创了具有描写性质的语言学研究。历史比较语言学的出现使得语言学有了空前发展。

二　传教士汉语研究对历史比较语言学的影响

从以上的论述中可以看出，在历史比较语言学发展的过程中，许多西方学者为此研究学科的建立做出了学术和理论贡献，但人们却往往忽略了来华传教士对此研究学科产生的影响。本书在之前章节已经论述了来华传教士汉语研究成果及其在欧洲的传播。这些研究成果形式主要为关于汉语语音、词汇、语法方面的双语著述，有着汉语与其他欧洲国家语言相比较的性质。

德国汉学家基歇尔（Athanasius Kircher，1602—1680）是首位向欧洲介绍中国书写文字的耶稣会传教士。虽然基歇尔从未踏足中国，但是由于他与多位来华传教士关系密切，并从这些传教士那里得到了大量关于中国的资料。基歇尔正是在掌握了这些来华传教士提供的第一手材料之后，对中国文化进行了系统研究，创作了《中国图说》（1667）。该书是基歇尔一生中最有影响的著作之一，出版后在欧洲反响强烈。这本百科全书式的著作内容神奇、插图精美，给欧洲人打开了一扇了解中国文化的窗口。[②] 该书的第6部分系统性地描写与介绍了中国的语言文字。

① 王远新：《语言理论与语言学方法论》，教育科学出版社2006年版，第13—14页。

② 张西平：《神奇的东方一中译者序》，张西平、杨慧玲、孟宪谟译，大象出版社2010年版，第5—17页。

基歇尔在这一部分对中国语言文字的描写与早期来华传教士的认识一脉相承。

基歇尔认为，汉语没有西方语言那种屈折变化："中国字没有词性变化和动词变化……在他们的字中这些不明确。""中国语言非常模糊，一个字常表示十种或二十种不同意思，取决于说话时人的声调。……为了能说它（汉语），要花费大量的努力顽强地学习……非常难。"此外，基歇尔认为，中国的文字是象形文字，不是拼音文字。"汉字不像其他国家的语言那样按字母排列，他们也不是用字母和音节拼写"。"埃及和中国的书写体系都不是以字母为基础，而是以各种自然物的图像为基础。"基歇尔甚至产生了"古中国人……是埃及人的后裔，中国的文字也来源于此"的看法。① 从基歇尔这些对中国语言文字特点的述评可见，他对于汉语与汉字的认识与早期来华传教士是基本一致的。

法国语言学家雷慕沙（Jean Pierre Abel Rémusat，1788—1832）根据传教士的这些汉语语言研究成果，编写出版了《汉文启蒙》（*Elemens de la grammaire chinoise*，1822）一书。这本书影响了当时欧洲的语言学界和历史比较语言学研究。雷慕沙是欧洲汉学的开创者及集大成者。雷慕沙对来华传教士汉学研究的继承与发展开创了欧洲系统性汉学研究先河，取得显著的成果。在雷慕沙的诸多汉学成果中，其汉语研究是不可分割的一部分。雷慕沙曾经参与编纂了来华传教士著作合集《中国杂纂》（又名《耶稣会士北京论集》，共16册，1776—1814），发现了法国来华传教士马若瑟《汉语札记》（1831）的手稿并出版。② 正如法国著名汉学家魏丕信（Pierre-Etienne Will）所说，雷慕沙与传教士遗产的关系是微妙的，他仔细吸收了这些遗产，"尽力提取其精华，并经常引用"。

由此可见，雷慕沙的汉语研究与来华传教士的汉语研究也是分不开的。雷慕沙于1822年出版了他最重要的著作《汉文启蒙》。在此书中，雷慕沙对汉语进行了系统而完整地论述。他对汉语研究最重要的贡献体

① ［德］阿塔纳修斯·基歇尔：《中国图说》，张西平、杨慧玲、孟宪谟译，大象出版社2010年版，第388—406页。

② 李真：《雷慕沙与马若瑟汉语语法著作比较研究》，《国际汉学》2014年第1期，第126页

现在：研究了汉语的词法，总结了一些汉语句法的规律，并且批判了汉语没有语法这个错误的观点。[①]“传教士们将中文神秘化，将中文形容为一门文字繁多、不可掌握的语言，雷慕沙认为这一做法是错误的。……雷慕沙一直致力于改变这一现象。”[②]由此可见，雷慕沙对于来华传教士的汉语观念是不认可的。但无法否认的是，来华传教士所搜集撰述的大量汉语文稿资料是其汉语研究的基础。此外，雷慕沙与洪堡特关于汉语问题进行了讨论，雷慕沙的《汉文启蒙》也是洪堡特汉语研究的重要的材料来源。

德国著名语言学家威廉·冯·洪堡特（Wilhelm von Humboldt，1767—1835）是19世纪历史比较语言学发展成熟时期的代表人物，也是普通语言学的奠基者。洪堡特是一位集多种人文学科于一身的研究者，其研究成果在政治学、美学、教育学、人类学等多领域都具有深远的影响，但是其最为著名的还是他丰富的语言学理论及其异常深邃的语言哲学思想。[③]从历史与语言发展的角度来看，美洲新大陆的发现和殖民化、新航线的开辟、世界各地贸易往来的增加和传教士的传教活动等，都进一步开阔了语言学家的视野，使他们首次意识到世界语言的多样性和复杂性。[④]在洪堡特之前或差不多与其同时代，欧洲语言学家们在搜集世界语言材料的活动中创造了历史新纪录。德国语言学家、普鲁士科学院院士阿德隆（Johann Christoph Adelung，1732—1806）在其比较语言学巨著《米特里达特或普通语言科学》中，搜集和整理了近五百种语言与方言的材料，其中就有汉语官话和方言的资料。[⑤]

洪堡特的语言研究是建立在对多种语言的分析基础之上的。洪堡特建立了语言类型分类的基本模式，认为语言是一个有机的整体，每一种语言都有自己独特的结构，正是这样的结构系统使得这种语言不同于其

① 董海樱：《16世纪至19世纪初西人汉语研究》，商务印书馆2011年版，第289页。

② ［法］魏丕信：《东方学家雷慕沙》，刘婷译，《国际汉学》2004年第1期。

③ ［德］威廉·冯·洪堡特：《论人类语言结构的差异及其对人类精神发展的影响》，姚小平译，商务印书馆1997年版，第36—51页。

④ 刘润清：《西方语言学流派》，外语教学与研究出版社2013年版，第34页。

⑤ 冯晓虎：《阿德隆与德国汉语研究肇始》，《同济大学学报》（社会科学版）2010年第8期。

他的语言。人类的语言千差万别，不尽相同。若根据语言的词汇以及语法上的相似性，就可以将世界上的语言划分为三大类型：孤立语、黏着语、屈折语。洪堡特不仅仅将世界的语言做出了类型学的划分，还分析了每一种语言类型中最具有典型意义的语言，他认为汉语是孤立语的典型代表，梵语是曲折变换丰富多变的屈折语的典型代表。[①] 在《洪堡特语言哲学文集》中有两篇关于汉语研究的论作，其中《论汉语的语法结构》(1826) 中有洪堡特对语言学类型的划分。

洪堡特认为，语言具有先进与落后的分别，以汉语为代表的孤立语最为落后，而以梵语为代表的具有丰富多变的曲折变换的屈折语最为先进。洪堡特的语言进化论思想影响了几代语言学家。而他的这一思想也有理论源头，最为直接的证据就是洪堡特所著《致阿贝尔·雷慕沙的信：论语法形式的通性以及汉语的特性》(1826)。洪堡特阅读了雷慕沙的《汉文启蒙》，他对中国语言文字的认识有很多就是从雷慕沙那里获取的。他的有些思想与说法在雷慕沙等人的著作里也能发现，但经过洪堡特的提炼和发挥，把汉语语法的特异之处讲得很明白，这在欧洲语言学界和学术界就产生了更大的影响。

例如，洪堡特说，汉语没有形态变化，没有词类标识，这表明词形是固定的和不起变化的。但即使这样，汉语的词也有其“语法价值”，这种语法价值决定于词在句子里的位置及语境意义。虽然汉语没有形态，但是有句法，而句法主要是靠词序和虚词两大手段来表达的。任何一种语言的语法都有两个部分：一个部分有明确标记；另一个部分没有标记，隐含于思想过程。在汉语里，隐含的部分占据的比例大得多，这是因为汉语的句子大都很短小。洪堡特会对汉语有这样的印象是因为他研究的是古典汉语，尤其是《论语》与《中庸》里面那种高度浓缩而异常精炼的古文，所以对他而言句子就更短了。

洪堡特对于汉语的认知源于雷慕沙。洪堡特在对于汉语认知的基础上，将汉语纳入其整个语言学思想体系的核心理论之中。而雷慕沙对于汉语的认知渊源又来源于来华传教士关于汉语的论著。因此，可以说来华传教士对于汉语的研究，不仅成为欧洲汉学的根基，也间接地影响了

---

① 王远新：《语言理论与语言学方法论》，教育科学出版社 2006 年版，第 85 页。

欧洲整个语言学的走向。

根据历史比较语言学的思想观念，语言是一个独立的有机体。历史比较语言学认为，各种语言，从历史发展变化的角度来考察，构成一个关系紧密的系统。它主要采用历史比较的方法，研究不同语言的历史渊源和亲属关系，通过对不同语言的比较和溯源，用确凿的语言学证据建立起语言的谱系树，从而揭示语言发展变化的规律。因此，历史比较语言学中的有关"语言类型分类"（linguistic typology）的基本观点成为欧洲主流的语言学思想和理论。

这里必须认识到，这些欧洲主流的语言学思想和理论的源头是早期来华传教士在进行汉语研习时形成的对汉语汉字的认识与看法，这些汉语观通过来华传教士的论著以及书信传回欧洲，引起了早期欧洲汉学家和语言学家的极大关注并进行了不断传播和研究。汉学家雷慕沙对于汉语认知的基础就是来华传教士关于汉语的论述。之后，语言学家洪堡特在雷慕沙汉语研究的基础上，将自己对汉语的认知纳入19世纪欧洲历史比较语言学的思想体系之中。而历史比较语言学的思想又通过来华传教士的报刊译介活动在晚清时期传入中国，成为近代中国语言文字改革的思想渊源，激发了晚清中国知识分子"文字救国"的民族意识。

第三节　西方语言学思想回流中国

一　传教士华文报刊中的比较语言学思想

19世纪，科学意义上的语言学在欧洲诞生，历史比较语言学是欧洲语言学界的一门显学。历史比较语言学的形成过程复杂，但历史比较法的构建与自然主义语言观的形成是其成为一门独立学科的基础。历史比较法的构建与自然主义语言观以及语言进化论观点的形成，离不开来华传教士对欧洲语言之外的其他语言的描写与材料的搜集与积累。此外，洪堡特的汉语观对历史比较语言学在方法论及语言观的形成等方面都有着重要的意义，促使历史比较语言学走向了成熟。①

---

① 王远新：《语言理论与语言学方法论》，教育科学出版社2006年版，第27—68页。

晚清时期，英美来华传教士通过报刊译介活动，将大量西学文献介绍入中国，其中就包括历史比较语言学的思想。本书第五、六章对来华传教士创办华文报刊进行了详尽的论述，也分析了几种有较大影响的报刊。第六章已经讨论了传教士华文报刊与欧化白话文传播之间的关系，特别探讨了《察世俗》《东西洋考》《遐迩贯珍》《六合丛谈》等传教士报刊对白化文传播的促进作用。

值得注意的是，19世纪中国较有影响的来华传教士刊物除了以上这几种之外，还有《万国公报》。在《万国公报》这份全新的来华传教士刊物中，对西方文化知识的译介已经全然成为刊物主要内容。《万国公报》中还刊载了有关西方的语言学思想的翻译文章。这不仅仅使《万国公报》对于我国西方语言思想传入史有史料价值，也使得其对中国近现代语言文字变革的发生和发展有重要意义。

《万国公报》是中国近代社会影响力最大的一份传教士创办的华文报刊。虽然刊物的主要内容是“西学东渐”，而并非语言文字问题，但是，《万国公报》也曾刊登过数篇由来华传教士或是中国学者译著的研究中国语言文字的文章。其中所刊登的一篇由某西士口述、沈毓桂笔译的文章《西士论中国语言文字》（附录四）就论述了历史比较语言学以及洪堡特的语言学思想主要观点，并据此对汉语的语言文字进行评价。由目前掌握的资料分析，此篇文章应该是历史比较语言学思想传入中国的最早证据。

西士论中国语言文字

古吴居士笔述①

西士都戈拉斯，英国钦定书院中教中国方言之教习也。曾于中国之语言文字广搜博采，分二类以志之。即语言一类也，更加以他国之互征己意之论断。将二类合为一辑，编帙成书，于去岁已印售。缘英中交涉案件烦多，英人不能不精心中国之语言文字。况以通商事证之，每岁出进口者银足四千万本得之数，贸易之款不为不

① 该文刊载于《万国公报》第七百零八卷（光绪八年八月十九日），署古吴居士笔述，实即某西士口述，沈毓桂笔译。

> 巨矣。英人以为宜习中国语言。故又群推理雅各先生为阿戈斯缚尔得馆中学中国方言之教习。然此举亦非仅因英中交涉起见，亦以讨究方言人应察中国语言之原委也。①

可以看出，19 世纪以来，在当时中西互通的历史背景下，英国与中国的交流越来越频繁，英国人不能不学习中国的语言文字。英国与中国之间的贸易往来的深入使得学习汉语成了迫在眉睫的问题。然而，这并非仅仅为了中英的交流，而是因为西方语言学者研习中文也是非常必要的。事实上，在中国和欧洲漫长的文化交流过程中，最早意识到习得对方语言的重要性，以及发觉这种语言难于习得的却是欧洲人。早在 17 世纪，德国思想家莱布尼茨即发现，中国的语言文字"古奥难懂"，同时期的诸多西方文学家，也发现中国戏剧的对白十分晦涩。这些，都是近代以来欧洲人在试图习得汉语的过程中所产生的认识，也预示着他们对进一步探讨汉语的意识的产生。

自 19 世纪以来，西方列强在以坚船利炮攻破中国国门之后，也迫使中国不得不在一定程度上，具有了西方式的社会经济发展因素，其中最为重要的便是，与以英国人为首的欧洲人进行商业贸易往来。在费尽周折强行与中国确立了通商关系后，英国人却发现，"古奥"的汉语在表述两国之间的商业贸易进出口的数据方面十分不便。迫在眉睫的商业利益，使得英国人在他们 17 世纪先辈的基础上，产生了系统研习中文的想法。同时，庞杂而烦冗的中国方言体系，也使本来就苦于学习汉语的英国人，不得不求助于理雅各等久居中国的传教士，向他们学习繁复的中国方言知识。

《西士论中国语言文字》还将汉语与梵文进行比照，并将汉语看成"古初孩童语言"：

> 自中国嘉庆年来，西国考方言者于印度国梵言始末已究得若许征验。即以梵言与华言互勘之，梵言变换多端，华言虽有变换，然

① 1882 年 9 月 30 日，古吴居士笔述：《西士论中国语言文字》，《万国公报》第七百零八卷（光绪八年八月十九日）。

> 不多于印度。是中国人之语言尤近于古初孩童语言之式也。若梵言则不然，于古初语言已多更变。试即梵文细审之。观其随时更变之活字、死字、虚字、实字、助语，语字真有千变万化。故知其语言去古已远也。①

巴勒斯坦裔美国学者赛义德曾注意到，近代西方世界对东方世界的殖民活动，与西方人对东方世界诸多领域的学术活动息息相关。换言之，对东方世界的学术研究，在某种程度上支持了西方人对东方的殖民活动。在经济利益的驱动下，西方学者开始了对中国语言文学的研究之路。

同为具有悠久历史的东方文明国家，印度民族较之中华民族与欧洲的文化交流要更为密切。这不仅与古代的马其顿国王、18 世纪以来西方世界对印度的军事征服和殖民活动有关。更为重要的是，印度的雅利安民族在血缘和语族方面，和欧洲语言具有家族相似性。出于学术原因，欧洲各国——尤其是德国学术界，便对梵语、吐火罗文、巴利文等印度古代语言进行系统研究。然而，对于自 13 世纪以来便主要处于想象之中的中国的名物制度、语言文化，欧洲人却始终没能做到彻底的了解。于是，在研习中国文字的时候，便只得以曾经影响过中国宗教和文化的梵语为参照，以梵语的语法来考察汉语，以此来加以研究。以梵语的语法来考察汉语，以此来加以研究。该文献称西方语言学家在 19 世纪通过对于印度梵语的系统性研究，将梵语与汉语进行相互比较后发现：梵语的屈折变化十分多见，而汉语则不然。并据此认为，汉语是语言发展史上的“初民语言”。

从现代语言学角度来看，梵语和汉语属于不同语系，差别自然不可以道里计。然而，在考察一般性语法结构方面，这种十分笼统而简陋的“比较语言学”实践，却取得了相当大的成效。其中尤其需要指出的是，这位学者认为梵文，在“活字、死字、虚字、实字、助语，语字”的生成方面，具有极大的变动性。由此可以推断，其“去古已远也”，而汉语则近于“古初孩童语言”。

---

① 古吴居士笔述：《西士论中国语言文字》，《万国公报》第七百零八卷（光绪八年八月十九日）。

此外，《西士论中国语言文字》还将汉字与巴比伦、埃及的文字进行比较：

> 西国讲方言家必取天下各国古今来之语言文字对证，返观参互考订者，无非欲阐抉上古上帝创造天地后，世间初有人时，其语言文字之道理如何，规模如何耳。其所以必体察中国方言亦有他意。缘中国文字当与巴比伦、埃及二国文援引较比。伊二国之文字有象形，有谐声。中国之文字亦以象形、谐声二者为基，而谐声又后于象形。三国文字之初创，俱以象形为始。夫象形者是物先有形，仿物所具之形而绘一字之形，即名曰象形。如马字本有马之形，即象其马之形而为画，并赐其以马为声。中国语言既以如是之文画者为马，后复假借马之形声以为他语言谐音之初基。是先画其形，继象形命名。后借其名之声为伊语言之根基也。如马之左加一口，即"吗"字，乃询问之语助意。诸如此类，固不劳烦渎，尽人皆晓矣。[①]

具体来讲，西方语言学家的语言比较途径，不仅是在跨语族的语言之间进行，同时也对同一语言在不同历史发展阶段进行比较。这种研究途径与西方历史和宗教观念密切相关，当然也离不开法国博物学家厄内斯特·勒南，以及前文所述的赫尔德等思想家的主张。然而，对于在宗教传统方面迥异于西方的中国而言，从宗教的角度来对其语言文字加以阐释便显得削足适履。更为重要的是，欧洲自古希腊以来，其语言文字始终处于表音文字状态，与中国语言文字复杂的表意系统大相径庭，其可比性也便大打折扣。在这种情况下，英国学者们意识到，唯有选择同样具有悠久文明的埃及、巴比伦等东方国度的语言与之比较才可能有所拓进。

文字虽不同于语言，却是语言的重要表达载体。对语言的考察，当然离不开对与之相应的文字的探讨。无论是埃及，还是巴比伦，其语言

---

① 古吴居士笔述：《西士论中国语言文字》，《万国公报》第七百零八卷（光绪八年八月十九日）。

文字都涵盖了象形文字和表音文字两种表意方式，在这一点上 3 个国家如出一辙。当然，汉语能够在这种造字基础上，以十分多样化的方式创造出具有其他语法功能的文字。例如，“吗” 便是由表意的 “口” 和表音的 “马” 组成。这种造字方式简单易懂，更适宜于在近代中国民众之中得到广泛使用。

基于对汉语与梵语、汉字与埃及文字的比较，《西士论中国语言文字》最终得出了中国语言文字为 “上古人之语言” 的结论：

> 西国讲方言家所最宜加意者，即中国借字母谐出之文字，中国语言犹视为次焉者耳。盖伊等所甚精心者，即折节多之语言。折节察不清楚，不能识其语言之归属。是以无论何国，凡欲察方言者，必于分折节之语言中细心审查也。折节愈多，语意之变换亦愈多，其去古初之语言亦愈远。惟语言中有一折节者，可谓与上古相近。大抵世人语折节虽多，溯其本源，俱自无折节之语中变迁而出乎。斯时中国恒用之言较上古变者已多，然所变虽多，较西国之言去上古式绝远犹觉少耳。故讲方言家欲知上古人之语言如何，不能不于中国语言文字多多致意。①

在古汉语中，存在 “音近则意近” 的原则。例如，“宏” “弘” “鸿” “洪” 四字，古音大致一样，而语义也都有 “大、广、阔” 之意。英国学者似乎发现了汉语中的这种原则，也由此愈来愈发觉到汉字中音与意之间的关系。显然，这种论述不仅是对语言文字现象的描述，而且是通过对大量语言文字现象的观察和归纳，而演绎出特定的语言科学规律，从而使得对汉语文字的考察具有了近代科学研究的品质。西方语言学家最为专注考察就是屈折变换丰富的语言（折节多之语言）。（如果某种语言的）屈折变换不清晰，就无法将纳入语言的谱系分类之中。因此无论哪个国家的语言研究者，必须以屈折变换作为基础来仔细研究语言。屈折变换越多，那么语言的意义变换就越多，其距离古初语言而言就越遥远。如果一种语言

---

① 古吴居士笔述：《西士论中国语言文字》，《万国公报》七百零八卷（光绪八年八月十九日）。

屈折变换稀少，那么就是与上古初语言相近。而屈折变换多的语言，溯其本源都是由无屈折变换的语言发展变迁而来的。中国此时的常用语相较于古初语言而言变化已经很多，但是相较于西方语言而言，并不如西方语言那样距离古初语言已然十分遥远，因此，语言研究者所想要研究古初语言，必须致力于研究中国语言文字。此段论述认为汉语没有屈折变化（折节），因此“较西国之言去上古式绝远犹觉少耳”，是“上古人之语言”，这不得不说是汉语落后论的源头。

《西士论中国语言文字》在后续刊物中还有续文如下：

西士论中国语言文字

古吴居士笔述

都戈拉斯又云，中国字之平上去入，西字不可不学。泰西各国所无者即平上去入音，于此宜详审究讲，务臻明白。但都戈拉斯俱有偏见，谓中国语言当急讲，书籍可缓学，伊轻视中国书，云诗经辞藻过俗，近于乡间童语，无甚文雅气。噫，何其以文害辞，以辞害意。不察所以为。诗之由甘自蹈于轻狂之过也。盖诗经之所以为诗，原诗人感物触事兴歌由自然性情之中流露而出成为词章。无少回护，无所掩饰。善者可以感人善心，恶者可以惩人逸志。古太史乘辅轩采辑成篇，使人讽咏，用意至深且远。读之可令人发好善恶恶心者，莫不由诗经得也。吾人若奉为箴铭，获益有不可胜言者矣。如厌其俗，中国由盛唐后试律诗皆儒雅，孰能与之相较乎。吾谓察方言者正宜于诗经，专心而收其益也。①

这段论述是对汉语的声调进行的研究。声调是汉语特有的语音现象，声调的不同可以使语义产生极大的差异。西方学者都戈拉斯便认为，声调是汉语独特的语言价值，也是西方语言所不具有的。实际上，生活于19世纪末的都戈拉斯忽视了西方语言中的音调问题。例如，对于英语而言，不同地区的英语方言便因为音调的不同，而可能使同一个

① 古吴居士笔述：《西士论中国语言文字（续文）》，《万国公报》第五十二册，1893年5月（光绪十九年四月）。

词表达出不同的情感内涵与意义。

然而，都戈拉斯关于中国的文学语言和日常语言之间关系的认识，却似乎并不高明。都戈拉斯认为，古代中国人的日常语言的语用功能过于强大，甚至过分侵占了文学语言表述所应有的崇高雅正的文风。然而，客观地讲，所有文学语言无论如何典雅都源于对日常语言的加工。《诗经》中的诗歌并非从一开始便由高居庙堂之上的士大夫们创作而成，而是经由普通民众以日常交际活动中最为简朴的语言，将内心中的情感活动表达出来，同时辅以某种与其生理律动相符的节律，使之和某种心理结构发生契合，便形成了诗歌。显然，无论如何典雅的诗歌都是经由日常语言转化而来。这种观点不仅是欧洲近代以来浪漫主义诗学观的一般性表述，而且也符合 20 世纪的科学形式主义文学观念，对日常语言和诗学语言之间的转换关系，进行了朴实而富于科学预见性的阐述。同时，这种认识也阐述了作为日常语言的方言和雅正文学语言间的关系，指明了在研究中国语言现象时可能行之有效的考察途径。

《西士论中国语言文字（续文）》在之后又对孔子的“春秋笔法、微言大义”进行论述：

> 伊又云春秋无关轻重，失之过简，于事之宜褒宜贬，虽云藏寓，究不甚详。自余观之其言又有过矣。当孔子之作春秋也，一字一句俱为世道人心。而设一字之褒荣于华衮，一字之贬严于鈇钺。当时之乱臣贼子知所戒惧，不敢肆其伎俩者，赖孔子于春秋之有笔削也。意微而婉，词正而严。即以中国家居尊卑长幼交相语言之式观之，有似于春秋笔法，为尊长者辞气庄重，为子弟者法矣。亦可知，孔子非不褒善贬恶，其于加褒贬一字之时，有若许之权量揆度，臻乎至当矣。并可知春秋法非过于简略矣。而都戈拉斯之善意要不可掩于中国诗书。今虽轻视，后必重看。何也？以其尚未即书中音旨深究也。伊欲将前汉书译为西文。此意即属可嘉。中国载国事之史书若干，翻西文者无一书。都戈拉斯乃首念及之人也。①

① 某西士口述，古吴居士笔述：《西士论中国语言文字（续文）》，《万国公报》第五十二册，1893 年 5 月（光绪十九年四月）。

相传《春秋》为孔子所作，孔子在这部作品中以“微言大义”的笔法，即对不同历史事件采取详略程度不同、用词寓含褒贬的方式，表明了自己对诸多历史事件的态度。“微言大义”也由此成为中国古典文论中的重要探讨对象。然而，都戈拉斯对于这种笔法却不以为意，认为过少的文字信息削弱了文字表述对历史信息的承载。这种认识受到了笔述者沈毓桂的批评。后者从春秋时期的社会政治状况出发还原了孔子创作《春秋》时的现实语境。由此，对孔子创作《春秋》的时代条件进行了历史主义的考察，认识到这种“简约”的表述风格所表征着的伦理信息。同时，该文作者认为中国宗法制家族之中长幼尊卑之间进行交际的语言的语用特征，亦与“春秋笔法”十分近似，“为尊长者辞气庄重，为子弟者法矣”。显然，作为经典作品的《春秋》所具有的修辞方式，以其所承载着特定的微观政治内涵，影响到此后中国千余年的社会、家庭组织方式，确立了中国宗法制家庭及社会的伦理秩序，从而发挥着某种意识形态功能。

以上是《万国公报》对于当时在西方占据主导地位的历史比较语言学做了一个比较详尽地综述。《西士论中国语言文字》将历史比较语言学的比较方法，以及主要的思想都纳入此文其中。可见，《万国公报》所涉及内容非常广泛，不仅包括对西方宗教、科技的介绍，同时也包括对中国各领域的关注与分析。这种对中国语言文字的分析引发出近代中国知识分子对中文的信息传介功能的反思，为以后的语言文字改革运动埋下伏笔。

事实上，如前面章节所论述的，传教士在研习汉语的过程中对于汉语的看法与观念传入欧洲，对于欧洲的历史比较语言学的核心观点的形成具有特别的影响。历史比较语言学思想再通过传教士的译介以及报刊编译活动传入中国，又进一步加强了中国知识分子对于本国语言文字的态度。中国语言文字的原始并落后于时代的观念经过这样的循环流转，根深蒂固地在中国知识界巩固了下来，并且成为之后语言文字改革发展的原始动力与理论根源。

不同国家之间的文化交流只有在国家实力相当时才可能客观公正，国家间的交流才能具有主动性，才能有效地进行文化间的互补与吸收，自主地选择外来文化。而当国家实力衰弱落后于别国之时，在国际交流中就只能处于被动的地位，并且迅速失去对外来文化选择的主动权，成为完全被动的接受者。[①] 在当时的社会背景之下，我国对于国外传入我国的各种思想根本没有选择的权利，只能被动接受并加以学习运用。

二 对中国语言文字变革的再思考

文化传播必须通过某种手段才得以达成，人类的发展史就是文化传播技术的发展史。随着人类的发展，文化传播的技术手段在不断改进，从远古时期的结绳记事到如今全球互联网的使用，文化传播的手段已经有了翻天覆地的变化。在远古时期，结绳记事的交流方式就注定文化与理念无法传播到更远的地方。而在当代社会的全球化背景下，互联网的使用使得文化交流的方式得到了前所未有的提升。由此可见，文化传播的时效是受到传播手段的影响与制约的。

明清时期，西学传入。西方来华传教士与我国知识分子翻译并出版了大量的西学作品。西学著作的翻译完成之后，面对的首要问题就是如何将其内容传播扩散，从而使其影响力更具规模。语言文字是人类社会信息承载与传播的最主要工具以及途径，其信息传播效率在历史发展过程中会受到技术手段制约。在进行文化传播时，传播手段能否使得文化信息随着语言文字而更加迅速地传播，会直接影响人们对于语言文字的认识。纵观明清时期传教士著述中对汉语汉字的看法及之后语言运动家们的评价，“工具理性”思想一以贯之。工具理性作为一个哲学概念，最早是由德国哲学家韦伯提出，并由法兰克福学派的代表人物霍克海默尔以及阿道尔诺做了进一步阐述。早在文艺复兴时期，“理性”曾经作为启蒙运动的旗帜，将人从中世纪的宗教压迫中解放了。但是到了发达资本主义社会，资本主义异化现象日益严重，理性也被物化为纯粹的科学技术研究方法，成为达到实用目的的手段并进而成为奴役人的工具，这种理性就是“工具理性”。[②]

工具理性思想在中国的泛滥，使得当时的有识之士认为中国之落后

① ［捷克］严嘉乐：《中国来信：1716—1735》，丛林、李梅译，大象出版社 2002 年版，“总序”第 1—2 页。

② 汪林茂：《工具理性思路下的清末文字改革运动》，《浙江大学学报》2008 年第 5 期。

源于科技之落后，科技之落后源于教育之落后，而教育之落后源于语言文字之落后，认为语言文字仅仅是信息流通过程中的工具，既然是工具，那么就有优劣之分，就有高下之别。若以现代的视角分析，由于文化信息的传播受到科技发展的制约，使得当时的学者将传播的科技手段的局限和语言文字的优劣简单联系。再加上当时时局的作用，多方因素综合影响，中国社会逐渐形成工具理性的文化生态环境，我国的语言文字改革运动也就顺应着工具理性的思路而发展下去。①

近代以来东西方的对比之下，西方的强势文化渗透入中国。中国知识分子逐渐认为西方的交流工具显然要比中国的更加先进。语言既然是交流的工具，那么就如同工具一样，可以对其进行改进。清末民初，虽然来华传教士所创建的报刊出版事业打开了我国文化传播的新范式，加速了文化知识向大众的传播。但是，书籍与报刊的印刷手段并没有很大的改进，依然是活字印刷术。这种传播技术虽然比手抄传播方式快速，但是面对我国数量巨大的汉字，在排序的过程中依然是十分不便。而西方（英法等国）文字仅仅有 26 个字母，相比较之下，在进行报刊印制时，西方文字的排字与印刷就要比中文快速并且便捷许多。当时的中国知识分子产生西方语言文字比中文先进的想法，并且要极力将汉语改造成拼音文字。

在近代中西文化强烈的碰撞交流的历史背景之下，中西方的文化交流加剧，西方近代的先进科学技术知识与文化生活理念经过来华传教士的文化传播活动传入中国，中国社会产生了迫切追赶西方的强烈愿望。历史比较语言学思想传入中国，加之文化传播的科技局限的制约，以及工具理性观念的影响，使得我国近代不少知识分子对于汉语语言文字持有负面的普遍态度。以上这些观念不断发酵，最终演变成为语言文字改革的浪潮。

综上所述，在汉语的域外传播历史上，来华传教士的汉语研究成果影响力是十分巨大的。来华传教士作为中西文化交流的先锋，其对于近代汉语的感知和认识，对于汉语的本体语言信息的准确把握以及描写，以及对于汉语和汉字的大量细致而又独创性的研究，是西方人

① 汪林茂：《工具理性思路下的清末文字改革运动》，《浙江大学学报》2008 年第 5 期。

了解并认识汉语的第一手资料。来华传教士的汉语研究成果可以说是西方汉语研究，甚至是西方汉学研究的先驱。来华传教士对于汉语研习的成果通过西方学者的不断分析、研究和推演，逐渐成为 19 世纪历史比较语言学核心理论的一个组成部分，虽然不能说历史比较语言学完全单一来源于来华传教士的汉语研究成果，但其无疑是其重要的思想渊源之一。

历史比较语言学的思想基于来华传教士的汉语研究资料逐渐成熟，形成了一个完整的思想体系，并在欧洲语言学界形成了巨大的影响力。此后，历史比较语言学的思想再通过传教士的报刊编译活动回溯传入中国。西方近代的历史比较语言学思想就这样深刻地影响了中国人对于自身母语的语言态度，改变了汉语的发展轨迹。由此可见，近代以来世界对于汉语的语言态度，可以说是直接由来华传教士对于汉语的语言态度所决定的。来华传教士作为当时东方和西方两个相对封闭并且迥异的文化集团的交流的媒介，促成了 19 世纪整个世界对于汉语的认知的完整的循环流转。西方语言学思想在中国的影响力再经过文化传播以及工具理性主义思潮的催化，以激进的中国近现代语言文字变革的形式，使得汉语的发展深深地打上了西方语言学思想的烙印。

第八章 结语

本书通过对来华传教士在明清时期几百年的语言文化活动以及近半个世纪的中国近现代语言文字变革之间的关系做出一个详尽的阐述，并基于此做出客观的分析与评价。来华传教士在中国的活动不仅仅极大地改变了中国的文化发展进程，也在一定程度上深刻地影响了汉语的语言演变，改变了汉语的发展轨迹，客观上为现代汉语的雏形提供了新的范式。事实上，元末明初以来，中西方文化交流逐渐频繁、加强，汉语成为欧洲人视野中十分独特的一道语言风景，汉语在欧洲的传播也立时形成一股前所未有的巨大浪潮。率先掀起这股巨浪的正是来自欧洲的传教士。[①] 本书对西方传教士在华语言文化活动进行系统地梳理和研究，讨论了对近代中国语言文字变革产生的历史影响。

研究表明，来华传教士语言文化活动是中国语言文字变革的直接动力。中国近现代语言文字变革的演进过程中，中国和西方的语言接触，除了官方交流以及民间的商贸交往之外，主要发生在来华传教士与中国知识阶层之间。来华传教士在中国的历史发展过程中是一个不可忽视的群体。自利玛窦以来，来华传教士在中国以传教为目的开展了大量的语言文化活动，比如学习中文、撰写中文著作、翻译西文著作和创办华文报刊等。在这些语言文化活动中，译介活动作为“学术传教”的一部分是最为重要的一环。虽然当时在中国的来华传教士有很大一部分都会使用汉语，但在译介活动中，来华传教士聘请了许多的中国知识分子为其文章进行校对，甚至代笔。当时的翻译模式是传教士进行口述，再由

---

① 王建军：《序》，［意］卡萨齐、莎丽达《汉语流传欧洲史》，学林出版社 2011 年版。

其中文助手润色后写成中文。[①] 两种语言文化的巨大差异使得这个译介过程十分艰难，很多翻译都要经过双方大量的讨论才能最终确定。这时的译介活动是非常具有创造力的，从西方语言中译介了数量可观的新词语。语言接触导致了西方诸语言在汉语中的词汇扩散，西方语言的词汇通过传教士与翻译家的译介活动大量进入了汉语之中，同时也为中国带来了新思想、新观念和新知识。无论其词汇翻译模式如何，是音译词、意译词，还是音意兼顾，这些词汇及其内含的新思想和观念通过报刊广泛传播，对于当时的中国社会是一次巨大的冲击。从语言接触到词汇传播，先进观念的引入直接导致了思想界的反思与语言变革实践。如果说现代汉语形成的发端在于国语运动，那么国语运动的发端在于语言接触。语言接触一方面直接在语言层面影响了汉语词汇的发展，另一方面也促成了国语运动的发展。

近代汉语的演变抑或近代汉语受到西方语言的影响而产生的变化，事实上遵循两个来源线索：一是基于中国近代国家贫弱不堪的社会面貌；二是语言文字领域内部的逻辑演变，而本书的叙写线索也大致遵循着这样两种脉络。举凡中国近代史的写作大约都会不同程度地涉及中国由盛转衰的转折点。对中国近代语言文字变革的过程及状况的研究，同样无法回避近代中国经济、政治及社会急剧变革与这种变革之间不可分割的联系。而对于文化领域内的任何一段合格的专门史书写而言，都必须同时考虑到社会历史与学科内部两个层面的因素对这段历史的建构作用。现代语言史亦不例外，对其缘起、发展的建构必须从历史社会和语言学内部两方面入手。中国自鸦片战争以来国势渐趋衰微。当时的诸多有识之士开始意识到中国虽有强大的生产能力，但就生产方式的先进程度而言与西方存在极大差距。这种生产方式的差异，尤其在军事方面武器的制造方式和工艺水平方面，中国都与西方国家有天壤之别。国库白银的大量流失，国民生活的日渐贫瘠，迫使中国开始在社会生产方式，尤其是军事工业的生产工艺方面做出革新。于是，中国便在备受争议的状况下开启了以洋务运动为代表的近代工业改革的历程。即使在主张改

① 于醒民：《近代来华基督教传教士译著中的代笔问题》，《社会科学研究》1985 年第 4 期。

革的洋务派那里，中国的工业改革尝试也应当仅被局限在生产工艺的范围里，而不应将改革向政治文化领域延伸，所谓“中体西用”便是这种观念的概括。然而，国门的敞开却使有识之士隐隐感到中国的落后不仅体现在科学技术层面，同时也存在于文化与人文知识文化层面，于是将西方文化作为西方工艺知识的附属品初步传入中国。当然，任何知识信息的传递都必须经过语言渠道，因此语言作为知识的传播工具在国家变革的层面上具有重要意义。

从历史上看，基督教自诞生以来便极力通过宣传教义拓展影响力，早期来华耶稣会士的传教活动是以对上帝无限虔诚的信仰为基础的，但随着西方历史条件的变迁及人们观念的变化，传教士的传教目的、传教活动的性质也都随之发生改变。自 18 世纪以来，西方资本主义国家内部在经济、政治、社会及文化等诸多领域发生了巨大变化，尤其是经济领域内资本主义工商业的急速发展，使得西方国家开始将拓展眼光由国内市场移向东方世界，而新教传教士也开始随之将传教目光转向遥远的亚非拉世界。当然，在西方国家向东方发起的殖民活动过程中，某些传教士也参与其中并成为西方国家殖民活动的推动者。在亚洲及其他远离西方世界的地区进行传教活动，首先要解决的便是语言问题。向这些地区的民众教授西方语言，然后传授基督教义显然是对其语言能力的考验，唯有传教士自己学习该传教地区的语言，才能有效而现实地完成传授教义的语言沟通。于是，来华传教士们首先将注意力集中在对当地语言的学习上。就来华传教士而言，学习古老的汉语无疑是件难上加难的事，诚如美国第一位来华传教士裨治文所言：“显而易见的是，如此众多的人口在使用这种语言，他们在世界上占有如此巨大的比例，这本身就足以吸引那些富有进取心的人们，促使他们学习这门语言。”① 而对上帝的坚定信仰及对传教活动的坚定信念，使来华传教士们将中文学习作为一项艰难、伟大的任务而加以完成。这样，传教士的来华传教活动终于在语言层面上得到了保障并开始加以实施。

如上所述，随着西方社会形态的变迁及对人们观念的影响，传教士

① ［美］雷孜智：《千禧年的感召——美国第一位来华新教传教士裨治文传》，尹文涓译，广西师范大学出版社 2008 年版，第 100 页。

们对时代赋予自身的任务的认识也开始发生变化。传教士们基于对现代科学技术、西方政治制度等现代化产物的体认和肯定，在经过了一段性质单一的传教活动后，开始在原有的传教内容，亦即基督教教义的基础上，加上了对现代西方科学技术、政治文化等诸多领域知识的介绍。由西方向中国开展的文化译介活动开始形成，西方科学技术知识通过各种传播渠道被传入中国，改造着近代中国人的社会生活，丰富着中国知识分子的知识结构。其中，来华传教士所创办的各种报纸杂志便是最为重要的文化传播渠道之一。

对西方文明单一的技术工艺引入、同时忽视对西方文化整体吸收的功利主义观念，被甲午战争中中方惨败的无情事实所击溃。19 世纪下半叶的中国人开始意识到，仅仅依赖于引进西方的工业制造工艺、依赖于较为先进的坚船利炮，是绝不可能抵御列强对国家的凌辱的。要想实现国家的振兴，必须大量吸取西方文化的长处以改造中国人的观念意识。文化的传播需要通过语言，于是对西方语言的学习在这个古老的国度开始得到史无前例的重视。清政府的覆灭和民国政府的建立开启了中国近代史上一个新时期。较之此前对西方文化的接受，中国知识分子更加意识到语言对现代文化在民族整体观念中的建构过程中所具有的重要意义。语言是文化的载体，旧式汉语对新事物的信息承载功能开始暴露弊端，新文化的创立必须借助一种全新的汉语体系。于是，近代中国知识分子们开始拓展一条充满荆棘的语言改革之路。他们的改造渗透着这样一种逻辑：既然必须借西方文化来改变国民的观念意识，那么作为文化载体的语言体系，也不得不将西方语言作为坐标才能实现全方位的变革。在这个过程中，此前来华传教士们通过中文刊物所传入中国的西方语言学思想开始受到重视。同时，中国与西方世界的广泛接触，也使这个国家能够从社会生活的更加广阔的范围中全面接触西方语言，对西方语言的表意特征及功能具有了全新的认识，并开始了改造本国语言的具体实践。中国知识分子借助西方语言学的思想，结合中国社会学习西方语言的改造经验及传教士学习汉语中积累的遗产，开始打造一种渗透着现代体验的汉语形态，在经由近、现代一系列语言改造运动及语言建构活动后，最终形成了一种形态相对稳定，但仍处于不断演变中的现代汉语。

本书阐述了来华传教士汉语研习对历史比较语言学思想的影响，对中国语言文字变革运动进行了再思考。清末民初时期，中国并非完全意义上的双语或者多语社会，虽然在各个通商口岸已经有了以商贸交往为主的零星语言接触，但总体上依然是一个单语国家。作为单语国家，国民中的精英分子却对本国的语言感到痛心疾首，这在世界发展史上还是十分少见的。中国近代由于受到西方的冲击，成为半殖民地社会。国家的衰微与民族自信的崩溃导致知识阶层丧失信心，对本国之语言文字也完全陷于悲观失望之中，而对于并非本国语言的西方语言却非常推崇。[①] 迫切的救国利民、救亡图存的思想动力以及对于本国语言文字的彻底否定，直接导致了中国近现代语言文字变革的出现。为何中国知识阶层在外族冲击之下会对本国的语言文字产生怀疑，甚至将其贬到一无是处和全盘否定，同时却将西方的语言文字视为所有语言发展的必然。这其中除了有国家经济军事方面遭受的全面溃败的原因之外，当时西方语言学界比较先进的历史比较语言学理论、语言进化论学说、语言发展的三个阶段的假设也是这种观念的一个来源。除此之外，由于受到当时的传播技术的科技局限，汉字受当时的印刷出版技术条件制约，在文化传播方面不如西方表音文字方便，再加上工具理性主义思潮的侵袭，种种原因致使在我国知识阶层内部对于本民族的母语感到痛心疾首。正是由于这种观念导致了其后以废除汉字为目标的汉字拉丁化运动的出现，而这一运动也逐渐被证明是错误的。以其为基础所制定的语言规划也在20世纪70年代被否定。因此，如何以客观公正的态度看待本民族的语言，对于制定正确且切实可行的语言规划和教育规划意义重大。

目前，学界对来华传教士语言文化活动进行了大量研究，但有些问题还需进行深入的探讨，如：教会学教的创办活动及双语词典的编纂活动。本书对来华传教士的词典编纂活动以及报刊活动中的词汇问题在相关章节进行了讨论，但较为浅近。来华传教士为了学习汉语，自19世纪开始编纂了数量可观的综合性双语字典以及词典。词典的编纂活动是来华传教士在学习汉语的过程中的一个重要的贡献。本书仅仅简要讨论了马礼逊的《华英字典》的贡献，对其他的字典以及词典并未做足够

① 王尔敏：《近代文化生态及其变迁》，百花洲文艺出版社2002年版，第292页。

的搜集与研究。例如，卫三畏的《英华韵府历阶》、麦都思的《英汉字典》、罗存德（Wilhelm Lobscheid，1822—1893）的《英华字典》等。汉英双语词典这一学习汉语的工具书的出现，其意义不仅仅在于有效地辅助了来华传教士的中文学习，促进了中西方的文化交流，其更重要的意义体现在其编纂方式。每一部字典各有特点的标音法也属于来华传教士的罗马字母拼音系统的一个组成部分，其编纂体例与正文排序方法影响了我国近现代的词典编纂。因此，来华传教士所编辑的双语词典对于我国近现代的语言文字变革有重要的意义。此处来华传教士华文报刊中的词汇问题也在近年来逐渐被学界关注。来华传教士在进行西学翻译过程中创译了大量新词语与新概念，大多首现于来华传教士的华文报刊并随其刊发而扩散，对于现代汉语词汇体系的形成影响深远。

笔者在来华传教士语言文化活动研究过程中认识到，“创办教会学校”也是晚清传教士在华的一个重要的语言文化活动，对近代中国语言文字、教育和社会发展具有重要意义。来华传教士为了在中国传教而展开了大量的工作。他们学习中文、翻译西文著作、创办报刊都是为了促进传教，但是这些活动的影响都只是一时的。若要使得传教活动有持续性就必须建立学校，培养中西通识、懂外语以及近代知识的双语人才。鸦片战争以后，清政府允许基督教在华传播，新教传教士纷纷进入中国内地，并开始在中国各地创办教会学校。传教士开办学校经历了三个阶段，所办学校的主体经历了小学为主，中学为主，直到教会大学，或者中学里的大学班级开始出现。入校学生人数从第一个时期的千余人到第三个时期的三十五万余人。1843 年，马礼逊在香港创建英华书院。1863 年，法国天主教耶稣会在上海创办了上海圣方济书院。1903 年，天主教在上海建立了震旦学院，该校是现在复旦大学的前身。这些学校是各个时期教会学校的代表。此外，19 世纪 70 年代，随着中国内地教会学校数量的不断增多，对教科书的需要也日益增加。以益智书会为代表的文化传播机构将各学科大量教科书译介发行，覆盖数学、物理、化学、生物、哲学、历史、语言学等各个方面。

中西方语言文化接触和交融是教会学校一个最突出的特征。教会学校主要教授传统中文典籍和外语，以及西方社科知识，所开设的课程包括中文、英文、数学、机械、生理、地理、历史、音乐等。其中西学课程都采用英文教科书，用英语教学。1836年成立的马礼逊教育会的宗旨是：“在中国开办和资助学校，除要中国少年读中文外，还要教他们读写英文，并以此为媒介，把西方世界的各种知识传授给他们。”① 教会学校的课程设置符合其办学目。教会学校在近百年的时间里对于普及教育和开启民智都有积极意义，引进西方科学技术知识，为中国培养了大批新型知识性人才，改变了中国社会的历史面貌，促进了中国近现代化的发展进程。教会学校在中国教育发展史上是一个有机组成部分，也在中西语言文化交流史上有着重要意义。本书对传教士开办教会学校这一重要文化活动尚少论及，此外，对传教士所审校发行的教会学校教科书中的汉语言文字创新实践及其社会文化影响也并未涉及，这些问题在有待今后进一步探索。

① *Chinese Repository*，1836年12月。转引自顾长声《从马礼逊到司徒雷登——来华新教传教士评传》，上海书店出版社2005年版，第85页。

附录一　本书中来华传教士一览表

汉语译名	英文姓名	生卒年	国籍	教会	来华时间	备注
圣方济各·沙勿略	St. Francis Xavier	1506—1552年	西班牙	耶稣会	1551年	广州上川岛
巴莱多	Melchior NunezBarreto	1520—1571年	葡萄牙	耶稣会	1555年	广州逗留二月
培莱思	Francisco Pérez	不祥	葡萄牙	耶稣会	1565年	澳门
范礼安	Alexandre Valignani	1538—1606年	意大利	耶稣会	1578年	澳门
巴范济	Franocois Pasio	1551—1612年	意大利	耶稣会	1582年	
罗明坚	Michele Ruggieri	1543—1607年	意大利	耶稣会	1583年	
利玛窦	Matteo Ricci	1552—1610年	意大利	耶稣会	1583年	
郭居静	Lazane Cattaneo	1560—1640年	意大利	耶稣会	1594年	澳门
庞迪我	Didace de Pantoja	1571—1618年	西班牙	耶稣会	1595年	澳门
熊三拔	Sabbatino de Ursis	1575—1620年	意大利	耶稣会	1606年	
金尼阁	NicolasTrigault	1577—1628年	法国	耶稣会	1610年	澳门
艾儒略	Jules Aleni	1582—1649年	意大利	耶稣会	1610年	澳门
邓玉函	JohannSchreck	1576—1630年	德国	耶稣会	1621年	澳门
汤若望	Johann Adam Schall von Bell	1591—1666年	德国	耶稣会	1622年	澳门
傅汎际	FranciscoFurtado	1587—1653年	葡萄牙	耶稣会	1621年	又译“傅泛济”
罗雅谷	Giacomo Rho	1593—1638年	意大利	耶稣会	1624年	又译“罗雅阁/各”
乔治·干治士	GeorgiusCandidius	1597—1647年	德国	荷兰新教	1627年	台湾
何大化	Antoine de Gouvea	1592—1677年	葡萄牙	耶稣会	1636年	
安文思	Gabriel deMagalhaens	1609—1677年	葡萄牙	耶稣会	1640年	

续表

汉语译名	英文姓名	生卒年	国籍	教会	来华时间	备注
卫匡国	Martin Martini	1614—1661 年	意大利	耶稣会	1643 年	澳门
卜弥格	MichelBoym	1612—1659 年	波兰	耶稣会	1645 年	海南岛
万济国	FranciscoVaro	1627—1687 年	西班牙	多名我会	1649 年	又译“瓦罗”
南怀仁	Ferdinand Verbi-est	1623—1688 年	比利时	耶稣会	1659 年	澳门
叶尊孝	Basilio Brollo de Glemona	1648—1704 年	意大利	方济会	1680 年	又译“叶宗贤”
李明	Louis le Comte	1655—1728 年	法国	耶稣会	1687 年	
曾德昭	Alvare de Seme-do	1585—1658 年	葡萄牙	耶稣会	1684 年	又译“谢务禄”
马若瑟	Joseph dePre-mare	1666—1735 年	法国	耶稣会	1698 年	
严嘉乐	Charles Slaviczek	1678—1735 年	捷克	耶稣会	1716 年	
贺清泰	Louis de Poirot	1735—1814 年	法国	耶稣会	1770 年	
马礼逊	Robert Morrison	1782—1834 年	英国	英新教	1807 年	
米怜	William Milne	1785—1822 年	英国	伦敦教会	1813 年	
江沙维	Joaquim Afonso Gonçalves	1781—1841 年	葡萄牙	遣使会	1813 年	澳门
裨治文	Elijah Coleman Bridg-man	1801—1861 年	美国	公理会	1830 年	
郭实腊	KarlGützlaff	1803—1851 年	德国	荷兰教会	1831 年	又名“郭士立”
卫三畏	Samuel Wells Williams	1812—1884 年	美国	公理会	1833 年	
美魏茶	William Charles Milne	1815—1863 年	英国	伦敦教会	1839 年	米怜之子
伯驾	Peter Parker	1804—1888 年	美国	长老会	1834 年	又译“巴驾、派克”
文惠廉	William Jones-Boone	1811—1864 年	美国	圣公会	1840 年	
麦都思	Water Henry Medhurst	1796—1857 年	英国	伦敦会	1843 年	自号“墨海老人”
理雅各	James Legge	1815—1897 年	英国	伦敦会	1843 年	香港
罗孝全	Issachar Jacob Roberts	1802—1871 年	美国	浸礼会	1842 年	香港
伟烈亚力	AlexanderWylie	1815—1887 年	英国	伦敦会	1847 年	

续表

汉语译名	英文姓名	生卒年	国籍	教会	来华时间	备注
慕维廉	William Muirhead	1822—1900 年	英国	伦敦会	1847 年	
艾约瑟	Joseph Edkins	1823—1905 年	英国	伦敦会	1847 年	
罗存德	WilhelmLobscheid	1822—1893 年	德国	礼贤会	1848 年	
蓝亨利	Henry Van Vleck Rankin	1825—1863 年	美国	长老会	1849 年	又译"亨利·兰金"
丁韪良	William Alexander Parsons Martin	1827—1916 年	美国	长老会	1850 年	
湛约翰	John Chalmers	1825—1899 年	英国	伦敦会	1852 年	香港
高第丕	T. P. Crawford	1821—1902 年	美国	浸信会	1852 年	
倪维思	John Livingstone-Nevius	1829—1893 年	美国	长老会	1854 年	
杨格非	John Griffith	1831—1912 年	英国	伦敦会	1855 年	又译"杨约翰、杨笃信"
韦廉臣	Williamson Alexander	1829—1890 年	英国	伦敦会	1855 年	
林乐知	Young John Allen	1836—1907 年	美国	监理会	1860 年	
傅兰雅	John Fryer	1839—1928 年	英国	圣公会	1861 年	香港
李提摩太	Timothy Richard	1845—1919 年	英国	浸信会	1870 年	

附录二　本书中来华传教士创办华文报刊一览表

报刊名称	创办人	创办时间	涉及内容
察世俗每月统记传（Chinese Monthly Magazine）	米怜	1815—1821年	侧重传教、伦理道德、西方历史、地理、风俗、科学等
东西洋考每月统记传（Eastern Western Monthly Magazine）	郭实腊	1833—1838年	侧重西方文化、政治、经济、科学、新闻等，宗教为次
遐迩贯珍（Chinese Serial）	麦都思	1853—1856年	以西方近代文明以及时政要闻为主，其次是宗教
六合丛谈（Shanghai Serial）	伟烈亚力	1857—1859年	侧重人文科学、自然科学、商业行情、中外新闻及宗教宣传等
万国公报（The Review of the Times，或 The Globe Magazine）	林乐知	1868—1907年	侧重政治时事与西学传播——西方历史、地理、文明等

附录三 《中原音韵活图》及《万国音韵活图》

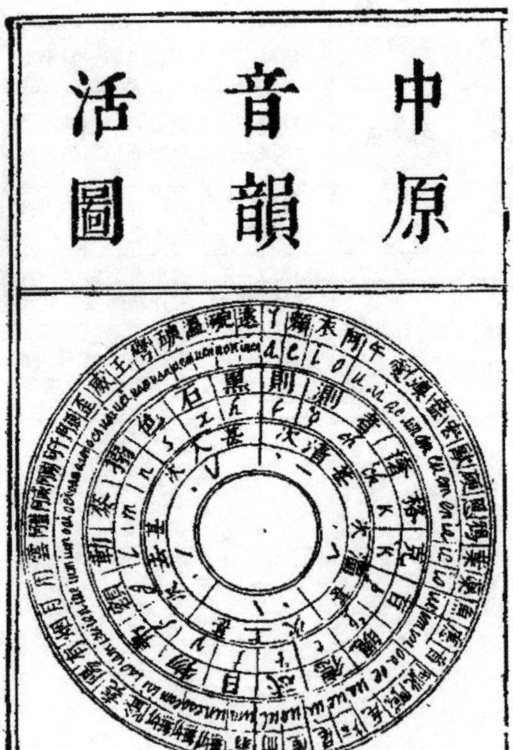

金尼閣「西儒耳目資」的「譯韻表」

萬國音韻活圖

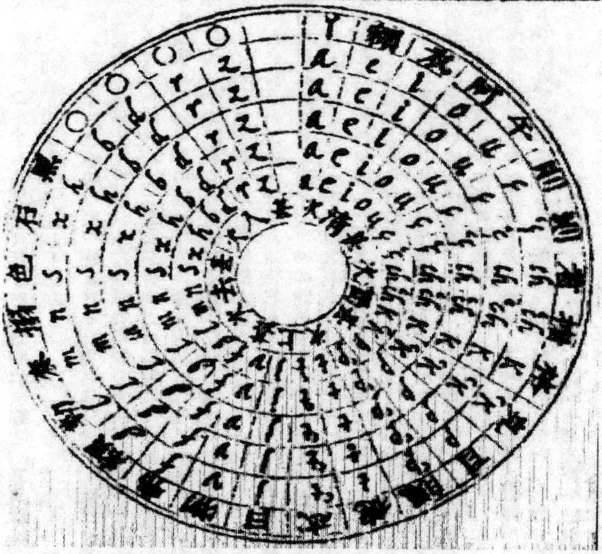

附录四 《西士论中国语言文字》

乎至於前四件余平生報法未諳文詞未附新爲弁創忌諱之語懇爲刪除不勝感戴之至

西士論中國語言文字

古吳居士筆述

西士都戈拉斯在國所定醫院中教中國方音之教習也曾於中國之語言文字廣搜博採分二類以誌之即語言一類也更加以他國之互徵已甚之論斷將二類合爲一轉編帙成書於去歲已印售緣英中交涉案件煩多英人不能不精心中國之語言文字況以通商事證之每歲出進口者錄足四千萬本得之數貿易之款不爲不鉅矣英人以爲宜習中國語言故又甚推理雅各先生爲阿戈斯轉附得館中學中國方言之教習然此舉亦非僅因英中交涉起見亦以討究方言人應察中國語言之原委也自中國嘉慶年來西國考方言者於印度國梵音始末已究得若許徵驗即以梵音與華音互勘之梵音變換多端華音雖有變換然不多於印度是中國人之語言猶近於古初孩童語言之式也若梵音則不然於古初語言已多更變試即梵文細審之觀其隨時更變之活字死字虛字實字助語語字與有千變萬化故知其語言去古已遠也西國講方言家必取天下各國古今來之語言文字對證返觀參互考訂者無非欲闡抉上古上帝創造天地後世間初有人時其語言文字之道理如何規模如何耳其所以必體察中國方言亦有他意緣中國文字當與巴比倫埃及二國文援引較比伊二國之文字有象形有諧聲中國之文字亦以象形諧聲二者爲基而諧聲又後於象形三國文字之初創俱以象形爲始夫象形者是物先有形仿物所具之形而繪一字之形即名曰象形如馬字本有馬之形即象其馬之形而爲畫蘸賜其以馬爲聲中國語言既以如是之文畫者爲馬後復假藉馬之形聲以爲他語言諸音之初基是先畫其形繼象形命名後藉其名之聲爲伊語言之根基也如馬之左加一口即嗎字乃詢問之語助意諸如此類固不勞煩瀆盡人皆曉矣西國講方言家所最宜加意者即中國藉字母諧出之文字中國語言猶視爲太竊者耳蓋伊等所甚精心者即折節多之語言折節察不清楚不能識其語言之歸[illegible]是以無論何國凡欲察方言者必於分析節之語言中細心審察也折節愈多語意之變換亦愈多其去古初之語言亦愈遠惟語言中有一折節者可謂與上古相近大抵世人語折節雖多歸其本源俱自無折

節之語中變遷而出乎斯時中國恒用之言較上古變者已多然所變雖多較西國之言去上古式絕遠猶世少耳故語方言家欲知上古人之語言如何不能不於中國語言文字多多致意都戈拉斯又云中國字之平上去入四十不可不學泰西各國所無者即平上去入音於此宜詳審究講務臻明白但都戈拉斯其有偏見謂中國語言當急講其籍可緩學但輕視中國書云詩經辭藻過俗近於鄉間童謠無甚文雅氣噫何其以文害辭以辭害意不察所以爲詩之由甘自蹈於[illegible]狂之過也蓋詩經之所以爲詩原詩人感物觸事興歌由自然性情之中流露而出成爲詞章無少迴護無所矯飾善者可以感人善心惡者可以懲人逸志古太史采摘相采輯成篇使人諷詠加意愈深且遠讀之可令人發好善惡惡心者莫不由詩經得也吾人若奉爲箴銘務益有不可勝言者矣如歷其俗中國由盛唐後試律詩皆儒雅孰能與之相較乎今講究方言者正宜於詩經專心而收其益也伊又云春秋無關輕重失之過簡於事之宜褒宜貶無云藏寓究不甚詳自余觀之其言又有過矣當孔子之作春秋也一字一句俱爲世道人心而設一字之褒榮於華袞一字之貶嚴於鈇鉞當時之亂臣賊子知所戒懼不敢肆其伎倆者賴孔子於春秋之有筆削也意微而婉詞正而嚴即以中國家居尊卑長幼交相語言之式觀之有似於春秋筆法爲尊長者辭氣莊重爲子弟者法矣亦可知孔子非不褒善貶惡其於加褒貶一字之時有若許之權衡擬定臻乎至當矣蓋可知春秋法非過於簡略矣而都戈拉斯之善意要不可掩於中國詩書今雖輕視後必宜看何也以其尚未即書中音自深究也伊欲將前漢書譯爲西文此意即爲可嘉中國載國事之史書若十種西文者無一書都戈拉斯乃首念及之人也

中西書院捐啟

凡書院之設皆所以培養人才也然有以草創之尤賴有以擴充之而後教澤推暨於無窮規模克臻乎大備自去歲建造中西書院兩分院敦請中西名儒講求實用仿東寄西鞮之制兼授方音本冬書春樂之經先端幼學一時童蒙求我詩禮授人固已觀摩日善遐邇翕風矣惟是地既限於一隅甚方覆乎一簣故釋然發者雖有四百士而隔門牆者尚存千餘人不獨辜此栽成之宏願亦且阻其嚮往之殷懷現擬於上海添設大書

参考文献

一　著作类

爱汉者:《诲谟训道》，新加坡坚夏书院藏版 1838 年（清道光十八年）刻本。

爱汉者等编，黄时鉴整理:《东西洋考每月统记传》，中华书局 1997 年版。

蔡锡勇:《传音快字》，文字改革出版社 1956 年版。

岑麒祥:《语言学史概要》，北京大学出版社 1988 年版。

陈福康:《中国译学理论史稿》，上海外语教育出版社 2000 年版。

陈辉:《论早期东亚与欧洲的语言接触》，中国社会科学出版社 2007 年版。

陈松岑:《语言变异研究》，广东教育出版社 1999 年版。

陈卫平、李春勇:《中国思想家评传丛书徐光启评传》，南京大学出版社 2006 年版。

陈望道等:《中国文法革新论丛》，商务印书馆 1987 年版。

陈垣:《陈垣学术论文集》（第一集），中华书局 1980 年版。

陈原:《社会语言学》，商务印书馆 2004 年版。

戴庆厦:《社会语言学概论》，商务印书馆 2004 年版。

董海樱:《16 世纪至 19 世纪初西人汉语研究》，商务印书馆 2011 年版。

方汉奇:《中国近代报刊史》（上），山西人民出版社 1981 年版。

（明）方以智:《通雅》，中国书店 1990 年版第 9 页。

冯志伟:《现代语言学流派》，陕西人民出版社 1999 年版。

高天如:《中国现代语言计划的理论和实践》，复旦大学出版社

1993 年版。

高玉:《现代汉语与中国现代文学》, 中国社会科学出版社 2003 年版。

顾卫民:《基督教与近代中国社会》, 上海人民出版社 2010 年版。

顾长声:《传教士与近代中国》, 上海人民出版社 2004 年版。

顾长声:《从马礼逊到司徒雷登——来华新教传教士评传》, 上海人民出版社 2005 年版。

顾长声:《马礼逊评传》, 上海书店出版社 2006 年版。

[英] 韩礼德、韩茹凯:《语言、语境和语篇——社会符号学视角下的语言面面观》, 世界图书出版公司 2012 年版。

何九盈:《中国古代语言学史》, 广东教育出版社 1995 年版。

何九盈:《中国现代语言学史》, 广东教育出版社 2005 年版。

何绍斌:《越界与想象: 晚清新教传教士译介史论》, 上海三联书店 2008 年版。

胡安顺:《音韵学通论》, 中华书局 2003 年版。

胡国祥:《近代传教士出版研究》, 华中师范大学出版社 2013 年版。

胡绳:《从鸦片战争到五四运动》, 红旗出版社 1983 年版。

胡适:《白话文学史》, 上海古籍出版社 1998 年版。

胡适:《中国新文学大系·建设理论集》(影印本), 上海文艺出版社 1980 年版。

胡壮麟:《当代语言理论与应用》, 北京大学出版社 1995 年版。

江文汉:《明清间在华的天主教耶稣会士》, 知识出版社 1987 年版。

[法] 金尼阁:《西儒耳目资》, 文字改革出版社 1950 年版。

[意] 卡萨齐、莎丽达:《汉语流传欧洲史》, 学林出版社 2011 年版。

孔陈焱:《卫三畏与美国汉学研究》, 上海辞书出版社 2010 年版。

(清) 劳乃宣:《简字谱录》, 文字改革出版社 1957 年版。

黎锦熙:《国语运动史纲》, 商务印书馆 2011 年版。

黎锦熙:《汉语发展过程和汉语规范化》, 江苏人民出版社 1957 年版。

黎锦熙:《汉语规范化论丛》, 文字改革出版社 1963 年版。

刘国辉：《历史比较语言学概论》，四川大学出版社 2000 年版。

刘进才：《语言运动与中国现代文学》，中华书局 2007 年版。

刘润清：《西方语言学流派》，外语教学与研究出版社 2011 年版。

刘孟扬：《中国音标字书》，文字改革出版社 1957 年版。

（清）卢戆章：《一目了然初阶》，文字改革出版社 1956 年版。

（清）卢戆章：《中国字母北京切音合订》，文字改革出版社 1957 年版。

罗常培：《罗常培语言学论文集》，商务印书馆 2004 年版。

罗常培：《罗常培文集》，山东教育出版社 2008 年版。

罗常培：《汉语拼音字母演进史》，北京文字改革出版社 1959 年版。

马祖毅：《中国翻译简史（五四以前部分）》，中国对外翻译出版公司 2004 年版。

［英］米怜：《张远两友相论》，新加坡坚夏书院藏版 1838 年版。

倪海曙：《拉丁化新文字概论》，时代书报出版社 1949 年版。

倪海曙：《清末汉语拼音运动编年史》，上海人民出版社 1959 年版。

倪海曙：《中国拼音文字运动史（简编）》，时代书报出版社 1948 年版。

倪海曙：《中国语文的新生——拉丁化中国字运动二十年论文集》，时代书报出版社 1949 年版。

倪海曙：《拉丁化新文字运动的始末和编年纪事》，知识出版社 1987 年版。

齐沪扬、陈昌来：《应用语言学纲要》（第二版），复旦大学出版社 2009 年版。

钱玄同：《汉字改革与国语运动》，《钱玄同文集》第 3 卷，中国人民大学出版社 1999 年版。

钱玄同：《文学革命》，《钱玄同文集》第 1 卷，中国人民大学出版社 1999 年版。

钱锺书、朱维铮：《万国公报文选》，生活·读书·新知三联书店 1998 年版。

上海博物馆编：《利玛窦行旅中国记》，北京大学出版社 2010 年版。

沈国威：《六合丛谈——附解题·索引》，上海辞书出版社 2006

年版。

(清) 沈学:《盛世元音》,文字改革出版社 1956 年版。

[日] 松浦章、内田庆市,沈国威编著:《遐迩贯珍——附解题·索引》,上海辞书出版社 2005 年版。

宋黎明:《神父的新装——利玛窦在中国(1582—1610)》,南京大学出版社 2011 年版。

孙尚扬:《基督教与明末儒学》,东方出版社 1994 年版。

谭慧颖:《〈西儒耳目资〉源流辨析》,外语教学与研究出版社 2008 年版

陶飞亚、吴梓明:《基督教大学与国学研究》,福建教育出版社 1998 年版。

王尔敏:《近代文化生态及其变迁》,百花洲文艺出版社 2002 年版。

王尔敏:《中国近代思想史论》,社会科学文献出版社 2003 年版。

王力:《汉语史稿》,中华书局 2004 年版。

王力:《汉语规范化与文字改革等》,《王力文集》第 20 卷,山东教育出版社 1991 年版。

王力:《中国语言学史》,山西人民出版社 1981 年版。

王立新:《美国传教士与晚清中国现代化——近代基督新教传教士在华社会文化和教育活动研究》,天津人民出版社 1997 年版。

王远新:《语言理论与语言学方法论》,教育科学出版社 2006 年版。

王跃、高力克:《五四:文化的阐释与评价——西方学者论五四》,山西人民出版社 1989 年版。

(清) 王韬:《王韬日记》,中华书局 2015 年版。

(清) 王照:《官话合声字母》,文字改革出版社 1957 年版。

王治心:《中国基督教史纲》,上海古籍出版社 2004 年版。

文字改革出版社编:《清末文字改革文集》,文字改革出版社 1958 年版。

吴孟雪:《明清时期:欧洲人眼中的中国》,中华书局 2000 年版。

吴安其:《历史语言学》,上海教育出版社 2006 年版。

吴晓峰:《国语运动与文学革命》,中央编译出版社 2008 年版。

吴义雄:《在宗教与世俗之间——基督教新教传教士在华南沿海的

早期活动研究》，广东教育出版社 2000 年版。

[美] 伍启元：《中国新文化运动概观》，黄山书社 2008 年版。

武占坤、马国凡主编：《汉字 · 汉字改革史》，湖南人民出版社 1988 年版。

向熹：《简明汉语史》（上、下），高等教育出版社 1993 年版。

熊月之：《西学东渐与晚清社会》，中国人民大学出版社 2011 年版。

徐大明：《社会语言学研究》，上海人民出版社 2007 年版。

徐时仪：《汉语白话发展史》，北京大学出版社 2007 年版。

徐通锵：《历史语言学》，商务印书馆 1991 年版。

徐宗泽：《明清间耶稣会士译著提要》，上海书店出版社 2010 年版。

徐宗泽：《中国天主教传教史概论》，上海书店出版社 2010 年版。

阎宗临：《传教士与法国早期汉学》，大象出版社 2003 年版。

杨森富：《中国基督教史》，台湾商务印书馆 1984 年版。

杨慧玲：《19 世纪汉英词典传统——马礼逊、卫三畏、翟理斯汉英词典的谱系研究》，商务印书馆 2012 年版。

杨锡彭：《现代汉语研究导引》，南京大学出版社 2006 年版。

姚福申：《中国编辑史》，复旦大学出版社 1990 年版。

姚小平：《西方语言学史》，外语教学与研究出版社 2011 年版。

姚亚平：《中国语言规划研究》，商务印书馆 2006 年版。

叶蜚声、徐通锵：《语言学纲要》，北京大学出版社 1997 年版。

游汝杰、邹嘉彦：《社会语言学教程》，复旦大学出版社 2004 年版。

于根元：《二十世纪的中国语言应用研究》，书海出版社 1996 年版。

于锦恩：《民国注音字母政策史论》，中华书局 2007 年版。

俞佳乐：《翻译的社会性研究》，上海译文出版社 2006 年版。

袁进：《中国文学的近代变革》，广西师范大学出版社 2006 年版。

袁进：《中国文学观念的近代变革》，上海社会科学出版社 1996 年版。

尹延安：《传教士中文报刊译述中的汉语变迁及影响（1815—1907）》，上海交通大学出版社 2013 年版。

章炳麟著，向世陵选注：《訄书》，辽宁人民出版社 1994 年版。

张国刚：《明清传教士与欧洲汉学》，中国社会科学出版社 2001

年版。

张美兰:《近代汉语论稿》,江西教育出版社 2004 年版。

张美兰:《明清域外官话文献语言研究》,东北师范大学出版社 2011 年版。

张西平:《传教士汉学研究》,大象出版社 2005 年版。

张西平:《欧洲早期汉学史——中西文化交流与西方汉学的兴起》,中华书局 2009 年版。

张晓编著:《近代汉译西学书目提要:明末至 1919》,北京大学出版社 2012 年版。

赵晓兰、吴潮:《传教士中文报刊史》,复旦大学出版社 2011 年版。

赵元任:《语言问题》,商务印书馆 1980 年版。

郑欣淼:《鲁迅与宗教文化》,中国社会科学出版社 2004 年版。

周一良:《中外文化交流史》,河南人民出版社 1987 年版。

周有光:《汉字改革概论》,文字改革出版社 1961 年版。

周有光:《中国语文的时代演进》,清华大学出版社 1997 年版。

周有光:《中国语文的现代化》,上海教育出版社 1986 年版。

周作人:《艺术与生活》,北京十月文艺出版社 2011 年版。

周作人:《中国新文学的源流》,上海书店 1988 影印版。

朱文熊:《江苏新字母》,文字改革出版社 1957 年版。

祝畹瑾:《社会语言学概论》,湖南教育出版社 1992 年版。

邹振环:《晚明汉文西学经典:编译、诠释、流传与影响》,复旦大学出版社 2011 年版。

Barr, Pat, *To China with Love: The Lives and Times of Protestant Missionaries in China*, 1860~1900. London: Secker & Warburg, 1972.

Bolton, Kingsley, and Helen Kwok (eds.), *Sociolinguistics Today: International Perspectives*. London and NewYork: Routledge, 1992.

Chen, Ping, *Modern Chinese: Its History and Sociolinguistics*. Cambridge: CUP, 1999.

Cordier, Henri, *Bibloitheca Sinica: Dictionaire Biliographique des Ouvrages Relatifs a L'Empire Chinois*, 2. *ed*, Paris: E. Guilmoto, 1904—1922.

Lach, D., *Asia in the Making of Europe* (1965—1993), vol. I, Chicago and London: The University of Chicago Press, 1965.

Lach, D., *Asia in the Making of Europe* (1965—1993), vol. II, Chicago and London: The University of Chicago Press, 1977.

Lach, D., Kley, E. J., *Asia in the Making of Europe* (1965—1993), vol. III, Chicago and London: The University of Chicago Press, 1993.

Pelliot, Paul, *Inventaire Sommaire des Manuscrits et Imprines Chinois de la Bibliotheque Vaticane*, Revised and edited by Takata Tokio, Kytoto: Istituto Italiano di Cultura, Scuola di Studi sull' Asia Orientale, 1995.

二 译著类

(一) 语言学等译著

[美] 爱德华·萨丕尔:《语言论》, 陆卓元译, 商务印书馆1985年版。

[瑞士] 费尔迪南·德·索绪尔:《普通语言学教程》, 高明凯译, 商务印书馆1980年版。

[英] 韩礼德:《汉语语言研究》, 胡壮麟等译, 北京大学出版社2007年版。

[英] 罗宾斯:《简明语言学史》, 许德宝、冯建明、胡明亮译, 中国社会科学出版社1997年版。

[法] 梅耶:《历史语言学中的比较方法》, 岑麒祥译, 世界图书出版公司2008年版。

[美] 威尔伯·施拉姆、威廉·波特:《传播学概论》, 陈亮、周立方、李启译, 新华出版社1984年版。

[德] 威廉·冯·洪堡特:《论人类语言结构的差异及其对人类精神发展的影响》, 姚小平译, 商务印书馆1997年版。

[德] 威廉·冯·洪堡特:《洪堡特语言哲学文集》, 姚小平译注, 商务印书馆2011年版。

[丹麦] 威廉·汤姆逊:《十九世纪末以前的语言学史》, 黄振华译, 世界图书出版公司2009年版。

[奥地利] 维特根斯坦：《哲学语法》，韩林合译，商务印书馆 2012 年版。

[美] 徐中约：《中国近代史：1600—2000，中国的奋斗》（第 6 版），计秋枫、朱庆葆译，世界图书出版公司 2008 年版。

（二）传教士论著

[德] 阿塔纳修斯·基歇尔：《中国图说》，张西平、杨慧玲、孟宪谟译，大象出版社 2010 年版。

[德] 郭实腊：《救世主耶稣新遗诏书》，新加坡坚夏书院藏版 1839 刻本（清道光十九年）。

[葡] 安文思：《中国新史》，何高济译，大象出版社 2004 年版。

[英] 博克舍：《十六世纪中国南部行纪》，何高济译，中华书局 1990 年版。

[美] 丁韪良：《花甲忆记——一位美国传教士眼中的晚清帝国》，沈弘、恽文捷、郝田虎译，广西师范大学出版社 2004 年版。

[法] 杜赫德：《耶稣会士中国书简集：中国回忆录》第 1、2、3 卷，吕一民、沈坚、郑德弟译，大象出版社 2001 年版。

[法] 杜赫德：《耶稣会士中国书简集：中国回忆录》第 4、5、6 卷，吕一民、沈坚、郑德弟译，大象出版社 2005 年版。

[法] 费赖之：《在华耶稣会士列传及书目》，冯承钧译，中华书局 1995 年版。

[法] 李明：《中国近事报道（1687—1692）》，郭强、龙云、李伟译，大象出版社 2004 年版。

[意] 利玛窦、[法] 金尼阁：《利玛窦中国札记》，何高济、王遵仲、李申译，中华书局 1983 年版。

[意] 利玛窦：《利玛窦书信集》，文铮译，商务印书馆 2018 年版。

[意] 利玛窦：《利玛窦中文著译集》，朱维铮主编，复旦大学出版社 2001 年版。

[西] 门多萨：《中华大帝国史》，何高济译，商务印书馆 1998 年版。

[英] 马礼逊：《华英字典》（影印版），大象出版社 2008 年版。

[英] 马礼逊夫人：《马礼逊回忆录》，顾长声译，广西师范大学出版社 2004 年版。

［英］麦都思、施敦力：《新约全书》（南京官话译本），1857年。

［英］麦沾恩：《梁发传》，胡簪云译，香港基督教辅侨出版社1960年版。

［英］米怜：《新教在华传教前十年回顾》，北京外国语大学中国海外汉学研究中心翻译组译，大象出版社2008年版。

［法］裴化行：《利玛窦评传》，管震湖译，商务印书馆1993年版。

［法］裴化行：《天主教十六世纪在华传教志》，萧濬华译，商务印书馆1936年版。

［美］司徒雷登：《在华五十年：从传教士到大使——司徒雷登回忆录》，陈丽颖译，东方出版中心2012年版。

［西］瓦罗：《华语官话语法》，姚小平、马又清译，外语教学与研究出版社2003年版。

［意］卫匡国：《中国文法》，白桦译，华东师范大学出版社2011年版。

［捷克］严嘉乐：《中国来信：1716—1735》，丛林、李梅译，大象出版社2002年版。

［葡］曾德昭：《大中国志》，何高济译，商务印书馆2012年版。

［英］伟烈亚力：《基督教新教传教士在华名录》，赵康英译，顾钧审校，天津人民出版社2013年版。

（三）汉学家专著

［法］艾田蒲：《中国之欧洲》（上、下），许钧、钱林森译，河南人民出版社1992年版。

［法］安田朴：《中国文化西传欧洲史》，耿昇译，商务印书馆2000年版。

［美］丹尼尔·W. 费舍：《狄考文传——一位在中国山东生活了四十五年的传教士》，关志远、苗凤波、关志英译，广西师范大学出版社2009年版。

［美］邓恩：《从利玛窦到汤若望》，徐三乐、石蓉译，上海古籍出版社2003年版。

［美］费正清、赖肖尔：《中国传统与变革》，陈仲丹等译，江苏人民出版社2012年版。

［美］费正清编：《剑桥中国晚清史 1800—1911 年》（上卷），中国社会科学出版社 1993 年版。

［法］弗朗索瓦·于连、狄艾里·马尔塞斯：《（经由中国）从外部反思欧洲——远西对话》，张放译，大象出版社 2005 年版。

［美］吉瑞德：《朝觐东方：理雅各评传》，段怀清、周俐玲译，广西师范大学出版社 2011 年版。

［德］柯兰霓：《耶稣会士白晋的生平与著作》，李岩译，大象出版社 2009 年版。

［德］郎宓榭、阿梅龙、顾有信：《新词语新概念——西学译介与晚清汉语词汇之变迁》，赵兴胜等译，山东画报出版社 2012 年版。

［英］雷蒙·道森：《中国变色龙——对于欧洲中国文明观的分析》，常绍民、明毅译，时事出版社，海南出版社 1999 年版。

［美］雷孜智：《千禧年的感召——美国第一位来华新教传教士裨治文传》，尹文涓译，广西师范大学出版社 2008 年版。

［丹麦］龙伯格：《清代来华传教士马若瑟研究》，李真、骆洁译，大象出版社 2009 年版。

［美］孟德卫：《奇异的国度：耶稣会适应政策及汉学的起源》，陈怡译，大象出版社 2010 年版。

［丹麦］裴特生：《十九世纪欧洲语言学史》，钱晋华译，世界图书出版公司 2010 年版。

［法］荣振华：《16—20 世纪入华天主教传教士列传》，耿昇译，广西师范大学出版社 2010 年版。

［法］荣振华：《在华耶稣会士列传及书目补编》（上、下），耿昇译，中华书局 1995 年版。

［英］苏慧廉：《李提摩太在中国》，关志远、关志英、何玉译，广西师范大学出版社 2007 年版。

［美］卫斐列：《卫三畏生平及书信——一位美国来华传教士的心路历程》，顾钧、江莉译，广西师范大学出版社 2004 年版。

［法］谢和耐、戴密微：《明清间耶稣会士入华与中西汇通》，耿昇译，东方出版社 2011 年版。

［法］谢和耐：《中国和基督教——中国和欧洲文化之比较》，耿昇

译，上海古籍出版社 1991 年版。

三 博士学位论文

白鸽：《西方来华传教士对中国语言文字变革运动影响研究》，陕西师范大学，2013 年。

黄勇生：《进化论思想与晚清、五四的文学变革》，华中师范大学，2012 年。

肖应云：《明清西方传教士的汉语学习与文化交流（1582—1795）》，暨南大学，2010 年。

徐萍：《从晚清至民初：媒介环境中的文学变革》，山东师范大学，2011 年。

四 期刊论文、报刊文章

Uriel Weinreich，William Labov，Maivin I. Herzog：《语言演变理论的经验基础》（上），王洪君译述，《当代语言学》1988 年第 4 期。

Uriel Weinreich，William Labov，Maivin I. Herzog：《语言演变理论的经验基础》（下），王洪君译述，《当代语言学》1989 年第 1 期。

SouthCoblin，W.，"Robert Morrison and the Phonology of Mid-Qīng"，*Journal of the Royal Asiatic Society*，*Third Series*，Vol. 13，No. 3，（Nov.，2003），pp. 339-355（17 pages）.

Yang，Paul F-M，"*The Portuguese-Chinese Dictionary of Matteo Ricci*：*A Historical and Linguistic Introduction*"，载《中研院第二届国际汉学会议论文集》（语言与文字组・上册）1989 年，第 191—242 页。

[英] 艾约瑟：《希腊诗人略说》，《六合丛谈》清咸丰丁巳三月朔日，第 3 号。

[英] 艾约瑟：《希腊为西国文学之祖》，《六合丛谈》清咸丰七年丁巳正月朔日，第 1 号。

安东强：《晚清学政与维新变法运动》，《社会科学战线》2011 年第 12 期。

白鸽、杜敏：《近代西方来华传教士译介活动及其对语言变革的影响》，《西北大学学报》（哲学社会科学版）2012 年第 5 期。

白鸽、秦茂盛：《近代西方传教士在华翻译出版活动及其影响》，《出版发行研究》2016 年第 5 期。

白鸽：《〈六合丛谈〉与西方文学在我国的译介及比较研究——以“西学说”栏目为例》，《西安外国语大学学报》2019 年第 1 期。

白鸽：《社会语言学理论视域下的近代国语运动研究》，《南通大学学报》（社会科学版）2016 年第 3 期。

白鸽：《试论西方现代语言学理论的创立及发展演变》，《西安交通大学学报》（社会科学版）2014 年第 4 期。

陈辉：《〈无罪获胜〉语言学探微》，《浙江大学学报》（人文社会科学版）2009 年第 1 期。

陈辉：《耶稣会士对汉字的解析与认知》，《浙江大学学报》（人文社会科学版）2007 年第 4 期。

陈望道：《中国拼音文字的演进——明末以来中国语文的新潮》，《中国语文教育学会主办语文展览会合刊三》，1939 年。

岳峰、郑锦怀：《西方汉学先驱罗明坚的生平与著译成就考查》，《东方论坛》2010 年第 3 期。

陈立中：《近代国语运动的急先锋卢戆章》，《文史知识》1994 年第 9 期。

陈平原：《当代中国的文言与白话》，《中山大学学报》（社会科学版）2002 年第 3 期。

程伟礼：《基督教与中西文化交流》，《复旦学报》（社会科学版）1987 年第 1 期。

戴忠沛：《17 至 19 世纪台湾西拉雅拉丁文字的创制和演变》，《世界民族》2014 年第 6 期。

邓晓芒：《康德三大批判的中国旅行》，《中华读书报》2004 年 2 月 18 日第 3 版。

方环海：《国语运动与 20 世纪的近代语音研究》，《文史杂志》2000 年第 4 期。

冯晓虎：《阿德隆与德国汉语研究肇始》，《同济大学学报》（社会科学版）2010 年第 8 期。

冯天瑜：《从明清之际的早期启蒙文化到近代新学》，《历史研究》

1985 年第 5 期。

冯天瑜:《利玛窦等耶稣会士的在华学术活动》,《江汉论坛》1979 年第 4 期。

冯天瑜:《晚清入华新教传教士译业述评》,《史学月刊》2004 年第 8 期。

冯志伟:《汉语拼音运动的历史功绩——纪念〈汉语拼音方案〉公布 50 周年》,《北华大学学报》(社会科学版) 2008 年第 2 期。

高黎平:《近现代美国传教士在华百年西学翻译》,《外国语言文学》2006 年第 3 期。

高玉:《语言运动与思想革命——五四新文学的理论与现实》,《文学评论》2002 年第 5 期。

皓元宝:《音本位与字本位——在汉语中理解汉语》,《当代作家评论》2002 年第 2 期。

皓元宝:《"胡适之体"和"鲁迅风"》,《文学评论》1998 年第 1 期。

何九盈:《中国现代化进程中的语文转向》,《语文建设》2007 年第 6 期。

胡浩宇:《〈察世俗每月统记传〉刊载的科学知识述评》,《自然辩证法通讯》2006 年第 5 期。

胡适:《朋友》,《新青年》第 2 卷第 6 号,1917 年 2 月。

黄河清:《利玛窦对汉语的贡献》,《语文建设通讯》2003 年第 4 期。

金薰镐:《西洋传教士的汉语拼音所反映的明代官话音系》,《古汉语研究》2001 年第 1 期。

旷新年:《胡适与白话文运动》,《中国现代文学研究丛刊》1999 年第 2 期。

雷晓彤:《论晚清传教士报刊的西学传播——以〈万国公报〉为例》,《北方论丛》2010 年第 2 期。

梁容若:《黎锦熙先生与国语运动》,《文史精华》1996 年第 4 期。

梁容若:《我国语言文字改革纵横谈》,《北京师范大学学报》1983 年第 4 期。

林昌华：《“荷兰时期教会人物档案：台湾改革宗教会的奠基者——甘治士牧师》，《新使者杂志》第110期。

刘进才：《国语运动与现代民族国家的想象》，《人文杂志》2010年第4期。

刘友林、朱振伟：《试论〈遐迩贯珍〉语言的时代特色》，《教育艺术》2010年第1期。

吕叔湘：《汉语文的特点和当前的语文问题》，《语文学习》1985年第5期。

罗常培：《汉语拼音方案的历史渊源》，《人民日报》1957年12月18日。

罗常培：《耶稣会士在音韵学上的贡献》，《历史语言研究所集刊》（第一本第三分卷），1930年。

马光仁：《〈特选撮要每月记传〉介绍》，《新闻大学》1982年第5期。

马毛朋：《当代西方的中国语言学史研究》，《南京林业大学学报》（人文社会科学版）2005年第3期。

倪海曙：《刘孟扬的〈中国音标字书〉》，《拼音》1956年第3期。

宁树藩：《〈察世俗每月统记传〉评述》，《新闻大学》1982年第4期。

戚印平：《传教士的新衣：再论利玛窦的易服以及范礼安的“文化适应政策”》，《基督教文化学刊》2012年第27辑。

钱理群：《五四新文化运动与中小学国文教育改革》，《中国现代文学研究丛刊》2003年第3期。

钱玄同：《汉字革命》，《国语月刊》1923年第7期。

前国语研究会编：《国语月刊·汉字改革号》，文字改革出版社1957年版。

沈国威：《译名“化学”的诞生》，《自然科学史研究》2000年第1期。

沈弘、郭晖：《最早的汉译英诗应是弥尔顿的〈论失明〉》，《国外文学》2005年第2期，第45页。

宋好：《论19世纪外国传教士创办华文报刊的“合儒”策略》，

《理论界》2011 年第 4 期。

谭载喜:《中西翻译传统的社会文化烙印》,《中国翻译》2000 年第 2 期。

汪林茂:《工具理性思路下的清末文字改革运动》,《浙江大学学报》(人文社会科学版) 2008 年第 5 期。

王东杰:《“声入心通”:清末切音字运动和“国语统一”思潮的纠结》,《近代史研究》2010 年第 5 期。

王东杰:《从文字变起:中西学战中的清季切音字运动》,《中山大学学报》(社会科学版) 2009 年第 1 期。

王东杰:《一国两文:清季切音字运动中“国民”与“国粹”的紧张(上)》,《学术月刊》2010 年第 8 期。

王东杰:《一国两文:清季切音字运动中“国民”与“国粹”的紧张(下)》,《学术月刊》2010 年第 9 期。

王风:《文学革命与国语运动之关系》,《中国现代文学研究丛刊》2001 年第 3 期。

王金怀:《有关民族前途的思考》,《汉字文化》1989 年第 Z1 期。

王远新:《语言调查中的语言态度问题》,《第二届全国语言文字应用学术研讨会论文集》1998 年。

王仲男:《马礼逊〈华英字典〉所记录注音系统及其英语化特征》,《北方论丛》2021 年第四期。

[法] 魏丕信:《东方学家雷慕沙》,刘婷译,《国际汉学》2004 年第 1 期。

吴福祥:《关于语言接触引发的演变》,《民族语文》2007 年第 2 期。

吴秀明:《论当代中国文学的语言意识与语言革命》,《浙江学刊》2005 年第 2 期。

吴梓明、陶飞亚:《晚清传教士对中国文化的研究》,《文史哲》1997 年第 2 期。

夏元:《价值冲突中的〈圣经〉翻译——明末清初耶稣会传教士的翻译策略和关键译名选择》,《中国翻译》2005 年第 1 期。

邢梅:《〈圣经〉官话译本对现代白话文发展的影响》,《东南学术》

2013 年第 6 期。

徐明德：《明清之际来华耶稣会士对中西文化交流的贡献》，《杭州大学学报》（哲学社会科学版）1986 年第 4 期。

薛世平：《中国最早的科普期刊〈格致汇编〉》，《光明日报》2010 年 2 月 8 日第 10 版。

杨福绵：《罗明坚、利玛窦〈葡汉辞典〉所记录的明代官话》，《中国语言学报》1995 年第 5 期。

杨洪：《明末清初基督教东传与中西文化交流》，《华夏文化》1995 年第 6 期。

杨慧玲：《中国国家图书馆藏汉葡词典抄本及其史料价值》，《史学史研究》2012 年第 4 期。

姚小平：《清代语言理论》，《暨南学报》（哲学社会科学）2000 年第 3 期。

计翔翔：《金尼阁与中西文化交流》，《杭州大学学报》1994 年第 3 期。

于锦恩：《简论吴稚晖在国语运动中的地位和作用》，《语文研究》2005 年第 3 期。

于锦恩：《清末民初国语运动的国际动力——兼与赵慧峰先生商榷》，《中州学刊》2004 年第 2 期。

于醒民：《近代来华基督教传教士译著中的代笔问题》，《社会科学研究》1985 年第 4 期。

袁进：《近代西方传教士对白话文的影响》，《二十一世纪》2006 年第 12 期。

袁进：《试论中国近代文学语言的变革》，《上海社会科学院学术季刊》1997 年第 4 期。

袁进：《重新审视欧化白话文的起源——试论近代西方传教士对中国文学的影响》，《文学评论》2007 年第 1 期。

袁进：《西方传教士对现代汉语形成的影响》，《语言战略研究》2016 年第 4 期。

张西平：《简论罗明坚和利玛窦对近代汉语术语的贡献——以汉语神学与哲学外来词研究为中心》，《贵州社会科学》2013 年第 7 期。

张西平：《西方近代以来的汉语研究的成就》，《汉学研究》第七集。

张颐武：《二十世纪汉语文学的语言问题》，《文艺争鸣》1990 年第 4—6 期。

赵晓兰：《从传播西教到传播西学——传教士中文报刊办刊宗旨的演变》，《学术月刊》2008 年第 12 期。

郑梦娟：《〈中国言法〉：西方早期重要的汉语文言语法研究著作》，《世界汉语教学》2009 年第 3 期。

郑敏：《世纪末的回顾：汉语语言变革与中国新诗创作》，《文学评论》1993 年第 3 期。

周有光：《当前文字改革的几个问题》，《语言教学与研究》1980 年第 4 期。

庄初升、徐雅婷：《19 世纪上半叶新教传教士的官话罗马字拼音方案》，《汉语史与汉藏语研究》2017 年第 2 期。

朱文熊：《我和〈江苏新字母〉》，《拼音》1956 年第 4 期。

朱元曙：《国语运动中的朱希祖及章门弟子》，《鲁迅研究月刊》2005 年第 4 期。

邹明德：《鸦片战争前基督教传教士在华的文化活动》，《近代史研究》1986 年第 5 期。

邹振环：《〈大英国志〉与晚清国人对英国历史的认识》，《复旦学报》2004 年第 1 期。

Sturgis, Robert, "Chinese Language", *Chinese Repository*, Vol. 3, 1834, No. 1.

五　传教士华文报刊文献

［美］丁韪良、［英］艾约瑟：《中西闻见录》，北京：在华实用知识传播会，1872—1875 年。

［英］傅兰雅：《格致汇编》，上海：上海格致书院，1876—1892 年。

［德］郭实腊：《东西洋考每月统记传》，广州、新加坡：郭实腊创办，1833—1838 年。

[英] 麦都思、理雅各：《遐迩贯珍》，香港：马礼逊教育会，1853—1856年。

[美] 林乐知、金楷理：《西国近事汇编》，上海：江南机器制造局翻译馆，1873—1899年。

[美] 林乐知：《万国公报》，上海：林华书院，1868—1883年；上海：广学会，1887—1907年。

[美] 玛高温：《中外新报》，宁波：玛高温创办，1856—1861年。

[英] 米怜：《察世俗每月统记传》，马六甲：米怜创办，1815—1821年。

[英] 伟烈亚力：《六合丛谈》，上海：墨海书馆，1857—1858年。